Martin Rösel

# Bibelkunde des Alten Testaments

Die kanonischen
und apokryphen Schriften

Mit Lernübersichten von
Dirk Schwiderski

Vandenhoeck & Ruprecht

Bibliografische Information der Deutschen Nationalbibliothek:
Die Deutsche Nationalbibliothek verzeichnet diese Publikation in der Deutschen Nationalbibliografie; detaillierte bibliografische Daten sind im Internet über https://dnb.de abrufbar.

ISBN 978-3-525-56867-5

11., durchgesehene Auflage 2021
1. Auflage 1996

Theaterstraße 13, D-37073 Göttingen
Vandenhoeck & Ruprecht Verlage
www.vandenhoeck-ruprecht-verlage.com


Umschlaggestaltung: Sonnhüter, Niederkrüchten
Satz: Martin Rösel
Druck und Bindung: Hubert & Co BuchPartner, Göttingen

Printed in the EU.

# Vorwort

*Tolle lege*, nimm es, lies es, so hört der Kirchenvater Augustinus ein Kind singen. Er öffnet die Bibel aufs Geratewohl, liest einen Satz aus dem Römerbrief (13,13), der ihn direkt anspricht und bekehrt sich daraufhin zum Christentum.

Die Apostelgeschichte des Lukas (8,26ff.) berichtet von einem Kämmerer aus Äthiopien, der, als er im Buche Jesaja liest, von Philippus gefragt wird: „Verstehst Du denn, was du liest?" Er aber antwortet: „Wie sollte ich es denn können, wenn mich keiner anleitet?"

Das Lesen der Bibel bewegt sich zwischen diesen Polen: Ein Wort spricht Menschen unmittelbar an, ist direkt verständlich, wirkt in ihr Leben. Andere Stellen scheinen unverständlich, bedürfen der Erklärung, um sprechend zu werden. Die Bibel ist kein normales Buch.

Die vorliegende Bibelkunde möchte Hilfestellung bei der Lektüre in der Bibel leisten. Sie will auf Zusammenhänge aufmerksam machen, die beim Lesen das Verstehen erleichtern können. Sie gibt theologische und historische Einführungen zu den einzelnen Büchern des Alten Testaments, möchte die mutmaßlichen Entstehungsumstände beleuchten. Dazu wird das geboten, was von einem Buch der Gattung „Bibelkunde" mit Recht erwartet wird: Die biblischen Bücher werden gegliedert und mit ihren inhaltlichen Leitlinien vorgestellt; auf die wichtigsten Einzeltexte wird aufmerksam gemacht. Dabei werden die apokryphen Schriften einbezogen, da ohne sie ein Verstehen des Übergangs vom Alten zum Neuen Testament nicht möglich ist.

Im Anhang des Buches finden sich überdies die von Dr. Dirk Schwiderski erarbeiteten Lernübersichten. Diese beliebten „Bibelkundezettel" sind ursprünglich in alttestamentlichen Lehrveranstaltungen an der Universität Münster entstanden und haben durch die Veröffentlichung im Internet eine weite Verbreitung bei Studierenden gefunden.

Darüber hinaus bietet dieses Buch zusätzliche Thema-Kapitel, welche die Darstellungen zu den biblischen Büchern ergänzen. Hier wird der historische Hintergrund der Bibel erhellt, übergreifende theologische Themen finden Erörterung. Dabei geschieht eine Einführung in die Ergebnisse der wissenschaftlichen Forschung am Alten Testament. Am Ende des Buches gibt es ein ausführliches Glossar, in dem häufig verwendete Fachbegriffe und Abkürzungen aus der alttestamentlichen Wissenschaft erklärt werden. Wichtige hebräische und griechische Worte werden in Original- und Umschrift geboten, um auch denen, die der entsprechenden Sprache nicht mächtig sind, die richtige Aussprache zu ermöglichen. Die biblischen Eigennamen werden bis auf wenige Ausnahmen nach den Loccumer Richtlinien wiedergegeben, da diese Schreibweise in der Regel der originalen Namensform näher kommt.

Die Darstellung muss die angesprochenen Fragen wegen der angestrebten Übersichtlichkeit oft sehr verkürzen. Es ist daher empfehlenswert, für ausführlichere Informationen ein Bibellexikon, einen Bibelatlas oder speziellere Werke zu Rate zu ziehen. Am Ende der einzelnen Thema-Kapitel ist stets weiterführende Literatur vermerkt.

Mit der sechsten Auflage wurde das Layout des Buches verändert, um die Übersichtlichkeit zu erhöhen und die Orientierung zu erleichtern. Viele Studierende haben Hinweise zur Verbesserung gegeben, die ich gerne aufgenommen habe. In den Dank einzuschließen ist auch der Lektor des Neukirchener Verlages, Dr. Volker Hampel, der auch diese Auflage auf seine immer freundlich-konstruktive Weise betreut hat.

Dank der Genehmigung der Deutschen Bibelgesellschaft konnte überdies die Zahl der Bilder deutlich erhöht werden. Seit dem Jahr 2001 wird das Buch außerdem durch die CD „Elektronische Bibelkunde" begleitet, die zusätzlich eine Fülle von Abbildungen und Karten, eine vollständige Bibelausgabe und interaktive Lernzielkontrollen bietet. So wird die intensive Beschäftigung mit der Bibel durch herkömmliche und neue Medien unterstützt. Trotz aller Erleichterung durch die moderne Technik bleibt aber der vordringlichste Wunsch der, dass das Buch neben, nicht statt der Bibel gelesen wird.

Rostock, im Juni 2008 Martin Rösel

## Vorwort zur elften Auflage

Für die elfte Auflage wurden einige Details modifiziert und Literaturangaben aktualisiert.

Parallel zum Buch gibt es nun eine App für Andoid und iOS (www.repetico.de > Dt. Bibelgesellschaft). Sie bietet ca. 1000 Lernfragen in unterschiedlichen Schwierigkeitsgraden. So kann die Vorbereitung auf Bibelkundeprüfungen wesentlich erleichtert werden.

Für wichtige Unterstützung und Hinweise danke ich Herrn Erik Wilm.

Rostock, im April 2021 Martin Rösel

# Inhalt

Vorwort ........................................ V
Abbildungsnachweis ........................................ X

Einleitung ........................................ 1

## Die Tora / Der Pentateuch ........................................ 7

Genesis ........................................ 8
Exodus ........................................ 14
Levitikus ........................................ 19
Numeri ........................................ 21
Deuteronomium ........................................ 24

## Vordere Propheten / Deuteronomistisches Geschichtswerk 27

Josua ........................................ 28
Richter ........................................ 31
Rut ........................................ 34
Die Samuelisbücher ........................................ 35
Die Königsbücher ........................................ 40

## Die chronistische Literatur ........................................ 47

Die Chronikbücher ........................................ 47
Esra und Nehemia ........................................ 49

Ester ........................................ 52

## K$^e$tubim / Die Schriften ........................................ 54

Ijob / Hiob ........................................ 55
Psalmen ........................................ 58
Sprüche Salomos / Proverbien ........................................ 62
Prediger Salomo / Kohelet ........................................ 64
Das Hohelied Salomos / Canticum Canticorum ........................................ 65

## N$^e$bi'im / Die prophetischen Bücher ........................................ 67

Jesaja (Buch) ........................................ 69
Jesaja ........................................ 69
Deuterojesaja ........................................ 73
Tritojesaja ........................................ 75
Jeremia ........................................ 76
Klagelieder / Threni ........................................ 80
Ezechiel ........................................ 81
Daniel ........................................ 84
Dodekapropheton / Kleine Propheten ........................................ 87

Hosea ... 87
Joël ... 89
Amos ... 90
Obadja ... 91
Jona ... 92
Micha ... 93
Nahum ... 94
Habakuk ... 95
Zefanja ... 96
Haggai ... 96
Sacharja ... 97
Maleachi ... 99

Die Apokryphen des Alten Testaments ... 101

Tobit ... 102
Judit ... 104
Zusätze zu Ester ... 106
Die Makkabäerbücher ... 107
1. Makkabäer ... 108
2. Makkabäer ... 109
Das Buch der Weisheit / Sapientia Salomonis ... 111
Jesus Sirach / Ecclesiasticus ... 113
Das Buch Baruch ... 115
Der Brief des Jeremia ... 116
Zusätze zu Daniel ... 116
Das Gebet Manasses ... 118

Einführung zu den Thema-Kapiteln ... 119

Israel und seine Nachbarn ... 121
Das Werden und Wachsen des Alten Testaments ... 123
Die Entstehung des Pentateuch ... 127
Schöpfung ... 130
Bund ... 133
Dekalog / Die zehn Gebote ... 135
Exodus und „Landnahme“ Israels ... 138
Opfer und Feste ... 141
Richterzeit und Entstehung des Königtums ... 144
Die Zeit der Reiche Israel und Juda ... 146
Der Tempel in Jerusalem ... 150
Joschijas Reform, das Dtn und die Verehrung eines Gottes ... 153
Das babylonische Exil ... 156
Nachexilische Geschichte Israels ... 159
Psalmengattungen ... 162
Weisheit ... 165
Theodizee ... 167

Prophetische Kult- und Sozialkritik ........................ 169
Messianische Texte des Alten Testaments .................... 172
Apokalyptik ................................................ 174
Das Menschenbild des Alten Testaments ...................... 176
Frauen im Alten Testament .................................. 179
Engel im Alten Testament ................................... 182
Qumran und das Alte Testament .............................. 184
Der Name Gottes ............................................ 188
Ausblick: Biblische Theologie .............................. 190
Übersetzen der Bibel als theologisches Problem ............. 194

Übersicht zur Geschichte und Literaturgeschichte Israels ....... 198

Glossar ................................................... 200

Lernübersichten ........................................... 209

# Abbildungsnachweis

S. 30 Karte Israels: *M. Metzger*, Grundriß der Geschichte des Volkes Israels, 8. Aufl. 1990, S. 101.
S. 52 Kosmetik-Fläschchen: *H. Koch*, Es kündet Dareios der König, 1992, Abb. 173, S. 245.
S. 80 Siegel des Berechjahu: *K.A.D. Smelik*, Historische Dokumente aus dem alten Israel, 1987, S. 133.
S. 88 Wettergott: *O. Keel*, Die Welt der altorientalischen Bildsymbolik und das Alte Testament, $^{4}$1984, S. 194.
S. 91 Tonplakette, Göttin auf der Stadtmauer: *Chr. Uehlinger*, Der Herr auf der Zinnmauer, BN 48, 1989, Abb. 1.
S. 121 Übersichtskarte: © M. Rösel.
S. 132 Assyrisches Rollsiegel: *O. Keel*, a.a.O., S. 42.
S. 136 Tora-Schild: © M. Rösel.
S. 138 Händler mit ihrem Gut: *R. Lepsius*, Denkmäler aus Ägypten und Äthiopien, Berlin 1849-58, Bd. IV, Tafel 131 (Ausschnitt).
S. 145 Philister: *E. Noort*, Die Seevölker in Palästina, Palästina Antiqua 8, 1994, S. 97.
S. 149 Schwarzer Obelisk, Jehu: *M. Metzger*, a.a.O., S. 114.
S. 150 Grundriss des salomonischen Tempels: *E. Gorys*, Das Heilige Land, DuMont Kunstreiseführer, 1984, S. 109.
S. 151 Grundriss des herodianischen Tempels: *E. Otto*, Jerusalem – Geschichte der Heiligen Stadt, 1980, S. 134.
S. 152 Rekonstruktion des herodianischen Tempels: © M. Rösel.
S. 155 Krug A aus Kuntillet Adjrud, nach: *O. Keel*, *Chr. Uehlinger*, Göttinnen, Götter und Gottessymbole. QD 134, 1992, S. 241.
S. 160 Felsrelief aus Behistun: *P. Amiet* u.a., Handbuch der Formen- und Stilkunde. Antike, 1988, Abb. 85, S. 40.
S. 165 Ägyptischer Schreiber: *P. Amiet* u.a., a.a.O., Abb. 107, S. 219.
S. 178 Stele, *O. Keel*, a.a.O., S. 172.
S. 181 Eisenzeitliche Figurine: *U. Winter*, Frau und Göttin, OBO 53, $^{2}$1987, Abb. 63.

Die Abbildungen auf S. 17, 18, 20, 37, 43, 51, 58, 60, 68, 74, 79, 81, 86, 125, 139, 141, 157, 182, 185 wurden entnommen: 1000-Bilder-Bibel (CD-ROM) © 2002, Deutsche Bibelgesellschaft, Stuttgart

# Einleitung

*Begriffsbestimmung*

Die Bezeichnung „Altes Testament“ wurde nach 2.Kor 3,14 gebildet, wo Paulus παλαιὰ διαθήκη (*palaia diathēkē*) als Name für die hebräische Bibel verwendet hat. Dabei griff er auf die Vorstellung vom neuen Bund aus Jer 31,11 zurück. Der Begriff „Altes Testament“ soll nach christlichem Verständnis zum Ausdruck bringen, dass die Bibel aus zwei Teilen, dem alten/ersten Testament und dem neuen/zweiten Testament besteht. Lateinisch *testamentum* steht dabei zur Übersetzung von hb. בְּרִית (*b*ᵉ*rît*) und gr. διαθήκη (*diathēkē*) und bedeutet „Bund, Verfügung“. Gemeint ist dabei der Bund Gottes mit der Menschheit. Im christlich-jüdischen Gespräch wurde Kritik an der Verwendung der Bezeichnung Altes Testament geübt, da „alt“ auch die Konnotation „veraltet/überholt“ haben und so der Eindruck entstehen kann, das AT habe seinen Wert nur durch das NT. Daher werden als Kompromissbegriffe oft „hebräische Bibel“ und „erstes Testament“ verwendet.

Im Judentum übliche Bezeichnungen für die (hebräische) Bibel sind vor allem Tanach oder Mikra. *T<u>a</u>na<u>ch</u>* ist ein Akronym, das nach den Anfangskonsonanten der hebräischen Bezeichnungen für die drei Teile der Bibel תּוֹרָה נְבִיאִים וּכְתוּבִים (*<u>t</u>ôrâ, <u>n</u>*ᵉ*bî'îm û-<u>ch</u>*ᵉ*tûbîm* = Weisung, Propheten und Schriften) gebildet ist. *Mikra* bezeichnet die geschriebene Tora (von קרא [*qārā'*], lesen) im Unterschied zur späteren Auslegung, der *Mischna* = mündliche Tora (von שׁנה [*šānâ*], wiederholen). Zur Bezeichnung der Tora findet sich gelegentlich auch *Chumasch*, das vom hebräischen Wort für „fünf“ abgeleitet ist.

*Gliederung*

Die älteste überlieferte Gliederung der hebräischen Bibel findet sich im Vorwort der griechischen Übersetzung des Buches Jesus Sirach (um 125 v.Chr.), hier sind GESETZ (*Tora* bedeutet eigentlich Weisung), PROPHETEN und übrige SCHRIFTEN erwähnt. Dabei zählen auch die Bücher Josua bis 2. Könige zum Teil Propheten (sog. vordere Propheten). Im christlichen Bereich wird vor allem die Gliederung der Lutherbibel verwendet: Hier werden Altes und Neues Testament parallel in GESCHICHTSBÜCHER (AT: 1. Mose bis Ester; NT: Matthäus bis Apostelgeschichte), LEHRBÜCHER (AT: Hiob bis Hoheslied; NT: Briefe) und PROPHETISCHE BÜCHER (AT: Jesaja bis Maleachi; NT: Offenbarung) gegliedert. Die griechische Bibel (Septuaginta) untergliedert zusätzlich den ersten Bereich in Pentateuch und Geschichtsbücher, hat also eine Vierteilung.

*Umfang*
Nach den ältesten erreichbaren Zeugnissen hat die hebräische Bibel einen Umfang von 24 Büchern gehabt (so 4.Esra 14,42ff.). Um auf diese Zahl zu kommen, gelten die Samuelis-, Königs- und Chronikbücher je als ein Buch, ebenso Esra/Nehemia und das Dodekapropheton (Zwölfprophetenbuch). Der jüdische Historiker Josephus nennt nur 22 Bücher (Contra Apionem I,8), hier wurden auch noch das Richterbuch und Rut sowie Jeremia und die Klagelieder zu einer Schrift zusammengezogen. Nach heute üblicher Zählung kommt man auf 39 einzelne Schriften.

Die griechische Bibel (Septuaginta, abgekürzt: LXX), in ihrem Gefolge die Vulgata sowie die Bibelübersetzungen verschiedener christlicher Kirchen haben bis heute einen deutlich umfangreicheren Kanon. Die Septuaginta bietet über die hebräische Bibel hinaus 15 zusätzliche Bücher, wobei aber der Umfang der griechischen Bibel in den einzelnen Handschriften und Ausgaben voneinander abweichen kann. Diese zusätzlichen Schriften werden im protestantischen Bereich als *apokryph* „verborgen" bezeichnet; sie sind nicht in allen Bibelausgaben enthalten. In den Ausgaben der Lutherbibel finden sich als *Apokryphen* die Schriften Judit, Weisheit Salomos, Tobit, Jesus Sirach, Baruch, 1.–2. Makkabäer, Zusätze zu Ester, Zusätze zu Daniel und das Gebet Manasses.

Im katholischen Sprachgebrauch gelten die meisten – nicht alle – dieser Schriften als *deuterokanonisch*, sie gehören demnach zum alttestamentlichen Kanon. Dies liegt daran, dass die offizielle Bibel der katholischen Kirche die Vulgata ist, die den Kanon der Septuaginta weitgehend beibehalten hat. Als *apokryph* benennt dagegen katholische Literatur Schriften, die im protestantischen Bereich *pseudepigraph* genannt werden (z.B. Henoch, 4. Esra, syrischer Baruch). Diese Bücher sind ihrerseits in manchen christlichen Kirchen Bestandteil des Kanons, beispielsweise das Buch Henoch in der Äthiopischen Kirche.

Die Frage, wie es zur Bildung eines Kanons gekommen ist, konnte bisher nicht eindeutig geklärt werden. Offen ist vor allem, ob es vorchristlich einen abweichenden hellenistisch-jüdischen Kanon in Alexandria gegeben hat, wo ja die meisten Schriften der LXX übersetzt wurden. Der hebräische Kanon festigte sich im Lauf der beiden vorchristlichen Jahrhunderte, bei einigen Schriften wurde aber noch im 1.Jh.n.Chr. diskutiert, ob sie kanonische Würde haben.

*Anordnung und Reihenfolge*
Die Anordnung der einzelnen Bücher der hebräischen Bibel weicht in der griechischen/christlichen Tradition an einigen Stellen beträchtlich von der der jüdischen Tradition ab. Diese unterschiedlichen Ordnungsprinzipien zeigen unterschiedliche theologische Überzeugungen:

| **Biblia Hebraica** | **Luther** |
|---|---|
| **TORA** | **GESCHICHTSBÜCHER** |
| Pentateuch | Pentateuch |
| **PROPHETEN** | |
| Josua | Josua |
| Richter | Richter |
| | Rut |
| 1.+2. Samuel | 1.+2. Samuel } (LXX: I–IV Kgt*) |
| 1.+2. Könige | 1.+2. Könige } (LXX: I–IV Kgt*) |
| Jesaja | 1.+2. Chronik |
| Jeremia | Esra |
| Ezechiel | Nehemia |
| Dodekapropheton | Ester |
| | * Die LXX zählt 4 Bücher der Königtümer |
| **SCHRIFTEN** | **LEHRBÜCHER** |
| Psalmen | Ijob |
| Ijob | Psalmen |
| Proverbien | Proverbien |
| 5 Megillot ([Fest-]Rollen): | Prediger |
| Rut (Wochenfest) | Hoheslied |
| Hohelied (Passa) | |
| Prediger (Laubhüttenfest) | **PROPHETISCHE BÜCHER** |
| Klagelieder (Tempelzerstörung) | |
| Ester (Purim) | Jesaja |
| Daniel | Jeremia |
| Esra | Klagelieder |
| Nehemia | Ezechiel |
| 1.+2. Chronik | Daniel |
| | Dodekapropheton |
| | **APOKRYPHEN** |

Übersicht: Reihenfolge der Bücher in der Biblia Hebraica und der Lutherbibel. (Bücher, die in der BHS an anderer Stelle stehen, wurden unterstrichen.)

Der jüdische Kanon stellt die Tora als Weisung Gottes für gelingendes Leben an den Anfang, der Teil Propheten zeigt das Wirken des Wortes Gottes in der Geschichte. Die abschließenden Schriften sammeln vor allem die Bücher, die im Gottesdienst von Bedeutung sind. Demgegenüber stellt der christliche Kanon die Propheten (nur die eigentlichen Prophetenbücher) an das Ende der Sammlung, signalisiert also, dass die Weissagungen noch der Erfüllung bedürfen. Damit weist das AT über sich hinaus auf seine Erfüllung im NT. Es ist umstritten, ob dieser offene Abschluss der Bibel bereits ohne christlichen Einfluss im (alexandrinischen) Judentum erdacht und dann später vom Christentum übernommen wurde.

Die endgültige Anordnung der einzelnen Bücher hat sich auch im jüdischen Bereich erst in christlicher Zeit gefestigt. Noch im 1. Jh. n. Chr. war umstritten, ob die Bücher Daniel, Hoheslied und Kohelet/Prediger Bestandteil der hebräischen Bibel seien; Daniel ist daher wohl aus dem Teil „Propheten“ in die „Schriften“ versetzt worden. Die jüdische Gruppe der Samaritaner hat ihrerseits stets nur die Tora akzeptiert, so evtl. auch in neutestamentlicher Zeit die Sadduzäer (vgl. Mt 22,23). Die Funde in Qumran zeigen, dass dort einige Bücher in hohem Ansehen standen, die später keine Aufnahme in den Kanon fanden. Auch im NT wird aus (für heilig gehaltenen) Schriften zitiert, die nicht einmal in den alexandrinischen Kanon Aufnahme fanden, zum Beispiel das Jubiläenbuch oder Henoch (vgl. die entsprechende Liste im Anhang des NT Graece).

Die christliche Kirche hat zunächst den in der Septuaginta gebotenen, umfangreicheren Kanon übernommen. Weil dieser auch in der Vulgata akzeptiert wurde, ist diese Entscheidung im katholischen Bereich bis heute gültig. Allerdings hat es im Altertum Unterschiede bei der Anordnungen der einzelnen Schriften gegeben. Die protestantischen Kirchen beziehen sich nur auf die Schriften, die ein hebräisches Original haben. Daher akzeptierten sie den jüdisch-hebräischen Kanon, jedoch in der Anordnung der lateinischen Übersetzung. Wie oben dargestellt, wurden die Bücher ohne hebräisch-aramäische Vorlage als Apokryphen in einen eigenen Teil zwischen Altem und Neuem Testament angeordnet. Inzwischen sind auch ältere hebräische Texte der Bücher Jesus Sirach und Tobit entdeckt worden, ohne dass dies aber zu einer Aufnahme in den Kanon geführt hätte.

Die wesentlichen Abweichungen zwischen hebräischer/jüdischer und griechischer/christlicher Reihung sind der obenstehenden Übersicht zu entnehmen.

*Text und Sprache der hebräischen Bibel*

Die ältesten vollständig erhaltenen hebräischen Bibelhandschriften stammen erst aus dem Mittelalter. Daher basiert die BHS (Biblia Hebraica Stuttgartensia) wie auch die im Erscheinen begriffene BHQ (Biblia Hebraica Quinta) auf dem Text des *Codex Leningradensis* (Siglum L) aus dem Jahre 1008. Deutlich älter sind die Fragmente hebräischer, aramäischer und griechischer Bibeltexte, die vor allem in Qumran gefunden wurden. Sie stammen aus der Zeit zwischen ca. 200 v. und 70 n. Chr. und stimmen in vielen Fällen mit den aus dem Mittelalter erhaltenen Bibeltexten überein. Das belegt die Genauigkeit der Überlieferungsarbeit der *Masoreten*, mittelalterlicher jüdischer Gelehrter. Deshalb wird der *masoretische* Text des Codex L in vielen Fällen als zuverlässiger Zeuge angesehen, obwohl er relativ jung ist.

Doch die Qumrantexte zeigen auch eine große Zahl von Abweichungen gegenüber dem später verbindlich gewordenen Bibeltext. Diese waren teilweise schon aus älteren Übersetzungen der hebräischen Bibel bekannt, so vor allem aus der griechischen Übersetzung (Septuaginta, Siglen LXX, 𝔊). Griechische Codices mit dem Septuagintatext sind etwa ab dem 3./4. Jh.n.Chr. erhalten, hier ist erstmals die Zusammenbindung der einzelnen biblischen Bücher zu *einem* Buch (lat. *biblion*, daraus: Bibel) greifbar. Jüdische Bibeltexte wurden demgegenüber zumeist in Rollen auf Leder, Pergament oder Papyrus geschrieben.

Für die alttestamentliche Wissenschaft sind von besonderem Interesse für die Bezeugung des alten Bibeltextes weiterhin die Targume (Siglum 𝔗; Übersetzungen in das Aramäische), die Peschitta (Siglum 𝔖; Übersetzung in das Syrische) und die Übersetzungen in das Lateinische (Itala, Vetus Latina, Vulgata, Siglum 𝔙). Für den Bereich der Tora steht als zusätzlicher hebräischer Textzeuge noch der Samaritanische Pentateuch (Siglum ⅏) zur Verfügung.

Die Sprache des Alten Testaments ist im Normalfall das Hebräische, das so nur in der Bibel und in von ihr abhängiger Literatur belegt ist. Einige Passagen sind jedoch auch in Aramäisch geschrieben: Gen 31,47 (2 Wörter); Jer 10,11; Esra 4,8–6,18 + 7,12–26; Dan 2,4b–7,28.

### *Kapitel- und Verseinteilung*

Die heutige Kapiteleinteilung stammt nicht von den biblischen Autoren, sondern war im 13. Jh. eine Schöpfung des Kardinals und Erzbischofs von Canterbury, Stephen Langton. Die Verseinteilung wurde erst in den Jahren 1551-53 von dem Drucker Robert Estienne vorgenommen; die ersten Ausgaben der Lutherbibel (1522-46) hatten daher noch keine Verszählung). Diese Einteilungen wurden auch im Judentum üblich, allerdings mit einigen Differenzen in Details. Schon die in Qumran gefundenen biblischen Texte zeigen, dass es auch im antiken Judentum Abtrennungen von Kapiteln und Versen gab, die ursprünglich wohl vor allem liturgischen Zwecken dienten. Eine Standardisierung zu so früher Zeit ist jedoch nicht erkennbar. Erst in rabbinischer Zeit legte man Sinnabschnitte, *Paraschen,* und Leseabschnitte für die Gottesdienste, *Sedarim*, fest. Verse wurden durch Akzente getrennt, aber nicht durchgezählt.

### *Moderne Bibelausgaben*

In heutigen Bibelausgaben finden sich eine ganze Reihe von Zusätzen zum eigentlichen Bibeltext, die das Verstehen erleichtern sollen. Neben Angaben der Kapitel- und Verszählung sind das vor allem die in vielen Bibelübersetzungen üblichen Zwischenüberschriften. Sie sollen den Text gliedern und die Orientierung erleichtern. Bei Psalmen geben sie Hinweise auf Thema und Gattung des Liedes. In der Lutherbibel ist es zudem üblich, sogenannte Kernstellen durch eine besondere Drucktype zu markieren. Damit wird auf Texte hingewiesen, die eine besondere Bedeutung für Theologie und Frömmigkeit haben. Sie werden bei jeder Revision der Lutherbibel überprüft und aktualisiert.

Im Laufe der Überlieferungsgeschichte des Bibeltextes sind einige seiner Elemente unverständlich geworden (z.B. Maßangaben, Riten). Zudem gibt es Fälle, in denen der hebräische Bibeltext nicht korrekt sein kann und korrigiert werden muss. In solchen Fällen werden oft Anmerkungen gesetzt, um das Verstehen zu erleichtern. Besonders intensiv wird dies bei der im Entstehen befindlichen BasisBibel genutzt, die parallel als Buch und elektronischer Text mit Hyperlinks erscheint. Weitere hilfreiche Zufügungen sind historische Karten, Übersichten zur Geschichte oder Umrechnungstabellen für antike Maßangaben.

Ein eigenes Problem stellen schließlich die biblischen Eigennamen dar, für die es sehr unterschiedliche Schreibweisen gibt. Das liegt daran, dass in manchen Fällen eher die hebräische Form rezipiert wurde, in anderen Fällen die griechische Wiedergabe (vgl. etwa „Jona“ und „Jonas“). Die meisten dieser Fälle wurden im ökumenischen Gespräch der Kirchen vereinheitlicht; sie sind in den sogenannten „Loccumer Richtlinien“ zusammengefasst. Manche Besonderheiten der Schreibweise der Lutherbibel wurden jedoch nicht geändert. Daher kommt es hier weiterhin zu Unterschieden zwischen den Bibelausgaben, etwa bei den Namen „Hiob“ (neben Ijob) oder „Hesekiel“ (neben Ezechiel).

📖 *W. Dietrich* (Hg.), Die Welt der Hebräischen Bibel. Umfeld – Inhalte – Grundthemen, 2017.

*H. Liss*, TANACH. Lehrbuch der jüdischen Bibel, 2005.

*S. Meurer* (Hg.), Die Apokryphenfrage im ökumenischen Horizont, ²1993.

*A.A. Fischer*, Der Text des Alten Testaments, 2009.

*H. Schmoldt*, Lexikon der biblischen Personen und Gestalten, 2009 (mit allen Regelungen der Loccumer Richtlinien).

# Die Tora / Der Pentateuch

*Begriffsklärung*
Der in der wissenschaftlichen Sprache übliche Terminus *Pentateuch* bezeichnet die Einheit der fünf Bücher Mose, ein Gefüge aus fünf (gr. *penta*) Rollen (τεύχω [*teuchō*] = verfertigen). Die jüdische Tradition bezeichnet dieses Werk als Tora, als Weisung Gottes für sein Volk Israel. Als Weisung Gottes zu rechtem Wandel gelten nicht allein die Rechtssätze aus den Büchern Exodus bis Deuteronomium, sondern auch die erzählenden Passagen. Die Gleichung Tora = Gesetz rührt von der Septuaginta-Übersetzung νόμος (*nomos*) her, die aber das Bedeutungsspektrum von תּוֹרָה (*tôrāh*) zu sehr einschränkt. Anders als die jüdische und christliche Tradition es nahelegen, gibt die Bezeichnung „Fünf Bücher Mose" nicht den Verfasser des Werks an (vgl. nur Dtn 34,5–12: Tod des Mose), sondern bezeichnet eher die Hauptperson dieser Texte. Wichtig ist demnach, daß dieser Name die Perspektive der übergreifenden Einheit hinter den einzelnen Büchern betont.

*Namen*
In der jüdischen Tradition werden die Namen der Bücher dem jeweils ersten Vers entnommen: בְּרֵאשִׁית (*b^e^re'šît*, im Anfang), שְׁמוֹת (*š^e^môt*, Namen [der Israeliten in Ägypten]), וַיִּקְרָא (*wajjiqrā'*, und es rief [der Herr den Mose]), בְּמִדְבַּר (*b^e^midbar*, in der Wüste), דְּבָרִים (*d^e^bārîm*, Worte [des Mose zu Israel]). Die in der wissenschaftlichen Sprache üblichen griechisch-lateinischen Namen stammen aus der Septuaginta. Sie geben Aufschluss über den Inhalt der einzelnen Bücher: *Genesis*: Schöpfung; *Exodus*: Auszug (aus Ägypten); *Levitikus*: Levitische Gesetzgebung; *Numeri*: Zahlen (der Israeliten); *Deuteronomium*: Zweites Gesetz.

*Entstehung*
Die Frage, wie der Pentateuch seine heutige Form erhalten hat, ist in der Forschung seit einiger Zeit außerordentlich umstritten; ein allgemein akzeptiertes Modell ist gegenwärtig nicht in Sicht. Die nähere Diskussion dieses Sachverhalts gehört nicht in die Bibelkunde, sondern ist Aufgabe der Disziplin „Einleitung in das Alte Testament" (vgl. das Thema-Kapitel: „Entstehung des Pentateuch"). Die lange Zeit klassische Quellenscheidungstheorie, nach der der Pentateuch aus der nachträglichen Kombination und Erweiterung von mindestens zwei durchgehenden und

eigenständigen Quellenschriften entstanden ist, wurde zwar in der letzten Zeit grundsätzlich hinterfragt. Sie hat jedoch noch immer wichtige Anhänger, und ihre Ergebnisse werden in einer Vielzahl von Publikationen bis hin zu Schulbüchern vorausgesetzt. Daher finden sich in den folgenden Abschnitten Hinweise zu wichtigen Textkomplexen oder Nahtstellen der bisher angenommenen Quellen.

*Inhalt*
Der Pentateuch stellt, verkürzt gesagt, eine Beschreibung der Geschehnisse von Beginn der Welt bis zum Beginn der Einwanderung der (späteren) Israeliten in ihr Land dar. Den Mittelpunkt des gesamten Geschehens stellt die Offenbarung Gottes am Sinai dar. Da der sinnvolle Abschluss der Darstellung, die eigentliche Landnahme Israels, erst im Buch Josua erfolgt, wird gelegentlich überlegt, auch dieses Buch zum großen Gefüge hinzuzuzählen. Ausgedrückt wird dies durch den wissenschaftlichen Namen *Hexateuch* (Sechsergefüge). Die Bezeichnung *Tetrateuch* (Vierergefüge) benennt dagegen nur die vier Bücher Genesis bis Numeri, dann gilt das Deuteronomium als Beginn des folgenden Geschichtswerkes. Wenn dagegen die gesamte Komposition von Gen 1 bis 2.Kön 25 gemeint ist, spricht man vom *Enneateuch* (Neunergefüge).

## Genesis

| Urgeschichte | Vätergeschichte | Josefsnovelle |
|---|---|---|
| Gen 1–11 | Gen 12–25: Abraham<br>Gen 26 (+27): Isaak<br>Gen 27–36: Jakob/Esau | Gen 37+39–50 |

Diese erste Übersicht über das Buch Genesis orientiert sich an inhaltlichen Gesichtspunkten. Sie trennt die Urgeschichte als den Bereich ab, der sich mit der ganzen Menschheit vom Ursprung bis hin zu Abraham beschäftigt, darauf folgen Erzählungen über die Väter Israels und der große Bogen der Josefsnovelle. Über diese inhaltliche Strukturierung hinaus gibt es ein dem Text der Genesis eigenes Gliederungsmerkmal, die sogenannten *Toledot-Formeln* (תּוֹלְדוֹת, Geschlechterfolge, von hb. ילד, *jālad*, gebären):

| | |
|---|---|
| 2,4: | Toledot des Himmels und der Erde |
| 5,1: | Toledot Adams |
| 6,9: | Toledot Noachs |
| 10,1: | Toledot der Söhne Noachs |
| 11,10: | Toledot Sems |
| 11,27: | Toledot Terachs |
| 25,12: | Toledot Ismaels |

| | |
|---|---|
| 25,19: | Toledot Isaaks |
| 36,1+9: | Toledot Esaus |
| 37,2: | Toledot Jakobs |
| [Num 3,1: | Toledot Aarons, auf das Priestertum zielend |
| Rut 4,18: | Toledot des Perez, auf König David zielend] |

Diese Formeln gelten als Bestandteile der priesterlichen Quellenschicht (P), sie kennzeichnen den allmählichen Übergang von der allgemeinen Weltgeschichte zum Kern der Geschichte Israels. Dies lässt sich bereits an den *Stammbäumen* in Gen 1–11 ablesen, die von Adam bis Abram reichen.

Die eigentliche ***Urgeschichte*** ist aus mindestens zwei Quellen zusam-

| | |
|---|---|
| 1,1–2,4a | **1. Schöpfungsbericht** (P). Kennzeichen: 7-Tage Schema: die Schöpfung von *Welt und Mensch* kommt mit dem Sabbat an ihr Ziel, Verwendung des Verbums ברא (*bārā'*) für Gottes Schaffen, gemein-altorientalisches Weltbild. In **1,26f.**: Aussage der Gottebenbildlichkeit der Menschen |
| 2,4b–3,24 | **2. Schöpfungsbericht** und Beginn der Sünde (J). Kennzeichen: Schaffung von *Mensch und Welt* (Reihenfolge!), bäuerlicheres Weltbild, Übertretung des Befehls Gottes, Verlust des Zugangs zum Baum des Lebens, Begründung der Mühsal menschlichen Lebens (Ätiologie) |
| 4,1–16 | **Kain und Abel** (J). Kainsmal als Schutzzeichen, evtl. Ätiologie für die Keniter |
| 4,17–26 | **Kainitenstammbaum**, Beginn der Kulturerrungenschaften, Lamechlied |
| 5,1–32 | **Stammbaum** von Adam bis Noach (P), darin **V. 21–24**: **Henoch**, der entrückt wird, nicht stirbt |
| 6,1–4 | **Engelehen**/Fall der Söhne Gottes |
| 6,5–9,17 | **Sintfluterzählung**, zusammengesetzt aus zwei getrennten Strängen. Darin eigenes Stück: |
| 9,1–17 | **Noachbund** mit den sog. noachitischen Geboten in **9,4–6**, die nach der jüdischen Tradition allen Menschen gelten. Bundeszeichen: Regenbogen (P) |
| 9,18–29 | **Noachs Söhne** |
| 10,1–32 | **Völkertafel**, Nachkommen der Söhne Noachs |
| 11,1–9 | **Turmbau zu Babel**/Begründung der Zerstreuung der Menschen und Völker über die Welt. |
| 11,10–26 | **Stammbaum** von Noach bis Abram |
| 11,27–32 | Übergang zur **Vätergeschichte**: Abram und Sarai in Ur in Chaldäa |

Übersicht über die Urgeschichte

mengesetzt, nach der klassischen Quellenscheidungstheorie vor allem aus Stücken der priesterschriftlichen (P) und jahwistischen/Jerusalemer Quellenschrift (J; Kennzeichen: Gottesname *Jahwe*). Diese Stücke im einzelnen auszusondern ist jedoch nicht Gegenstand einer Bibelkunde. An einigen Stellen lassen sich noch die Nahtstücke zwischen den beiden Schichten erkennen, so besonders in **2,4** und **6,5–8.9–13**.

Im Bereich der ***Vätergeschichten*** (besser: Elterngeschichten) tritt nach der klassisch-traditionellen Ansicht zu den bisher zwei Quellenschriften eine weitere hinzu, die wegen der Verwendung des Gottesnamens אֱלֹהִים, *Elohim*, in der Forschung *Elohist* (E) genannt wird. Diese Schrift soll

| | |
|---|---|
| 12,1–9 | **Verheißung** an Abram **V. 1–3**; sog. „Kerygma des Jahwisten“, Zug von Haran nach Sichem |
| 10–20 | **1. Gefährdung der Ahnfrau:** Sarai und der Pharao Ägyptens, vgl. Kap 20+26,1–11 |
| 13,1–18 | **Abram und Lot**, Landaufteilung, neue Verheißung an Abram (**V. 14–17**) |
| 14,1–24 | **Abrams Kampf** für Lot, **V. 18f.**: Melchisedek, der Priester von Salem (vgl. im NT: Hebr 5) |
| 15,1–21 | Gottes **Bund mit Abram** (einen Bund „schneiden“, vgl. Jer 34,18)<br>Sohnes- und Landesverheißung (Wiederaufnahme des Motivs vom „Glauben“ Abrahams in Röm 4) |
| 16,1–16 | **Sarai und Hagar**, Geburt des Ismael |
| 17,1–27 | **Bund Gottes mit Abraham** (Namenswechsel, auch Sarai zu Sara), Bundeszeichen: Beschneidung (P) |
| 18,1–15 | Die **drei Männer** bei Abraham in Mamre |
| 16–33 | **Fürbitte Abrahams** für die Leute von Sodom |
| 19,1–29 | Untergang **Sodoms und Gomorras**, Lots Frau wird zur Salzsäule |
| 30–38 | **Lots Töchter**, Abkunft der Moabiter und Ammoniter aus einem Inzestverhältnis |
| 20,1–18 | **2. Gefährdung der Ahnfrau**: Sara und Abimelech von Gerar |
| 21,1–8 | **Geburt Isaaks** |
| 9–21 | **Vertreibung Hagars** und Ismaels; Rettung der beiden und **Verheißung an Ismael** |
| 22–34 | **Brunnenstreit** und Vertrag mit Abimelech |
| 22,1–19 | **Isaaks Bindung**/Opferung |
| 20–24 | **Nachkommen Nahors**, des Bruders Abrahams |
| 23,1–20 | **Saras Tod**, Höhle Machpela als Familiengrabstätte |
| 24,1–67 | Werbung der **Rebekka** für Isaak |
| 25,1–18 | Abrahams 3. Frau Ketura, **Abrahams Tod**, Stammbaum der Ismaeliter |

Übersicht über die Abrahamgeschichte

schon früh mit dem Jahwisten zu einer Schrift verbunden worden sein, dafür steht dann das Siglum JE. Als klassische Texte des Elohisten gelten vor allem Gen 15; 20; 21,8–34 und Kap. 22*. Die Existenz dieser Quelle wird jedoch inzwischen von den meisten bestritten.

Der in den Elterngeschichten postulierte genealogische/verwandtschaftliche Zusammenhang zwischen den einzelnen Erzeltern ist sicherlich sekundärer Art. Die einzelnen Patriarchen waren ursprünglich eigenständig, das zeigen allein die unterschiedlichen Kultorte. Nur Sichem wird für Abraham (12,6f.) wie für Jakob (33,18–20) erwähnt, sonst haben alle Väter eigene Kultorte. Wahrscheinlich gab es ursprünglich Sagen unterschiedlicher Sippen, die sich um das Familienoberhaupt rankten. Die Erzählungen wurden dann in späterer Zeit so miteinander kombiniert, dass sie das Schema einer durchlaufenden Familiengeschichte ergaben. Erkennbar ist dieses Phänomen auch an der Tatsache, dass eine einzelne Erzählung – die von der Gefährdung der Ahnfrau – an drei Stellen von zwei Erzelternpaaren erzählt wird (Gen 12; 20; 26). Die Bezeichnung „Erzväter" stammt nicht aus dem AT, sondern kommt erst in späterer Zeit auf (vgl. etwa 4. Makk 7,19; Apg 7,8f., wo von den 12 Erzvätern die Rede ist). Im NT gilt in Apg 2,29 dann auch David als Erzvater/ Patriarch (πατριάρχης).

Wichtigstes Motiv, das die Erzählungen zusammenbindet, ist die Wiederholung der Segenszusage, die auch die Gabe des Landes umfasst. So verheißt Gott in **12,1–3** Abra(ha)m, in **26,24** Isaak und in **28,13f.** dem Jakob das Land. Allerdings gilt die Verheißung erst den Nachkommen der Erzeltern, dem Volk Israel, das aus Ägypten ausziehen wird. Das Motiv wird dadurch ausgestaltet, dass viele Einzelerzählungen die Gefährdung des Segens thematisieren. So werden Sara und Rebekka durch ausländische Könige bedroht. Alle drei Mütter der späteren Zentralgestalt (Sara, Rebekka, Rahel) sind zunächst unfruchtbar, die Geburt des späteren Verheißungsträgers ist also gefährdet. Jakob und Esau streiten um den Segen (Kap. 25+27), Josef wird durch seine Brüder in seiner Existenz bedroht (Kap. 37). Im Hintergrund steht die Überzeugung, dass Gottes Segen sich gegen allen Anschein durchsetzt. Dies ist wohl auch für das Motiv verantwortlich, dass der eigentlich nicht erbberechtigte Sohn Träger der Verheißung wird, so bei Isaak, Jakob und Josef.

| | |
|---|---|
| 25,19–28 | **Geburt Jakobs und Esaus**, gedeutet als Völkerkampf bereits im Mutterleib |
| 29–34 | **Verkauf des Erstgeburtsrechts** Esaus für ein Linsengericht |
| 26,1–35 | Isaak und Abimelech von Gerar: **3. Gefährdung der Ahnfrau: Rebekka**, Brunnenstreit |
| 35,27–29 | **Tod Isaaks** |

Übersicht über die Isaakgeschichte

In den Erzählungen wird auch ein *ätiologisches* Interesse deutlich, wenn etwa die Unfruchtbarkeit des Gebietes des südlichen Toten Meeres mit Gottes Schwefelregen (19,24) und die bis heute dort sichtbaren Salzsäulen mit dem Ungehorsam von Lots Frau erklärt werden (19,26). Die Erzählinteressen späterer Zeiten verraten sich in der Verächtlichmachung von Israels Nachbarn Moab und Ammon durch die Erzählung vom Inzest der Töchter Lots (19,30–38). Zur besonderen Problematik der Bundesvorstellung vgl. das Thema-Kapitel „Bund".

Über ***Isaak*** ist kein eigentlicher Sagenkreis erhalten; er wird als Sohn im Rahmen der Abrahamserzählungen und als Vater im Rahmen des Jakob-Esau-Kreises erwähnt. Wegen der Toledot-Formel in 25,19 soll hier dennoch von einer Isaak-Geschichte gesprochen werden. Als eigenständige Isaak-Erzählung kann aber nur Kap. 26 gelten, das ihn mit Abimelech, dem König von Gerar (südöstlich von Gaza) verbindet.

| | |
|---|---|
| 27,1–45 | Jakob erlangt durch List den **Segen Isaaks**; Vorbereitung der Flucht nach Haran |
| 27,46–28,5 | **Verbot der Ehe mit Kanaanäerinnen**; zweites Motiv zur Reise nach Haran |
| 28,6–9 | **Esaus Frauen** |
| 10–22 | **Jakobs Traum** von der Himmelsleiter in Bet-El, Land- und Nachkommensverheißung |
| 29,1–30 | Jakob bei Laban, **Dienst um Lea und Rahel** |
| 29,31–30,24 | Jakobs Kinder. Von *Lea*: Ruben, Simeon, Levi, Juda, Issachar, Sebulon und Dina, von *Bilha*: Dan, Naftali, von *Silpa*: Gad, Ascher, von *Rahel*: Josef |
| 30,25–43 | **Jakobs Wohlstand** (als Auswirkung des Segens) |
| 31,1–54 | Jakobs **Trennung von Laban**, Rahels Diebstahl |
| 32,1–33 | Jakobs Rückkehr nach Israel. **Kampf am Jabbok**, Umbenennung in Israel |
| 33,1–20 | **Aussöhnung** zwischen Jakob und Esau, Altarbau in Sichem |
| 34,1–31 | **Blutbad in Sichem** zur Rächung der entehrten Dina |
| 35,1–15 | Jakobs **Zug nach Bet-El** |
| 16–26 | **Geburt Benjamins** und Tod Rahels, Beerdigung in Efrata/Bethlehem, Jakobs Söhne |
| 36,1–43 | Die **Nachkommen Esaus**: Edomiterkönige |

Übersicht über die Jakob-Esau-Geschichte

Die ***Jakob-Esau-Geschichten*** sind sehr viel stärker durchkomponiert als die Abrahamserzählungen. Es geht um die unterschiedlichen Dimensionen des Konflikts zwischen Jakob und Esau. Dazwischen steht in den Kapiteln 29–31 der Erzählkreis um Jakob und Laban. Zentrales Thema ist der Segen, seine Erlangung (27+28; 32) und seine Auswirkungen

(29–31). Dabei wirkt die fast magisch zu nennende Vorstellung des nur einmal zu erteilenden Segens in Kap. **27** heute besonders fremd. Erneut begegnen *ätiologische* Erzählungen, in denen bestimmte Dinge oder Namen (*Etymologie*) begründt werden, vgl. die Benennung von Bet-El in **28,19**, die Erklärung der Stammesnamen in Kap. 30 oder bereits früher die Deutung des „Kainsmals" in **4,15**.

| | |
|---|---|
| 37,1–36 | **Josef und seine Brüder**, Josefs Träume, Verkauf nach Ägypten |
| 39,1–19 | **Josef bei Potifar**, Verführungsversuch von Potifars Frau, Inhaftierung |
| 39,20–40,23 | **Josef im Gefängnis**, Träume des Bäckers und des Mundschenks |
| 41,1–57 | Deutung der **Träume des Pharaos**: 7 fette und 7 magere Jahre, Einsetzung Josefs zum Bevollmächtigten des Pharaos |
| 42,1–38 | **Hungersnot in Kanaan**, Reise der Brüder Josefs (ohne Benjamin) nach Ägypten |
| 43,1–45,28 | **Zweite Reise nach Ägypten**, mit Benjamin. Josef gibt sich zu erkennen |
| 46,1–47,12 | **Jakob reist nach Ägypten** |
| 47,13–26 | **Josef als Verwalter Ägyptens** |
| 27–31 | **Jakobs letzter Wille**: Beerdigung in Machpela |
| 48,1–22 | Jakob segnet **Efraim und Manasse** |
| 49,1–28 | Jakobs Segen (**Stammessprüche**) |
| 49,29–50,14 | **Jakobs Tod** und Überführung nach Kanaan |
| 50,15–26 | **Aussöhnung** der Brüder und Tod Josefs |

Übersicht über die Josefsgeschichte

Die ***Josefsgeschichte*** ist jünger und, anders als die bisherigen Texte, eine in sich geschlossene Einheit (Novelle), die durch die Juda-Tamar-Geschichte in Kap. 38 unterbrochen wird. Daher wird die Josefsnovelle meist nicht zu den eigentlichen Vätergeschichten gezählt. Auch die Stammessprüche in Kap. 49 sind wohl nachträglich eingefügt worden. Inhaltlich soll die Josefsnovelle zum Schauplatz des Buches Exodus überleiten, nach Ägypten. Leitlinie ist, dass hinter der erzählten, sichtbaren Geschichte die unsichtbare Führung Gottes zum Guten steht.

Die Josefsgeschichte ist zudem eine weisheitliche Lehrerzählung. Sie berichtet, wie sich ein paradigmatischer Weiser verhält, und wie ihm durch seine Weisheit und durch Beachtung weisheitlicher Grundsätze Gutes widerfährt. Es gibt sehr enge Parallelen zu den Erzählungen in Daniel 1–5, besonders bei dem Motiv des Traumdeutens. Der (israelitische) Weise vermag die Träume zu deuten, während die einheimischen Experten versagen. Dennoch wird Ägypten meist positiv dargestellt, was typisch für Literatur ist, die das Leben in der Diaspora behandelt. Nur gelegentlich wird die Differenz markiert, vgl. 43,32: „Denn die Ägypter dürfen nicht mit den Hebräern essen; für Ägypten ist dies ein Gräuel."

# Exodus

Der Name des Buches Exodus, „Auszug", gibt nur eines der Themen an, die in diesem Buch von Bedeutung sind. Auf die durch Gottes Einwirken erfolgreiche *Flucht aus Ägypten* (1–15) folgt die *Wanderung zum Sinai* (16–18). Danach beginnt ein Abschnitt, der bis in das Buch Numeri (Kap. 10) reicht, die sogenannte *Sinaiperikope*. In diesen Texten wechseln sich erzählende Partien und eingefügte Gesetzeskorpora ab. Dabei ist theologisch bedeutsam, dass Gottes erstes Wort, seine erste Tat an Israel als Volk, nicht die Forderung des Gesetzes, sondern die Rettung ist. Auch hier, wie schon in der Urgeschichte Gen 2–4, ist die Möglichkeit des Abfalls von Gott in der Erzählstruktur vorgesehen. Dafür

| | |
|---|---|
| 1,1–14 | **Anwachsen Israels** und Bedrückung |
| 15–22 | **Die gottesfürchtigen Hebammen** (Motiv: Die Nachkommensverheißung setzt sich durch) |
| 2,1–10 | **Moses Geburt**, Aussetzung und Rettung (Motiv: Bedrohung des künftigen Retters) |
| 11–25 | Moses **Mord an einem ägyptischen Aufseher** und Flucht nach Midian |
| 3,1–4,31 | Berufung Moses/**Gotteserscheinung am Horeb** und Rückkehr nach Ägypten |
| 3,14 | **Deutung des Gottesnamens** |
| 4,1–9 | Schlangenstab, Aussatzhand und Blutwasser als Zeichen der **Beauftragung Moses durch Gott** |
| 4,10–17 | **Berufung des Aaron** zum Munde des Mose |
| 4,18–23 | Moses Rückkehr nach Ägypten |
| 4,24–26 | Erzählung vom **Blutbräutigam** |
| 5,1–6,1 | **Mose und Aaron vor dem Pharao** |
| 6,2–7,7 | Erneute **Berufung Moses** (und Aarons) durch Gott |
| 6,2 | Zweite Mitteilung und Periodisierung des Wissens um den **Gottesnamen** (P) |
| 7,8–13 | **Mose und Aaron vor dem Pharao**, Wettstreit mit den Zauberern |
| 7,14–11,10 | **Die ägyptischen Plagen** |
| 12,1–13,16 | Einsetzung des **Passa** |
| 13,17–14,31 | Durchzug durch das **Schilfmeer** |
| 15,1–21 | Siegeslied des Mose, **V. 21**: **Mirjamlied** |

Übersicht Ex 1-15

steht die Erzählung vom Goldenen Kalb (Kap. 32), die aber durch den Bericht über die Vergebung Gottes (Kap. 34) ergänzt wird.

Das Buch Exodus setzt inhaltlich da ein, wo die Genesis aufgehört hatte: Die Jakobsöhne halten sich in Ägypten auf, doch ihnen gilt die Zusage Gen 50,24, dass Gott sie aus Ägypten herausführen werde. Ex 1,1 beginnt mit den Namen der Söhne Israels/Jakobs, also mit der Familienperspektive, erweitert dann aber in V. 9 den Horizont: „Siehe, das *Volk* der Israeliten ist uns zu zahlreich und zu stark…“ Fortan geht es also um das Volk Israel mit seinen Anführern Mose und Aaron.

Im Durchgang durch die Kapitel 1 bis 15 sind verschiedene Texte von hoher theologischer und bibelkundlicher Bedeutung. Wichtig ist vor allem der Vers **3,14**, (vgl. **6,2**), in dem als einziger Stelle im ganzen AT der Gottesname יהוה, JHWH, eine Deutung erhält: אֶהְיֶה אֲשֶׁר אֶהְיֶה, *’æh$^{e}$jæh $^{’a}$šær ’æh$^{e}$jæh*, „ich werde sein, der ich sein werde/ich bin, der ich bin“. Den Stellen 3,14 und 6,2 ist gemeinsam, dass sie voraussetzen, den Israeliten werde der Gottesname erst hier mitgeteilt, den Vätern habe Gott sich nicht unter seinem eigentlichen Namen zu erkennen gegeben. Dies ist einer der Ansatzpunkte der sog. Keniter- oder Midianiterhypothese, nach der der JHWH-Glaube aus Midian kommt und von den Kenitern (vgl. die Erwähnung der JHWH-Verehrung der Nachkommen des Kain in **Gen 4,17–26**) oder Midianitern (Moses Schwiegervater amtiert in **Ex 18** als Priester) übernommen worden sei.

Die Berufungsgeschichten des Mose zeigen wie andere alttestamentliche Berufungsberichte das Motiv, dass sich der zu Berufende gegen den Auftrag wehrt (vgl. Jer 1).

Die Erzählung von den 10 Plagen (**7,14–11,10**) deutet im Erzählverlauf an, was den Pharao letztendlich dazu bewegt, die Israeliten gehen zu lassen. Die letzte Plage wird erst mit dem Passa-/Auszugsgeschehen berichtet. Die Zeichen wollen die einzigartige Macht Gottes bezeugen, daher auch der teilweise (vgl. die einzelnen Plagen) berichtete Wettkampf mit den ägyptischen Zauberern. Die Plagen 1–9 haben dabei Anhalt an Naturerscheinungen, die es in Ägypten gegeben hat:

| 1: Nilwasser zu Blut | 2: Frösche | 3: Mücken |
|---|---|---|
| 4: Bremsen | 5: (Tier-)Pest | 6: Beulen/Geschwüre |
| 7: Hagel | 8: Heuschrecken | 9: Finsternis |
| 10: Tötung der Erstgeburt | | |

Auch die Plagenerzählung ist aus verschiedenen Überlieferungssträngen zusammengesetzt, was sich an der unterschiedlichen Darstellung der Zauberer und der Differenzierung zwischen Ägyptern und Israeliten erkennen lässt. In diesen Erzählungen fällt, anders als in der Josefsnovelle, die durchgängig negative Darstellung der Ägypter auf. Sie grenzt oft ans Satirische: Der Pharao versteht nicht, dass es nutzlos ist, die Jungen zu töten, wenn man Nachwuchs verhindern will (1,22); die Ägypterinnen verleihen bereitwillig ihren Schmuck, als ihre israelitischen Sklaven in die Wüste ziehen wollen (12,35).

Das Passafest (פֶּסַח, *pæsaḥ*) war früher wohl ein Hirtenfest, bei dem ein Schaf geschlachtet wurde. Das Bestreichen des Türpfostens mit dem Blut ist ein alter apotropäischer (unheilabwehrender) Ritus, der Schutz vor einem Dämon bewirken sollte. Später wurde das Passa mit dem *Mazzot*-Fest, einem Ritus zur ersten Ernte, verbunden. Noch später geschah eine Interpretation durch das Exodusereignis. Das Halten von Passa-Mazzot soll an die Herausführung aus Ägypten erinnern (vgl. **13,8**: „Und du sollst das deinem Sohn an jenem Tage erklären").

Der Bericht über die Begebenheiten am Schilfmeer (**13,17–14,31**) weist zwei ineinandergewebte Versionen des Ereignisses auf. In der ersten schickt Gott einen starken Ostwind, der das Wasser zurückdrängt. Eine spätere Deutung verstärkt das Wunderhafte: Durch Moses ausgestreckten Stab wird das Wunder bewirkt. Historisch ist möglich, dass der Auszug einer kleinen Nomadengruppe im späten 13. Jh. etwa im Gebiet südlich des Ballah-Sees südöstlich des Nildeltas stattgefunden hat.

Das Siegeslied der Israeliten **15,1-21** ist mit **Ri 5**, dem Deboralied, und **1.Sam 2**, dem Lied der Hanna, zu vergleichen; es ist interessant, dass diese Lieder von Frauen gesungen werden. V. 21 ist vielleicht eines der ältesten Stücke des AT überhaupt, das sogenannte Mirjamlied.

| | |
|---|---|
| 15,22–27 | **Mara**, Bitterquell |
| 16,1–36 | **Manna und Wachteln** |
| 17,1–7 | **Wasser aus dem Felsen** in Kadesch, Massa und Meriba |
| 17,8–16 | **Amalekiterschlacht** in Refidim |
| 18,1–27 | Besuch von Moses Schwiegervater **Jitro**, Einsetzung von Richtern |

Übersicht Ex 15,22–18,27: Wüstenwanderung

Das wesentliche Motiv dieser Erzählungen der Wüstenwanderung ist das des *Murrens des Volkes* über bestimmte Nöte. Dabei bewahrt Gott sein Volk durch verschiedene „Wunder" (ätiologische Erzählungen für bestimmte Naturphänomene?) und ist in „Wolkensäule und Feuerschein" präsent (14,24+16,10). Man sollte diese Texte zusammen mit den parallelen Überlieferungen in Num 10–20 lesen.

| | |
|---|---|
| 19,1–25 | **Erscheinung Gottes auf dem Sinai** in Feuer und Rauch |
| 20,1–17 | **Dekalog**, vgl. Dtn 5 |
| 20,18–21 | **Distanz** des Volkes zum Geschehen |
| 20,22–23,33 | **Bundesbuch** |
| 24,1–18 | **Bundesschluß am Sinai** |

Übersicht Ex 19–24

Bevor Gott seine Weisungen offenbart, erscheint er selbst in einer Theophanie (Kap. 19). Im AT werden solche Offenbarungen mit vergleichbaren Erscheinungen (Feuer; Vulkan?) verbunden (vgl. Ri 5,4; Hab 3; Ps 68,8f.). Vor der Offenbarung schwört das Volk seinen Gehorsam. Darauf folgt der *Dekalog* als (spätere) Zusammenfassung des Willens Gottes, dann ein eigenständiges Gesetzeskorpus, das sogenannte *Bundesbuch*, das im Zentrum des Exodus-Buches steht. Das Buch wurde wohl als feststehende Größe in den Zusammenhang eingefügt. Es hat seinerseits eine komplizierte Wachstumsgeschichte. Wichtig ist seine theologische Rahmung in 20,22–26 und 23,20-33, dazu der wohl älteste *Festkalender* des AT in **23,10–17**. Die bekannte *Talionsformel* „Auge um Auge...", die schon aus dem babylonischen Codex des Königs Hammurapi (ca. 1700 v.Chr.) bekannt ist, findet sich in **21,23–25**.

| | |
|---|---|
| Kap. 25–31 | Weisungen für die Herstellung der **Stiftshütte** und deren Ausstattung |
| Kap. 35–40 | Fortsetzung des **Priestergesetzes**. Hier wird die Ausführung dessen berichtet, was Gott Mose in Kap. 25–31 befohlen hatte. |

In Ex 25 beginnt der ausführliche Komplex des *priesterlichen Gesetzes*, der bis Num 10 reicht und durch verschiedene erzählerische wie gesetzliche Abschnitte unterbrochen wird. Diese Texte sind das Zentralstück der Priesterschrift. Gott gebietet durch sein Wort (vgl. Gen 1) die Ausstattung des Heiligtums und die Vorschriften für die Priester, um so in Israel einen richtigen Gottesdienst zu ermöglichen. Die Texte sind erst nach dem Exil auf diese Weise angeordnet worden, sie reagieren auf die Zerstörung des Tempels in Jerusalem. Verwirrend ist dabei, dass sie von der Redaktion *vor* das ältere Deuteronomium eingestellt wurden. Der wahre Kult soll auf das Grundereignis zwischen Gott und seinem Volk

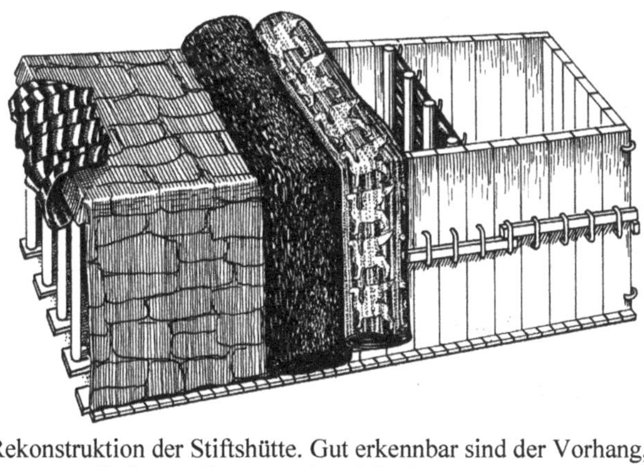

Rekonstruktion der Stiftshütte. Gut erkennbar sind der Vorhang, die innere Trennwand und die Tragestangen

Israel am Sinai zurückgeführt werden. Der Kult gilt nun (anders als im Deuteronomium) nicht mehr als nur an den *einen* Ort Jerusalem gebunden. Statt dessen wird eine alte Vorstellung von einem Wanderheiligtum aufgegriffen; der Kultus ist nun überall möglich, wo er richtig ausgeübt wird. Das Zelt der Begegnung (oder: die Stiftshütte) wird daher als kleiner, transportabler Tempel beschrieben. Dabei werden in der Stiftshütte die Einrichtungen des untergegangenen Jerusalemer Tempels nachgebildet, besonders die Lade mit der Sühneplatte כַּפֹּרֶת (*kapporæt*) als Deckel. Nur dort kann Gott seinem Volk wirklich erscheinen, um Segen zu bringen und Sühne zu wirken (29,43).

| | |
|---|---|
| 32,1–6 | **Goldenes Kalb**: „Das ist dein Gott, Israel", vgl. 1.Kön 12,28 |
| 32,7–35 | Vernichtungswille Gottes und Interzession/ **Fürbitte Moses** |
| 33,1–23 | Erneute Verheißung, Zeltheiligtum mit **Josua** als Diener, Mose darf **Gottes Herrlichkeit** schauen. |
| 34,1–35 | **Erneuerung der Gesetzestafeln**, Kultischer Dekalog 10–28, Hülle auf dem Angesicht Moses, vgl. 2.Kor 3,14 |

Übersicht Ex 32–34: Bundesbruch und -erneuerung

In dem Bericht über den Bundesbruch der Israeliten am Sinai erscheint Aaron, der ja der Prototyp des Priesters ist, sehr negativ. Er ist derjenige, der für die Anfertigung des goldenen Kalbes verantwortlich ist. Das kann auf spätere Gemeindekonflikte um die Bedeutung des Priestertums hinweisen. Mose wird dagegen in einer modifizierten Mittlerrolle dargestellt; er bittet Gott um Strafminderung für das sündige Volk. In diesen Kapiteln spielt auch das Thema der Barmherzigkeit Gottes eine besondere Rolle; wichtig ist die sogenannte Gnadenformel in Ex **34,6**: „Der Herr – ein barmherziger und gnädiger Gott, langmütig und reich an Huld und Treue" (vgl. 33,19).

Bronzekalb/-stier aus Askalon (ca. 10x10 cm)

Die Geschichte vom goldenen Kalb ist sicher auch als Polemik gegen die Stierbilder zu verstehen, die Jerobeam I. nach der Reichsteilung in Dan und Bet-El hatte aufstellen lassen (so **1.Kön 12**). Stiere galten im Alten Orient als Symbol der Macht einer Gottheit. Mehrere in Syrien/ Palästina gefundene Stierfiguren aus der Bronzezeit (Mitte des 2. Jt.) zeigen, wie sich der Erzähler das Bild vom Kalb vorgestellt haben mag.

Ex 23+34: *Festkalender* des alten Israel:

**Mazzotfest** (Ex **23,14; 34,18**, vgl. Dtn 16,1–8) Fest der ungesäuerten Brote, zu Beginn der neuen Ernte im Monat Abib gefeiert. Später wurde es mit dem Passa verbunden, vgl. Ex 12. [Christlich: Ostertermin]

**Wochenfest** (Ex **23,16; 34,22**; vgl. Dtn 16,10) sieben Wochen nach dem Mazzotfest gefeiertes Fest, bei dem die Erstlinge der Weizenernte dargebracht wurden. [Christlich: Pfingsttermin; *pentekoste* = *gr.*: 50; entspricht den sieben Wochen]

**Herbst-/Laubhüttenfest** (Ex **23,16; 34,22**; vgl. Dtn 16,13.16) Nach Lev 23,43 mit dem Exodusgeschehen verbundenes Fest, das ursprünglich ein Herbst- und Jahreswechselfest war. (vgl. das Thema-Kapitel)

# Levitikus

| | |
|---|---|
| 1–7 | **Opfergesetze**: 1–5 für Laien, 6+7: für Priester |
| 8–10 | Beginn des **Kultus** |
| 11–15 | **Rein und Unrein** |
| 16 | **Jom Kippur**/Der große Versöhnungstag |
| 17–26 | **Heiligkeitsgesetz** |
| 27 | **Gelübde** und Verzehntung |

Übersicht über das Buch Levitikus

Das Buch Levitikus gehört noch zu der im Exodus-Buch begonnenen Mitteilung der Tora Gottes an Mose. Es bietet im Wesentlichen Weisungen, kaum Erzählstoffe. Wichtige Themen sind der Kultus und die Fragen nach sittlicher und kultischer Reinheit. Zur bibelkundlichen Orientierung ist besonders das Wissen um die Grobgliederung wichtig. Zu den Opfervorschriften in Lev **1–7** vgl. das Thema-Kapitel „Opfer". Die hier geschilderten Vorschriften spiegeln wohl den Kultbetrieb am zweiten, nachexilischen Tempel; vom Kult Israels in der vorstaatlichen Zeit weiß man nichts.

Kap. **8–10** berichten den Beginn des Kultus am Sinai. Aaron und seine Söhne werden von Mose gesalbt, darauf bringt Mose ein Opfer dar, mit dessen Blut er Aaron besprengt. Das erste Opfer am Sinai wird also für die Priester vollzogen, danach erfolgen durch Aaron die ersten Opfer für die ganze Gemeinde (Kap. 9). Es folgt der einzige erzählende Text des Levitikus-Buches, die Verfehlung von Nadab und Abihu (Lev 10).

Schächten eines Tieres durch Halsschnitt

Aus den Reinheitsvorschriften in Kap. **11–15** leitetete man später die noch heute im orthodoxen Judentum beachteten Gebote der *Kaschrut* ab (hb. Tauglichkeit), der (kultischen) Reinheit auch im Alltag. So wird zwischen reinen und unreinen Tieren unterschieden. Darüber hinaus sind auch bei reinen Tieren nicht alle Bestandteile *koscher*; Blut und Fett dürfen nicht verzehrt werden. In **Ex 23,19** u.ö. ist das Hauptgebot überliefert, ein Böcklein nicht in der Milch der Mutter zu kochen. Daraus wurde später die Vorschrift abgeleitet, dass Milch und Fleisch nicht gleichzeitig genossen werden dürfen.

In Lev **16** wird das Ritual für den Versöhnungstag *Jom Kippur* geschildert, der bis heute höchster jüdischer Feiertag ist. Er wird im Herbst am 10. Tischri gefeiert. Ein Bock wird geschlachtet und sein Blut wird über den Deckel der Lade, כַּפֹּרֶת, *kapporæt*, gesprengt (vgl. כפר pi., *kippær* „Sühne schaffen“). So wird das Heiligtum entsühnt. Daraufhin werden auf einen weiteren Bock (Sündenbock) alle Sünden des Volkes geladen, und dieser wird dann in die Wüste zu Asasel, wohl einem Wüstendämon, gejagt. Der Versöhnungstag war nach späterer Tradition der einzige Tag, an dem der Hohepriester im Allerheiligsten den heiligen Namen Gottes aussprechen durfte. Dieser Vorgang der Entsühnung wurde im NT umgedeutet und mit dem Sühnetod Christi in Verbindung gebracht (vgl. Röm 3,24–26; Hebr 8–10, besonders 9,25).

Das Heiligkeitsgesetz Lev **17–26** ist ein eigenständiger Textabschnitt, wohl älter als die es umgebende Priesterschrift. Es geht davon aus, dass der Heiligkeit Gottes auch eine (abgestufte) Heiligkeit des Volkes entsprechen sollte; so in 19,2: „Ihr sollt heilig sein, denn ich bin heilig, der Herr, euer Gott“. Wirkungsgeschichtlich von Bedeutung ist vor allem das Nächstenliebegebot **19,18** (vgl. 19,34). Es wird im NT in Mt 22,39 aufgenommen und mit Dtn 6,5 zum höchsten Gebot kombiniert. Die geforderte Heiligkeit ist zugleich ein Aussondern/Absondern um Gottes willen. Sie kann alle Bereiche menschlicher Existenz betreffen.

Viele der aufgeführten Forderungen sind vor allem als Programm zu werten, mit dem man in Israel den nachexilischen Kultus bestimmen wollte, vgl. zum Beispiel die wohl kaum je durchgeführten Bestimmungen zum Sabbat- und Jobeljahr Kap. 25. Theologisch bedeutsam ist

Kap. 26 (Unterschrift in 26,46), das den Sinn der Gebote anzeigen will. Hier wird deutlich ein bereits gebrochener Bund und damit die Erfahrung des Exils vorausgesetzt (V. 40).

# Numeri

Das Buch Numeri stellt den Weg der Israeliten nach dem Aufbruch vom Sinai bis in das Ostjordanland hinein dar. Wesentliche Textkomplexe sind die Kundschaftergeschichte (13+14), der Erzählkreis um Bileam (22–24) und die Einsetzung Josuas als Nachfolger Moses (27,12–23, vgl. Dtn 31). Wichtigster Einzeltext ist der aaronitische Segen Num **6,24–26**.

| | |
|---|---|
| 1,1–10,10 | Dritter Teil des **priesterlichen Gesetzes**; Abschluss der Sinaiperikope |
| 10,11–21,35 | Zug nach **Moab** |
| 22–24 | **Bileam** |
| 25–32 | Wanderung in das **Ostjordanland** |
| 33–36 | **Nachträge:** Wanderstationen seit Ägypten, Freistädte und Erbvorschriften für Frauen |

Übersicht über das Buch Numeri

Kap. **1+2** setzen ein mit einer Aufzählung der Israeliten und der Einteilung ihrer Lager- und Wanderordnung, daher der wissenschaftliche Name des Buches. Kap. **3+4** beschreiben Musterung und Dienst der Leviten. Diese gelten als den Aaroniden (= Priestern) untergeordnet. Sie sind dem Dienst Gottes zugeteilt als Ersatz für die eigentlich Gott zugedachte menschliche Erstgeburt (vgl. dazu noch Kap. **8+18**). Hier zeigt sich eine stärkere Trennung zwischen Priestern und Volk, als sie sonst berichtet wird.

Kap. **5** listet Weisungen für ein Gottesurteil bei vermutetem Ehebruch auf; dieser Text hat eine sehr schlimme Wirkungsgeschichte in der christlichen Verfolgung von Frauen, die als Hexen bezeichnet wurden. Kap. **6** handelt von dem *Nasiräat*, einem (zeitlich befristeten) Gelübde, sich ganz Gott zu weihen, vgl. Simson in Ri 13,5. In Kap. **7** bringen die 12 Stammesfürsten Opfer zur Einweihung des Altars dar, Kap. **8** schildert dann die Weihe der Leviten. **9,1–14** ist ein Nachtrag zu den Weisungen zum Passa, vgl. Ex 12. Num **9,15–23** beschreiben Wolkensäule und Feuerschein als Wegzeichen für die Israeliten. In **10,1–10** bereiten die Posaunen, die zum Sammeln blasen, den Aufbruch vom Sinai vor.

Das Besondere der Darstellung der Wüstenwanderung Kap. **10–21** ist, dass hier verschiedenartige interne Konflikte der wandernden Israeliten geschildert werden. Diese zeigen, dass die Autoritätsansprüche von Mose und Aaron nicht unumstritten waren, wie es wohl auch innerhalb

| | |
|---|---|
| 10,11–36 | **Aufbruch** vom Sinai |
| V. 35+36 | **Ladesprüche** |
| 11 | **Murren** des Volkes: Feuer bei Tabera, Manna und Wachteln, vgl. Ex 16 |
| 12 | **Mirjam und Aaron**: Streit um prophetische Inspiration und um den Führungsanspruch |
| 13+14 | **Kundschaftererzählung:** Erkundung des Kulturlandes, nur Josua und Kaleb haben Gottvertrauen |
| 15 | Nachtrag: **Opfervorschriften**, Quasten an den Kleidern (vgl. Mt 9,20) |
| 16 | Aufstand der **Rotte Korachs**, Datans und Abirams wegen des Primatsanspruchs Moses |
| 17 | **Strafandrohung** Gottes und Bewahrung |
| V. 22–26 | Der grünende **Stab Aarons** |
| 18+19 | Einkünfte der **Leviten**, Reinigungswasser (Rote Kuh, vgl. Hebr. 9) |
| 20,1–13 | **Tod Mirjams**, Wasserwunder bei Kadesch (s. Ex 17) |
| V. 14–29 | Verbot des Durchzugs durch Edom, **Tod Aarons**, Einsetzung Eleasars zum Nachfolger |
| 21,1–9 | Sieg über Arad, die **eherne Schlange**, vgl. 2.Kön 18,4 |
| V. 10–35 | **Wanderstationen**, Siege |
| V. 17f. | **Brunnenlied** |

Übersicht Num 10–21

der Leviten Machtkämpfe gab, etwa mit der „Rotte Korach“ (die Korachiten waren nach 2.Chr 20,19 eine Sängergilde am Tempel, vgl. Ps 44–49). Es ist anzunehmen, dass sich hier Konflikte aus der Zeit spiegeln, als Israel im und nach dem Exil seine interne Verfassung und seinen Zugang zu Gott neu überdenken musste. Dies war schon bei der negativen Rolle Aarons in Ex 32 sichtbar geworden.

Die Erzählung vom Seher Bileam Kap. **22–24** wurde als eigene Einheit in den jetzigen Textzusammenhang eingefügt. Sie zeigt, wie sich der vom Moabiterkönig Balak bestellte Seher Bileam außerstande sieht, Israel zu verfluchen. JHWH verwandelt ihm den Fluch zum Segen, ohne dass Bileam zunächst weiß, was ihm geschieht (seine Eselin allerdings bemerkt den Engel JHWHs, 22,23ff., vgl. zum Motiv Jes 1,3). Die Weissagungen selbst sind teilweise *vaticinia ex eventu* (Weissagungen nach dem Ereignis), sie „prophezeien“ also eine Sache, die längst erfüllt ist. Damit soll die Geschichte Israels als auf Gottes Fügung zurückgehend begreiflich gemacht werden.

In Deir Alla im heutigen Jordanien wurde 1967 eine Inschrift gefunden, auf der ein Seher Balaam ben Beor erwähnt wird. Dieser Text weist auch

| | |
|---|---|
| 25 | **Götzendienst** bei Baal Peor: Israel kommt in Kontakt mit den kanaanäischen Gottheiten |
| 26 | Zweite **Zählung** der Israeliten, vgl. Kap. 1+2 |
| 27,1–11 | Gesetz über die **Erbtöchter** |
| V. 12–23 | **Einsetzung Josuas** als Nachfolger des Mose |
| 28+29 | Vorschriften für die regelmäßigen Opfer und Festkalender (ausführlichster **Festkalender** im AT) |
| 30 | **Gelübde-Vorschriften** für Männer und Frauen |
| 31 | Krieg gegen die **Midianiter** (Hier: Baal-Verehrer, anders Ex 18!) als Rache für deren Beauftragung des Bileam. Vollzug des Banns: die Habe der Gegner wird für Gott ausgesondert/vernichtet. |
| V. 8 | Tod Bileams, der hier negativ gesehen wird. |
| 32 | **Verteilung des Ostjordanlandes** an die Stämme Ruben, Gad und Halb-Manasse. Diese müssen dann bei der Eroberung des eigentlichen Kernlandes mithelfen (Jos 13). |

Übersicht Num 25–32

inhaltliche Nähen zu den vier Bileam-Orakeln in Kap. 23+24 auf; er stammt aus der Zeit vor 700 v.Chr. Der biblische Bericht weist gewiss auf diesen bekannten Seher zurück, um die Autorität des Geweissagten zu steigern. Damit wird aber auch deutlich, dass die biblische Erzählung jünger als die Inschrift sein muss. Im späteren Judentum wurde besonders der dritte und vierte Segensspruch Bileams (24,5–9; 16–24) als messianische Weissagung gesehen, was die griechische Übersetzung (LXX) noch verstärkte. Der in 24,17 genannte Stern ist der Hintergrund für die Magier-Erzählung in Mt 2,1ff., aus der sich die Überlieferung von den drei heiligen Königen entwickelt hat.

Mit den Texten Num 31+32 beginnt bereits die Thematik der Landnahme. Mit der Eroberung des Landes wird auch der letzte Teil der in der Genesis gegebenen Verheißungen eingelöst. Im Numeribuch geschieht dies nur ansatzweise, die Fortsetzung folgt erst im Josuabuch. Zum historischen Problem der Frühgeschichte Israels sei auf das Thema-Kapitel „Exodus und Landnahme“ verwiesen.

| | |
|---|---|
| 33,1–49 | Liste der **Lagerplätze** der Wüstenwanderung |
| 33,50–34,29 | Bestimmungen für den Einzug in das Land Kanaan: **Vertreibung der Bewohner, Festsetzung der Grenzen** |
| Kap. 35 | Bestimmungen über **Leviten- und Freistädte** |
| Kap. 36 | Nachtrag zum Erbgesetz von Kap. 27 |

Übersicht Num 33–36

# Deuteronomium

Das Deuteronomium (gr. *zweites Gesetz*, nach 17,18) ist eine als Rede des Mose an die Israeliten gestaltete Wiederholung des in Exodus bis Numeri geschilderten ersten Gesetzes. Von Kap. 31–34 abgesehen, zeigt das Dtn eine eigenständige Sprache und Theologie, die es von den anderen Mose-Büchern und deren Hauptbestandteilen unterscheiden. Inhaltlich geht es dem Dtn um den *einen* Kultus (Ort) des *einen* erwählten Volkes für den *einen* Gott JHWH. Kennzeichnend ist auch der besondere, paränetische (ermahnende) Stil: Israel wird zumeist direkt in der 2. Person angesprochen. Die Weisung wird im Dtn einerseits immer auf die bisherige Geschichte Gottes mit seinem Volk bezogen, andererseits geschieht an vielen Stellen bereits eine erste Gesetzesauslegung bzw. Modifikation älterer Vorschriften im Sinne des Zentralisationsgebotes. So wird nun in Dtn 16 geregelt, dass das Passa nur in Jerusalem zu feiern ist.

| | |
|---|---|
| 1–3 | **Einleitungsrede** (Geschichtsrückblick), in |
| 4,1–44 | erweitert: Israel und sein Gesetz |
| V. 32–40 | Formulierung der **Erwählung** Israels |
| 4,45–11,32 | **2. Einleitungsrede:** Erwählung Israels durch JHWHs Liebe und Ermahnungen |
| 12–25 | **Weisung**/Tora, in Kapitel |
| 26 | liturgisch erweitert: **Erstlinge und Zehnten** |
| 27–30 | **Schlussreden** des Dtn: Segen und Fluch, Bundesschluss, Umkehrruf |
| 31–34 | **Schlussrahmen des Pentateuch**: Josua als Nachfolger Moses. Moselied, Mosesegen, **Tod des Mose** |

Übersicht über das Deuteronomium

Zentrale Texte sind:

- der *Dekalog* in Kap. 5
- das *Sch$^{e}$ma Israel* (= Höre, Israel!, das monolatrische Grundbekenntnis Israels) in 6,4ff., erweitert mit einem *geschichtlichen Credo* in 6,20–25
- das *Zentralisierungsgebot* in Kap. 12
- das sogenannte *kleine geschichtliche Credo* in 26,5–9
- die *Bundesformel* in 26,16–19.

Der grobe Aufbau des Deuteronomiums ist bibelkundlich leicht zu erfassen: Um den Kern der Weisungen in Kap. 12–26 („Urdeuteronomium“) legen sich wie Schalen die Einleitungsreden 1–11 und die Schlussreden 27–30. In 31–34 folgt mit Moselied, -segen und der Schilderung des Todes Moses der Abschluss des Pentateuch. Das Dtn ist sicher in verschiedenen Stufen gewachsen (Indiz dafür: Verwendung der 2. Person im Singular oder Plural), doch eine genaue Zuordnung der Schichten ist umstritten.

Die Darstellung in den Kapiteln **1–3** weicht an einigen Punkten von dem ab, was in Num 10–20 berichtet worden war, auch die einzelnen Völker, beispielsweise die Edomiter, werden unterschiedlich beurteilt. Ein wichtiger Zug ist die Verwendung des Namens *Horeb* für den Gottesberg, der sonst *Sinai* heißt. Möglicherweise wurde der Name Sinai gemieden, da er an den assyrischen Mondgott *Sin* erinnert. Charakteristisch für das Dtn sind auch die Verwendung der katechetischen Paränese (vgl. 6,20–25) „Wenn dein Sohn dich fragt…". (vgl. schon Ex 13,8) und die häufige Verwendung des „heute", mit dem die aktuelle Bedeutung der Weisungen eingeschärft werden soll.

Kap. **4** ist sicher ein nachexilischer Zusatz, der schon einen festen schriftlichen Regelkanon voraussetzt, vgl. 4,2 „Ihr sollt nichts hinzutun zu dem, was ich Euch gebiete…". Kap. **5** wiederholt den Dekalog und Moses Einsetzung zum Mittler zwischen Gott und Israel, Kap. **6** schärft die Verehrung des einen Gottes ein. Kap. **7** stellt dann die (heute negativ zu bewertende) Konsequenz daraus vor: die Forderung zur Ausrottung der Bewohner und Kulte des Landes Kanaan. Kap. **8–11** bringen Mahnungen an Israel.

Die gesetzlichen Partien sind kaum sinnvoll zu gliedern, hier hilft nur eigene aufmerksame Lektüre. Möglich ist jedoch die Abtrennung der kultischen Vorschriften in 12,1–16,17. Darauf folgen vermischte Satzungen, im ersten Teil, 16,18–21,9, mit stärkerem Bezug zu öffentlichen Belangen als im zweiten Teil. Wichtig sind neben dem Zentralisierungskapitel **12** die Weisungen über die in Jerusalem zu feiernden Feste und das Königs- und Prophetengesetz in **17+18**.

Die Schlussreden in **27–30** zeigen einige geographische Zuordnungsprobleme: Garizim und Ebal liegen im Westjordanland, der Nebo, auf dem die Moserede gesprochen sein soll, dagegen im Ostjordanland (vgl. Dtn 34). Die Kapitel sind sicher im Wesentlichen erst exilisch-nachexilisch entstanden. Sie wollen zeigen, dass das Gesetz erfüllbar und gut ist. Die Sammlung von Flüchen Kap. **27** (der Form nach eine Reihe apodiktischer Rechtssätze, vgl. das Thema-Kapitel „Dekalog") will Fragen regeln, die per Weisung nicht zu klären sind. Es geht um Dinge, die im Geheimen geschehen und daher nicht vor Gericht zu verhandeln sind. Durch das Aussprechen der Fluchformeln und die Bekräftigung der Gemeinde mit „Amen" wird der Täter aus der Gemeinschaft ausgeschlossen und gerät so in den Bereich der Gottesferne, des Todes.

In den Abschlussteil **31–34** sind zwei Dichtungen eingefügt, das Moselied als Geschichtspsalm und der Mosesegen als Sammlung von Stammessprüchen (s. Gen 49). Nach Kap. **34** stirbt Mose auf dem Nebo, ohne das Land betreten zu dürfen, da er nach Dtn 3,23–27 (vgl. Num 26,65;

27,14) noch zur sündigen Generation derer gehörte, die Gott ungehorsam waren.

Die Notiz in 34,6, dass man das Grab des Mose bis heute nicht kennt, ist historisch zuverlässig. Die Schlussverse rühmen Moses Sonderstellung: „Es stand hinfort in Israel kein Prophet auf wie Mose".

Zum möglichen Zusammenhang des Deuteronomiums mit der Reform des Königs Joschija im Jahr 622 (2. Kön 22+23) vgl. das entsprechende Thema-Kapitel.

🕮 *Chr. Böttrich, B. Ego, F. Eißler*, Abraham in Judentum, Christentum und Islam, 2009.

R. Lux, Joseph. Der Auserwählte unter seinen Brüdern, Biblische Gestalten, Band 1, [2]2014.

*Chr. Böttrich, B. Ego, F. Eißler*, Mose in Judentum, Christentum und Islam, 2010.

*E. Otto*, Das Gesetz des Mose, 2007.

*K. Finsterbusch*, Deuteronomium. Eine Einführung (UTB), 2012.

als moderne Aufnahmen biblischer Stoffe:

*John Steinbeck*, Jenseits von Eden, 1952 (zu Gen 4).

*Thomas Mann*, Joseph und seine Brüder, 3 Bände, 1948.

# Vordere Propheten / Deuteronomistisches Geschichtswerk

Mit dem Buch Josua beginnt ein Abschnitt, der in der jüdischen Tradition „vordere Propheten“ genannt wird. Im wissenschaftlichen Sprachgebrauch hat sich für diesen Textkomplex die Bezeichnung „Deuteronomistisches Geschichtswerk“ (DtrG) eingebürgert, wobei mitunter auch das Deuteronomium zu diesem Komplex gerechnet wird. Das Buch Rut steht zwar zwischen Richter- und Samuelbuch, gehört aber ursprünglich nicht zu diesem Textkomplex; in der jüdischen Tradition steht es bei den Festrollen, *Megillot*.

Der Name DtrG rührt daher, dass sich an verschiedenen wichtigen Nahtstellen Texte finden, die im Geist der Sprache und Theologie des Deuteronomiums geschrieben wurden. Sie stammen offenbar aus einer Schule, die sich dem Dtn verpflichtet fühlte, daher der Name „Deuteronomisten“ für diese Schriftsteller und Redaktoren. Nach der grundlegenden These von Martin Noth muss man sich das Wachstum dieser Textkomplexe als komplizierten Vorgang vorstellen, an dessen Ende ein Werk entstanden war, das von Dtn 1 bis 2.Kön 25 reichte. Dabei sind in mehreren Stufen alte Sammlungen (vgl. das „Buch der Könige Judas“, 2.Kön 20,20) zusammengestellt und durch eigene Stücke gerahmt oder interpretiert worden. Charakteristisch dafür sind beispielsweise die Texte Jos 1+24; Ri 2; 1.Kön 8 (vgl. im Anhang die Übersicht zu den Rahmenstücken des DtrG).

Diese rahmenden Stücke lassen eine eigene Theologie erkennen, die die gesamte Geschichte Israels daran misst, ob sich die jeweiligen Generationen an die im Deuteronomium (Dtn 12) verlangte Alleinverehrung Gottes (Monolatrie) gehalten haben. Das führte z.B. dazu, dass das Nordreich Israel, das ja eigene Tempel hatte und sich nicht an Jerusalem hielt, durchgängig negativ bewertet wird. Die Geschichtsdarstellung Israels und Judas ist demnach von Kriterien abhängig, die erst *nach* den eigentlichen Ereignissen von der deuteronomisch/deuteronomistischen Bewegung formuliert wurden. Geschichtsschreibung im modernen Sinne kann also in diesen Büchern nicht erwartet werden.

Nach jüngeren Forschungen ist das Werk aber längst nicht so einheitlich, wie Noth es sehen wollte. Über Generationen hinweg hat es offenbar Überarbeitungen verschiedener Art erfahren. Dabei ist strittig, ob es sich um Ergänzungen in drei umfassenden Redaktionsstufen oder um vielfältige, weniger eindeutig zuzuordnende Fortschreibungen handelt. Neu diskutiert wird in der letzten Zeit auch der Zusammenhang mit dem

Pentateuch, so dass man vom „Enneateuch" als Gefüge von neun Schriften spricht. Auch die Hexateuch-These, nach der der Erzählfaden der Tora erst im Josuabuch abgeschlossen ist, wird neu diskutiert. Unklar ist schließlich auch, ob und zu welcher Zeit die Schriftensammlung Josua bis 2.Könige – oder auch nur ein erster Teil – mit dem Deuteronomium begonnen hat.

Auffallend ist, dass oft an entscheidenden Stellen Prophetengestalten auftreten, die das Geschehen auf Gottes Wort hin deuten. Daher ist die jüdische Bezeichnung „vordere Propheten" sachlich gerechtfertigt. Der Talmud ordnet darüber hinaus einzelnen Propheten konkrete Bücher zu. So soll Jeremia Autor des Königsbuches gewesen sein, das Buch Jesaja sei dagegen vom König Hiskija und seinen Weisen geschrieben worden. In der jüdischen Tradition werden die vier vorderen Prophetenbücher mit den vier hinteren Propheten Jesaja, Jeremia, Ezechiel und Zwölfprophetenbuch parallelisiert. Auszüge aus diesen Büchern werden im Synagogengottesdienst als *Haftara* nach der Tora gelesen.

Inhaltlich bietet das Deuteronomistische Geschichtswerk die Geschichte Israels von der Landnahme des Westjordanlandes über die Richter- und Königszeit bis zum Beginn des babylonischen Exils nach der Tempelzerstörung 587/6 v.Chr. Diese Zeitspanne, besonders die Königszeit nach David und Salomo, wird letztlich als Geschichte des Abfalls von Gott und seinen Weisungen gewertet. Die Zerstörung des Tempels und das Exil gelten daher als gerechtfertigte Strafe, nicht etwa als unerklärliches Schicksal. Nach all dem mutet der Schluss, die Begnadigung des Königs Jojachin, etwas seltsam an. Doch er soll wohl andeuten, dass die Verfasser/Kompilatoren durchaus eine heilvolle Perspektive für Israels Zukunft gehabt haben.

## Josua

Das Buch Josua setzt den Tod des Mose voraus; nun ergeht der Befehl Gottes, Israel über den Jordan in das gelobte Land zu führen. Es folgt die Schilderung der Inbesitznahme und Verteilung dieses Landes.

| | |
|---|---|
| 1–12 | **Jordandurchzug** und Eroberung Kanaans |
| 13–22 | **Verteilung des Landes** an die Stämme Israels |
| 23–24 | Josuas **Mahnrede** und der „**Landtag zu Sichem**" |

Übersicht über das Buch Josua

Die Rahmung des Buches durch die Kapitel **1** und **23–24** bringt die besondere theologische Zielsetzung zum Ausdruck: In Kap. 1 wird Josua dazu verpflichtet, sich an Gottes Weisungen zu halten (V. 7+8), damit sein Weg gelinge. In den Schlusskapiteln gibt Josua nach der Verteilung des Landes (vor seinem Tod, wie Mose es getan hatte) diese Mahnung an das Volk weiter, vgl. 23,16. Das Volk bekräftigt daraufhin den Vorsatz, sich an Gottes Bundessatzungen halten zu wollen (24,24). Die Struktur des Bundesschlusses ist dabei erneut dieselbe wie beim Sinaibund: Zunächst bewirkt Gott die Einlösung der Verheißungen, dann folgt die Verpflichtung des Volkes, diesem Gott dienen zu wollen. In dogmatischer Sprache gesprochen: Erst geschieht die rettende Tat, das Evangelium, daraus resultiert die Verpflichtung, das Gesetz.

| | |
|---|---|
| 1 | Beistandszusage und Befehl/**Verheißung** zur Eroberung des Landes |
| 2 | Die **Kundschafter in Jericho** und die Dirne Rahab |
| 3–4 | **Jordandurchzug**, Errichtung der Steine in Gilgal |
| 5 | **Beschneidung und Passa** im gelobten Land, Aufhören des Manna, Erscheinung des Obersten des Heeres des Himmels, vgl. Ex 3 |
| 6 | Wunderbare **Eroberung Jerichos** |
| 7 | **Achans Diebstahl** von gebanntem Gut, Losorakel |
| 8 | **Eroberung von Ai** |
| V. 30–35 | **Gesetzesverlesung** auf dem Ebal/Garizim, vgl. Dtn 27 |
| 9 | Die Bewohner **Gibeons** schließen durch List einen Bund mit Israel |
| 10 | Sieg bei Gibeon, **Eroberung des Südens** |
| 11 | **Eroberung des Nordens** |

Übersicht Josua 1–12

Die Kapitel **1–12** wollen *pars pro toto* erzählen, wie die Eroberung des Landes geschehen ist. Nach dem Jordandurchzug Kap. **3+4** und der Feier der Ankunft im Lande (Kap. **5**) wird Jericho als erste große Stadt erobert (Kap. **6**), der Bericht über die Erkundung Jerichos war bereits in Kap. **2** zur Steigerung der Spannung vorgeschaltet worden. Es folgt die Eroberung des bei Bet-El gelegenen Ai (dt.: Ruinenhügel), Kap. **7+8**, dann, weiter südwestlich, Gibeons, Kap. **9**. Schematisch berichten dann Kap. **10+11** über die Eroberung des restlichen Landes.

Diese Kapitel sind teilweise erkennbar aus Einzelüberlieferungen, ätiologischen Sagen, zusammengesetzt. Sie setzen das typisierte Bild eines gesamtisraelitischen Heerbannes voraus, den es zu dieser Zeit sicher nicht gegeben hat. Es fällt auf, dass sich das in Kap. **3–9** berichtete Geschehen nur auf dem Gebiet eines Stammes, Benjamins, abspielt. Die scheinbar historisch zuverlässige Geschichtsschreibung ist durchsetzt mit theologisch bedeutsamen Zügen und Rückverweisen auf die Tora: Das Manna hört auf (5,12), nun gibt das Land (in dem Milch und Honig fließen, vgl. Ex 3,8) seine Gaben. Die Eroberungen müssen aber durch das Passafest kultisch vorbereitet werden. Da gemäß Ex 12,48 kein Unbeschnittener am Passa teilnehmen darf, wird vorher das ganze männliche Volk beschnitten (5,5–8). Josua wird mehrfach parallel zu Mose gezeichnet, etwa bei seinem wunderbaren Sieg (vgl. 10,12f. mit Ex 17,11 f.) oder bei seiner Fürbitte (7,7–9; vgl. auch Ex 32,11ff.).

Übersichtskarte: Stämme und Nachbarn Israels

Im Zentrum des Buches Josua stehen die bibelkundlich kaum zu erfassenden Kapitel **13–22**, in denen das Land an die Stämme Israels verteilt wird. Damit gelten die Verheißungen als erfüllt (vgl. 21,43–45). Wichtig ist die geographische Orientierung über die Gebiete der einzelnen Stämme: Im Ostjordanland siedeln Ruben, Gad und Halb-Manasse, im Süden Simeon, Juda und Benjamin, in der Mitte des Landes Josef [=Efraim und Halb-Manasse]. Dan (wandert vom Süden nach Norden), Sebulon, Issachar, Ascher und Naftali werden im Norden lokalisiert. In Kap. **22** werden die Oststämme entlassen und bauen einen Altar am Jordan. Dieser Vorgang wird von den Israeliten als Treuebruch erachtet (vgl. Dtn 12), doch der Altar soll nur zur Erinnerung dienen, nicht für Opfer verwendet werden.

Exkurs: Die 12 Stämme Israels

Traditionell werden die Stämme Israels auf die 12 Söhne Jakobs zurückgeführt: *Ruben*, *Simeon*, *Levi*, *Juda*, *Issachar*, *Sebulon*, *Dan*, *Naftali*, *Gad*, *Ascher*, *Josef*, *Benjamin* (**Gen 29,31ff.+35,16**). Bei der Verteilung des Landes in **Jos 13–22** und der Lagerordnung in **Num 2** wird allerdings der Stamm Levi nicht berücksichtigt. Nach **Num 3** gelten die Leviten als Auslösung für die Erstgeburt der Israeliten, daher haben sie keinen eigenen Landbesitz.

Erbbesitz erhalten demgegenüber die Stämme *Efraim* und *Manasse*, nicht aber Josef. So entsteht wieder der Verbund von 12 Stämmen. Dies wird erzählerisch in **Gen 48** durch die Segnung der beiden Josefsöhne durch Jakob vorbereitet. In **Jos 16+17** gelten sowohl Josef als auch Efraim und Manasse als erbberechtigte Stämme, nach 17,17 werden die beiden zum „Haus Josefs“ zusammengefasst. Im Mosesegen **Dtn 33** gilt Josef als Stamm; in den Listen im Numeribuch werden aber nur Efraim und Manasse als Stämme genannt, nicht Josef. Die Tradition ist also nicht einheitlich.

Auch daher gilt die Zwölfzahl der Stämme Israels nicht als historische Tatsache, sondern als eine spätere Konstruktion.

Das abschließende Kap. **24** schildert die Ereignisse am so genannten „Landtag zu Sichem“. Hier ist besonders der Geschichtsrückblick von Abraham bis zur Landverteilung von Interesse, vgl. 1.Kön 8. Nach Josuas Tod und Beerdigung werden auch die Gebeine Josefs begraben. So wird der Eid, den Josefs Söhne in Gen 50,25 geschworen hatten, ihren Vater nicht in Ägypten zu beerdigen, eingelöst.

## Richter

Das Richterbuch schildert die Situation der zwölf Stämme Israels nach der Landnahme und vor dem Beginn einer Königsherrschaft in Israel. Es handelt sich um die vorstaatliche Zeit, die oft als „Richterzeit“ benannt wird. Die Phase der Landnahme gilt als abgeschlossen, nun muss das

Land gegen äußere Feinde gesichert werden. Dafür sind im Erzählverlauf die *Richter*, שֹׁפְטִים, *šofᵉṭîm*, zuständig, daher der in jüdischer und christlicher Tradition gleichlautende Name des Buches. Bei den Richtern unterscheidet die Forschung die *kleinen* von den *großen* Richtern. Damit wird nicht auf den deutlich unterschiedlichen Umfang der Berichte hingewiesen, mit dem von den verschiedenen Gruppen oder Personen erzählt wird. Es scheint so, als hätten die großen Richter als charismatische Heerführer gegen Israels Feinde gekämpft, die kleinen Richter gelten dagegen als tatsächliche Richter oder lokale Fürsten. Gelegentlich wird Schamgar auch als kleiner Richter gewertet, weil von ihm nur in zwei Versen (3,31 und 5,6) erzählt wird; seine Ruhmestat ist aber der Simsons vergleichbar.

| **Große Richter** | | **Kleine Richter** | |
|---|---|---|---|
| Otniël | 3,7–11 | Tola | 10,1+2 |
| Ehud | 3,12–30 | Jaïr | 10,3–5 |
| Schamgar | 3,31 | (Jiftach | 12,7) |
| Debora und Barak | Kap. 4+5 | Ibzan | 12,8–10 |
| Gideon | Kap. 6–8 | Elon | 12,11f. |
| Jiftach | 10,17–12,6 | Abdon | 12,13–15 |
| Simson | Kap. 13–16 | | |

Liste der großen und kleinen Richter Israels

Die Darstellung der Geschichte folgt dem sicher deuteronomistischen Schema (vgl. 2,6ff.), dass das Volk von Gott abfällt und Götzen dient, worauf JHWH Israel durch ein fremdes Volk bestraft. Israel schreit in der Not zu Gott und es entsteht ein Richter, der dem Volk wieder Ruhe schafft (in der Regel 40 Jahre lang, vgl. 3,11), bis es erneut abfällt.

Interessant ist, dass in diesem Buch Frauengestalten eine besondere Rolle zukommt; nirgendwo sonst hängen so viele entscheidende Wendungen der Geschichte von Frauen ab, vgl. Jaël oder Debora. Ein weiteres wichtiges Thema ist die Geistbegabung der charismatischen Führergestalten.

| | |
|---|---|
| 1,1–2,5 | **Übersicht** über die Situation nach der Landnahme |
| 2,6–3,6 | **Einleitung**: Zustände in der Richterzeit |
| 3,7–16,31 | **Richtererzählungen** |
| 17–18 | Nachtrag I: Der Stamm **Dan** |
| 19–21 | Nachtrag II: Strafaktion gegen **Benjamin** |

Übersicht über das Richterbuch

Der erste Abschnitt des Buches, **1,1–2,5**, gehört dem Thema nach noch zum Josuabuch. Er schildert die Landnahme der Südstämme und bietet das sog. *negative Besitzstandsverzeichnis*, eine Aufzählung von Orten und Gebieten, die bei der Landnahme *nicht* erobert werden konnten. In 1,8 findet sich die kaum glaubwürdige Notiz, dass man schon damals Jerusalem erobert hat; vgl. dagegen 2.Sam 5. Der Abschnitt **2,1–5** berichtet eine deuteronomistisch überarbeitete, alte Sage vom Engel des Herrn, der dem Volk bei Bochim (=*Weinen*) Vorhaltungen macht.

In **2,6–3,6** wird zunächst ein zweites Mal über den Tod Josuas berichtet (vgl. Jos 24,29f.). Danach werden die Israeliten zu ihren Stämmen entlassen, darauf erfolgt die oben bereits erwähnte deuteronomistische Wertung der Richterzeit als theologisch deutende Einführung zu den folgenden Einzelerzählungen.

Ri **3,7–31** handeln von den Richtern Otniël, Ehud und Schamgar, wobei einzig die Erzählung von Ehuds Mord an dem Moabiterkönig Eglon („Mord auf dem Abort") etwas ausführlicher ist. Charakteristisch ist bereits hier der Hinweis auf die Geistbegabung der Richter durch Gott (vgl. 3,10).

Ri **4** erzählt den Kampf der Prophetin (V. 4) und Richterin Debora und ihres Beauftragten Barak gegen Sisera, den Feldhauptmann des Königs Jabin von Hazor. Sisera wird von einer Frau, Jaël, getötet (V. 21). Der Sieg wird in einem großen Siegeslied Ri **5** („Deboralied") besungen, das möglicherweise partiell zu den ältesten Stücken des AT gehört.

Die Kriege, die im Richterbuch geschildert werden, gelten als JHWH-Kriege oder heilige Kriege. Nach dieser Vorstellung ist es letztlich Gott selbst, der den Krieg führt und gewinnt, wie es beispielsweise 4,15 aussagt: „Der *Herr* brachte Verwirrung vor Barak (dem Israeliten) über Sisera (den Feind)..."

Ri **6–8** handeln von Gideon aus Manasse und seinem Kampf gegen die Midianiter. (6,32: Umbenennung in Jerubbaal, weil Gideon den Altar des Baal niedergerissen hatte.) Dieser Richter zeigt in besonderer Weise die Zeichen der Geistbegabung durch Gott. Das geht so weit, dass er von Gott ein Zeichen für seine Beauftragung fordern kann (6,36ff.). In 8,22ff. lehnt Gideon die ihm von den Israeliten angetragene Königswürde ab. Damit wird das Thema der Samuelisbücher, Staatswerdung und Entstehung des Königtums, bereits hier angedeutet.

Ri **9** will Gideons Sohn Abimelech (= *mein Vater ist König!*) König werden, er scheitert jedoch. Bezweckt ist damit eine Kontrastierung von rechtem Verhalten des Vaters in Ri 8 und Überheblichkeit des Sohnes in Ri 9. Diese königskritische Tendenz wird durch die sogenannte *Jotamsfabel* V. 7–15 noch unterstützt. Jotam, jüngster Sohn des Gideon, geht mit dieser Fabel vom Dornstrauch, der König der Bäume (!) werden wollte, gegen die Machtansprüche seines Bruders an.

Ri **10,1–5** handeln von den kleinen Richtern Tola und Jaïr; **10,6–12,7** berichten von dem Charismatiker Jiftach, der gegen Moab und Ammon kämpft. Wichtige Einzelerzählungen: **11,30–40**: Jiftach opfert seine Tochter aufgrund seines Gelübdes, **12,1–6**: Schibbolet und Sibbolet

(שִׁבֹּלֶת/ס, was *Ähre* oder *Flut* bedeutet) als Unterscheidungszeichen zwischen Gileaditern und Efraimitern. **12,8–15** erzählen von den kleinen Richtern Ibzan, Elon und Abdon. Ursprünglich gehörten die Stücke 10,1–5 und 12,8–15 zusammen, so dass es eine Aufstellung von kleinen Richtern gab, zu der wohl auch Jiftach gehörte (**12,7**).

Kap. **13–16** berichten von Simson, dem Nasiräer (13,5; vgl. Num 6), der nach seiner Geistbegabung 13,25 gegen die Philister kämpft. (Mit den Philistern treten nun die Feinde auf den Plan, im 1. Samuelbuch eine Rolle spielen und deren Erstarken zum Aufkommen des Königtums führte, vgl. das Thema-Kapitel.) **14,14** hat eines der seltenen Rätsel der Bibel („Speise ging aus von dem Fresser und Süßes ging aus von dem Starken"), im *parallelismus membrorum* formuliert. Simson ist eine für das AT besondere Gestalt: Seine Geburt wird von einem Engel angesagt, sein Leben war Gott geweiht und es wird von der Geburt bis zum Tod erzählt. Es ist möglich, dass die Geschichte auch gegen fremde Frauen polemisieren will, denn Simsons Untergang wird auf die philistäische Frau zurückgeführt. Das Buch Rut würde dann dieses negative Bild durch die darin erzählte Treue der Moabiterin korrigieren.

Die Nachträge **17+18** und **19–21** haben die schrecklichen Ereignisse der königslosen Zeit vor Augen. Es werden Gräueltaten berichtet, die es nur geben konnte, weil es keinen König gab (vgl. 21,25). In der ersten Erzählung rauben Daniten das Gottesbild (samt Levit/Priester) des Efraimiten Micha und gründen die Stadt Dan. Im zweiten Bericht verüben Benjaminiten eine Gräueltat, ihr Stamm verweigert dann aber die Auslieferung der Schuldigen. Daraufhin wird der Stamm in einer Strafaktion beinahe ausgerottet. Die restlichen Stämme sorgen sich später doch wieder um Benjamin und beschaffen, damit der Stamm nicht untergeht, den übriggebliebenen Männern Frauen aus Schilo (Motiv: Der Raub der Sabinerinnen).

## Rut

Das Buch Rut spielt der Überschrift nach in der Zeit der Richter, daher wurde es in LXX und Vulgata zwischen dem Richterbuch und den Samuelisbüchern eingeordnet. Inhaltlich und sprachlich gibt es aber keine besonderen Nähen zum Richterbuch. Der jüdischen Tradition nach gehört es zu den fünf Festrollen, den Megillot; es wird zum Wochenfest (christlich: Pfingsttermin) verlesen. Dieses Fest ist das Fest der Ernte und erinnert zugleich an die Geburt und den Tod König Davids. Sowohl das Ernten (Kap. 2), als auch der genealogische Zusammenhang mit dem Haus Davids spielen im Buch Rut eine Rolle. Es will erklären, weshalb eine Moabiterin (Rut) Ahnmutter des israelitischen Königs David sein kann. Damit nimmt es in der – in nachexilischer Zeit strittigen – Frage der Mischehen eine andere Position ein als Texte wie Neh 13,23ff.

Der Form nach ist das ganze Buch eine durchgehende, novellistische Erzählung (vgl. die Josefsnovelle). In der Darstellung ist alles davon bestimmt, dass Gottes unsichtbare Führung die Wege der Rut zum Guten (zum auf David hinweisenden Stammbaum) leitet. Die Darstellung ist allerdings in großem Maße typisiert, man beachte nur die Namen der Männer: *Machlon*=Krankheit, *Kiljon*=Schwindsucht; dagegen: *Rut*= die Anmutige, *Noomi*=die Schöne. In **1,20** wird ausdrücklich auf die Symbolbedeutung der Namen hingewiesen.

Eine Gliederung des Buches ist kaum sinnvoll, daher sollte man den Erzählverlauf vom Auszug Ruts mit ihrer Schwiegermutter Noomi aus Moab bis zu ihrer Heirat mit Boas nacherzählen können. Besonders bekannt ist der Satz in **1,16**, mit dem Rut ihrer Schwiegermutter die Treue versichtert: „Denn wohin du gehst, dahin will auch ich gehen, und wo du bleibst, da bleibe auch ich. Dein Volk ist mein Volk, und dein Gott ist mein Gott."

Für das Verständnis dieser Geschichte sind einige Details von Bedeutung: Im Hintergrund stehen zwei miteinander verbundene Vorstellungen des israelitischen Rechts: Die Leviratsehe und die Vorstellung vom Erbbesitz des Landes (נַחֲלָה, *naḥ*[a]*lâ*), vgl. 4,5. Das Land gilt als von Gott den einzelnen Vätern/Familien zugeteilt. Daher kann man Land nicht verkaufen, es muss innerhalb der Familie bleiben (vgl. Nabots Weinberg 1.Kön 21: V. 4). Da nun die Erben gestorben sind, muss das Land (der Tradition nach mit der dazugehörigen Frau) an ein Mitglied der erweiterten Familie weitergegeben werden, den Löser (גּוֹאֵל, *gô'el*). Der Löser muss an Rut die sogenannte Leviratsehe (vgl. Dtn 25,5–10; Gen 38) vollziehen, um so dem Verstorbenen Nachwuchs zu erzeugen und den Namen zu erhalten. Die entsprechenden Verhandlungen haben vor Zeugen im Tor der Stadt zu geschehen.

# Die Samuelisbücher

Die beiden Samuelisbücher waren ursprünglich ein Buch. In der Septuaginta wurde es getrennt, ebenso das Königsbuch. Daher haben LXX und Vulgata heute vier Bücher der Königtümer. 1.+2.Sam beschreiben die Geschichte von den Anfängen des Königtums bis zum Reich Davids. Dabei sind die Hauptpersonen der Darstellung:

- der Prophet und letzte Richter *Samuel*,
- *Saul* als erster König (der dann verworfen wird) und
- *David* als prototypischer König.

David gilt die Verheißung, dass seine Dynastie auf ewig die Herrschaft haben werde. Im Zentrum der Bücher steht die Weissagung des Propheten Natan in 2.Sam 7, in der diese Verheißung dem König verkündet wird. Auf das Kapitel 2.Sam 7 zielt bereits der Anfang des gesamten

Buches: Samuel wächst in Schilo auf, dem Aufenthaltsort der Bundeslade. Die Lade wird dann in 2.Sam 6 nach Jerusalem überführt, und als David ihr dort einen Tempel bauen will, ergeht in Kap. 7 die berühmte Weissagung des Natan. Am Ende des Samuelbuches wird in 2.Sam 24 der Standort des künftigen Tempels bestimmt, in dem die Lade später ihren endgültigen Platz erhalten wird.

Der Zyklus der Davidgeschichten reicht bis in das Königebuch hinein, denn erst in 1.Kön 2 wird sein Tod geschildert. Innerhalb der David-Überlieferung wird üblicherweise zwischen der Geschichte von *Davids Aufstieg* (**1.Sam 16–2.Sam 5**) und der *Hof-* oder *Thronnachfolgegeschichte* (**2.Sam 9–1.Kön 2**) unterschieden. Hinzu kommt als eigene Einheit die *Ladegeschichte* (**1.Sam 4–6+2.Sam 6**). In diesen Sammlungen spiegeln sich wohl frühere Formen israelitischer Geschichtsschreibung, die in überarbeiteter Fassung Eingang in die kanonischen Bücher gefunden haben. Zur bibelkundlichen Erschließung ist es hilfreich, wenn der Gang der Erzählung nacherzählt und die wichtigsten Texte zugeordnet werden können.

*1. Samuel*

| | |
|---|---|
| 1–3 | Samuel in **Schilo** |
| 4–7 | Die **Lade** und die Philisternot |
| 8 | Das **Königsrecht** |
| 9–15 | **Aufstieg Sauls**, von der Königswürde bis zur Verwerfung |
| 16–31 | **Davids Aufstieg** und **Sauls Niedergang** |

Übersicht 1. Samuel

Die Kapitel **1–3** berichten von Geburt und Jugend des Samuel, der (als Kind seiner ursprünglich kinderlosen Mutter Hanna) dem Tempel in Schilo mit dem Priester Eli geweiht ist. Die Darstellung betont das Wunderbare um Samuel, seine Erwählung durch Gott (Motive: die Unfruchtbare gebiert, nächtliche Offenbarung an Samuel).

In Kap. **2** findet sich ein eingefügter Psalm, das *Lied der Hanna*, das im Magnificat des NT (Lk 1,46–55) nachgebildet wurde. Samuel wird als Prophet gezeichnet, dies entspricht der Tendenz der Darstellung, die Geschichte der Könige Israels durch prophetische Gestalten kritisch zu begleiten.

Kap. **4–6**, verbunden mit Kap. **7**, berichten von der Lade JHWHs, die in Schilo aufbewahrt wurde. Im Krieg gegen die übermächtigen Philister geht sie an die Feinde verloren. Doch damit ist die Macht JHWHs nicht angetastet; die Lade wirkt bei den Philistern so ungeheure Wunder (Kap. **5**), dass sie zurückgesandt werden muss (Kap. **6**). Die Darstellung wird geleitet von der (späteren) Erkenntnis, dass der falsche Gottesdienst der Israeliten zur Niederlage führt, die Feinde dienen dabei als Werkzeuge Gottes. Paradigmatisch zeigt sich das an den Söhnen des Priesters Eli. Kap. **7** erzählt dann den (vorläufigen) Sieg Israels über die Philister und stellt Samuel als wandernden Richter vor. Die Philistergefahr gilt als entscheidender Grund für die Notwendigkeit, eine zentrale staatliche Gewalt, das Königtum, auszubilden. Damit ist sicher historisch Richtiges getroffen, wenn auch die Tendenz der Darstellung in den Samuelisbüchern eher königskritisch ist.

Diese negative Einstellung dem Königtum gegenüber kommt besonders in Kap. **8** zum Ausdruck, das als Scharnierstelle zwischen der Richterzeit (Samuel) und der Königszeit (Saul) zu werten ist. Das Königsrecht betont die für das Volk negativen Aspekte des Königtums und bewertet den Wunsch Israels nach einem König als Abfall von JHWH.

Kap. **9–11** beschreiben in drei Versionen, wie Saul zum König geworden ist: Durch Salbung Samuels, durch Losentscheid und durch Wahl nach dem Sieg über die Ammoniter (historisch wohl die wahrscheinlichste Möglichkeit). Während diese Darstellungen eher positiv zum König stehen, betont die Abschiedsrede Samuels Kap. **12** wieder die negativen Aspekte. Mit der Wiedergabe einer Abschiedsrede wird Samuel mit Jakob (Gen 49), Mose (Dtn 32+33) und Josua (Jos 23) gleichgestellt.

Kap. **13–15** beschreiben die Verwerfung Sauls trotz seiner Siege über die Philister. Saul hatte nach Kap. **13** ein Opfer falsch vollzogen und nach Kap. **15** den Bann nicht völlig vollstreckt, diese kultischen Verfehlungen bedingen das Negativurteil über seine Königsherrschaft.

In Kap. **16,1–13** wird dann ersatzweise David von Samuel zum König bestimmt. Das die Erzählung leitende Motiv ist hierbei, dass der Kleinste der Auserwählte ist, Gott anders als die Menschen urteilt (V. 7, vgl. auch Gideon Ri 6,15; Jakob Gen 25; Josef Gen 37). Nach Kap. **16,14–17,58** werden drei verschiedene Gründe genannt, warum David an den Hof des Saul kommt: als Musiker, als Waffenträger und als Bezwinger des Goliat. Zum Sieg über Goliat vgl. 2.Sam 21,19: Dort heißt es, Elhanan

Relief aus Medinet Habu (Ägypten): Philister im Kampf

aus Bethlehem habe Goliat erschlagen. Nach 1.Chron 20,5 hat Elhanan jedoch den *Bruder* des Goliat erschlagen, so werden die abweichenden Angaben ausgeglichen. Die in Kap. 16 beschriebene Fähigkeit Davids, auf der Harfe zu spielen, ist einer der biblischen Ansatzpunkte der Tradition, die ihn zum Psalmendichter erklärte.

Mit Kap. **18** beginnt die Schilderung der Feindschaft zwischen Saul und David, bei der David als der Großmütige, Saul als der besinnungslos Hassende beschrieben wird. David und Sauls Sohn Jonatan sind befreundet (2.Sam 1,26), überdies heiratet David Michal, eine Tochter Sauls. Nach Kap. **19** muss David zu Samuel fliehen, in Kap. **20** rettet Jonatan ihn vor seinem Vater. David flieht weiter zum Heiligtum des Priesters Ahimelech nach Nob, der ihn mit Lebensmitteln (Schaubroten) und Waffen versorgt (Kap. **21**). Für diese Unterstützung Davids werden Ahimelech und seine Priester später von Saul umgebracht (Kap. **22**). David ist unterdessen erst nach Moab und dann weiter zu den Philistern nach Gat geflohen, wo er als Freischärler eine eigene Kampfgruppe aufbaut (Kap. **22+27**). Saul verfolgt David (Kap. 23+24+26), eingestreut ist Kap. **25**, die Erzählung von Davids Raubzug gegen Nabal (=„Tor, Depp") und Abigajil („der Vater freut sich"), die Davids Frau wird.

Kap. **28** schildert, dass Saul von einer Beschwörerin in En-Dor Samuels Totengeist heraufholen lässt. Auch der Geist des toten Propheten weissagt ihm sein nahes Ende und den Übergang des Königtums auf David (V. 17). Kap. **29+30** zeigen, wie David für die Philister gegen Israel kämpfen soll. Er kann diesen Bruderkampf aber abwenden und kämpft gegen die Amalekiter. Nach Kap. **31** unterliegt Israel im Kampf gegen die Philister, Jonatan und zwei weitere Söhne Sauls sterben. Saul wird schwer verwundet und tötet sich selbst, nachdem sein Waffenträger sich geweigert hat, ihn zu erstechen (vgl. Ri 9,54).

### *2. Samuel*

| | |
|---|---|
| 1–5 | David wird **König über Juda und Israel** und erobert **Jerusalem** |
| 6+7 | Die Lade in Jerusalem, **Natansweissagung** |
| 8 | Summar: **Davids Kriege**, vgl. Kap. 21+23 |
| 9–20 | Davids Regierung und die **Thronnachfolge** (vgl. 1.Kön 1,27), **Aufstände** von Abschalom und Scheba |
| 21–24 | Schlussteil: Rache an Sauls Verwandten (21), **Philisterkämpfe** (21+23), Davids **Danklied** und letzte Worte (22+23), die Volkszählung (24) |

Übersicht 2. Samuel

**2.Sam 1** berichtet, wie David von Sauls Tod erfährt und den Amalekiter tötet, der vorgibt, Saul getötet zu haben. Darauf erhebt er die Totenklage über Saul und Jonatan (V. 17–27). In der Darstellung von Kap. **2,1–7** wird David in Hebron zum König über Juda gesalbt, während nach **2,8–3,1** Abner, der Feldhauptmann Sauls, dessen Sohn Ischbaal/Isch-Boschet zum König über die anderen Stämme macht. Der Name von Sauls Sohn war ursprünglich *Ischbaal*, was „Mann des Baʿal" bedeutet. Später wurde der Name des syrischen Gottes Baʿal durch das abwertende *boschet* „Schande", ersetzt, so dass der König nun als „Mann der Schande" bezeichnet wird.

Nach Kap. **3** läuft Abner zu David über und macht unter den restlichen Stämmen Stimmung für Davids Königtum. Er wird jedoch von Davids Hauptmann Joab getötet. Kap. **4** schildert, dass auch Sauls Sohn Ischbaal ermordet wird, David lässt aber den Mörder töten (Motiv: David soll in all diesen Dingen keine Schuld treffen.). Nach Kap. **5** wird David zunächst zum König der restlichen Stämme Israels gewählt, dann erobert er die Jebusiterstadt Jerusalem als neue, von den Stämmen unabhängige Hauptstadt, die sein Eigentum wird („Stadt Davids", V. 7). Gemäß V. 17–25 schlägt David ein weiteres Mal die Philister (geschildert wie ein JHWH-Krieg, vgl. V. 24). Der Aufstieg Davids zum König über *ganz* Israel ist so vollendet.

Kap. **6** hat zwei wesentliche Erzählgegenstände: Zum einen wird die Lade aus Baala nach Jerusalem überführt. (Laut 1.Sam 7,2 war sie allerdings in Kirjat-Jearim.) Die Lade gilt als so heilig, dass sie nicht einmal mit guten Absichten unbefugt berührt werden darf; vgl. V. 7: Usa stirbt, weil er die Lade bei einem drohenden Sturz halten wollte. Zum anderen wird berichtet, weshalb Davids Frau Michal kinderlos bleibt – sie hatte über Davids Tanz vor der Lade gelacht. Damit wird die später strittige Problematik bereits angedeutet, wer der legitime Nachfolger auf dem Thron Davids ist.

Kap. **7** ist die großartige Natanweissagung, in der dem Haus Davids ewiger Bestand geweissagt wird. Ausgangspunkt ist Davids Wunsch, der Lade einen Tempel zu bauen. Das jedoch wird von JHWH durch seinen Propheten Natan („Gabe" [Gottes]) zurückgewiesen und auf Salomo delegiert. (Nach 1.Kön 5,17 wird der Tempelbau Davids abgelehnt, weil David zu viel Blut vergossen habe!) In **Ps 89** finden sich Textelemente der Natanweissagung, die mit dem Text von 2.Sam 7 oft wörtlich übereinstimmen, daneben aber auch charakteristische Abweichungen zeigen. Die Texte gehen wohl auf eine gemeinsame Vorlage zurück.

Kap. **8** schildert die Ausweitung des Reiches durch die Kriege Davids und zeigt erste Ansätze zur Bildung eines Staatswesens: Davids Beamte (V. 17: Zadok als Priester neben dem alten Ladepriester Abjatar, vgl. 15,24–29). In 1.Kön 2,35 wird Zadok höchster Priester, weil er in den Wirren um die Thronfolge zu Salomo gehalten hatte. Von Zadok leitet sich der Name der späteren *Sadduzäer*, einer jüdischen Gruppe ab, die sich im 2.Jh.v.Chr. bildete und der wohl vor allem die Priesteraristokratie angehörte.

In Kap. **9** erweist David ein weiteres Mal Großmut gegenüber dem toten Saul, indem er dessen behinderten Enkel Merib-Baal/Mefi-Boschet an seinen Hof holt (Merib-Baal=„mein Herr ist Baʿal“, Mefi-Boschet ist unübersetzbar, zu *boschet* vgl. oben).

Kap. **10–12** handeln vom Ammoniter- und Aramäerkrieg, darin verankert ist Kap. **11**, die Erzählung von Davids Ehebruch mit Batseba („Tochter der Fülle“), der Frau des Hethiters Urija („JHWH ist Licht“). Mit Batseba wird die Mutter des späteren Königs eingeführt. Kap. **12** schildert die Strafrede des Propheten Natan, eines der wenigen Gleichnisse im AT, mit der Auflösung: „Du bist der Mann!“

Kap. **13–20** handeln von zwei Aufständen gegen David. Der erste wurde angeführt von seinem eigenen Sohn Abschalom. Dieser war vom König verbannt worden, da er die Vergewaltigung seiner Schwester Tamar durch den Halbbruder Amnon rächen wollte. Nach seiner Rückkehr sammelt Abschalom Leute um sich und lässt sich zum König ausrufen. David muss unter dem Druck des Aufstands bis in das Ostjordanland fliehen, behält aber durch JHWHs Hilfe letztendlich die Oberherrschaft. Kap. **19** (und 20) halten fest, dass nur der Stamm Juda David treu bleibt. 2.Sam **20** berichtet den Aufstand des Scheba aus Benjamin mit dem Schlachtruf „Wir haben keinen Teil an David...“ (V. 1, vgl. 1.Kön 12,16: Dort ertönt derselbe Ruf anlässlich der Reichsspaltung). Auch dieser Aufstand wird niedergeschlagen. Es zeigt sich, wie zerbrechlich das neu gegründete Reich Davids ist, weil es noch keinen festen Zusammenhalt der Stämme untereinander und zudem eine Opposition zur noch neuen Institution Königtum gibt.

Kap. **24** bietet den Bericht von der Volkszählung Davids, wegen der die Pest als Bestrafung über Israel kommt (V. 1: Der Zorn JHWHs reizte David; 1.Chron 21,1 verändert: *Satan* reizte ihn, das Volk zu zählen). Nach dem Ende der Pest baut David einen Altar auf der Tenne des Jebusiters Arauna, dort, wo der Engel des Herrn mit dem Schlagen des Volkes innehält. Dies ist der Ort, an dem später der Tempel gebaut wird. Somit ist der Transfer der Lade von Schilo (1.Sam 4) nach Jerusalem vollständig vollzogen, der Spannungsbogen mit dem Thema „Lade“ kommt erst hier zu seinem Ende. Wichtig ist, dass David die Tenne kauft, der Tempel wird so zum Eigentum der königlichen Dynastie.

## Die Königsbücher

Die Darstellung der beiden Königsbücher (die ursprünglich nur ein Buch waren, s.o. S. 35) reicht vom Beginn des Königtums Salomos bis zum babylonischen Exil. Während die beiden Samuelisbücher einen Zeitraum von kaum mehr als 50 Jahren beschreiben, schildern die Königsbücher also Ereignisse aus 4 Jahrhunderten. Dabei ist wichtig zu wissen, dass die Geschichte immer aus dem Blickwinkel des späteren Juda gesehen wird. Die Entwicklungen im inzwischen untergegangenen Nordreich Israel werden oft nur kurz gestreift, auch wenn sie historisch von hoher Bedeutung sind. An verschiedenen Stellen wird wiederum auf ältere, uns nicht erhaltene Geschichtswerke zurückgegriffen, so verweist 1.Kön 11,41 auf eine Chronik Salomos, 1.Kön 14,19 auf eine Chronik der Könige Israels, V. 29 auf eine Chronik der Könige Judas.

Die Trennung der beiden Bücher ist an nicht sehr einleuchtender Stelle vollzogen worden, so dass hier beide Teile zusammengeschaut werden sollen.

Auffällig ist, dass in diesem Textkomplex die Rolle der prophetischen Gestalten deutlich wichtiger wird. 1.Kön 13+14+16 handeln von prophetischen Gerichtsansagen, hinzu kommt der große Zusammenhang der Elija-Elischa-Geschichten in 1.Kön 17 bis 2.Kön 9. Die jeweils geschilderte geschichtliche Entwicklung wird somit als durch Gottes Wort korrekturbedürftig erwiesen.

Von Bedeutung für die Erarbeitung der Königsbücher ist eine Übersicht über die einzelnen Könige Judas und Israels, wie sie in jeder Geschichte Israels zu finden ist. (Vgl. das Thema-Kapitel „Die Zeit der Reiche Israel und Juda".) Die Angabe der Jahreszahlen für die Regierungszeiten ist dadurch möglich, dass nach dem System des *Königssynchronismus* die Regierungszeiten der Könige Judas und Israels miteinander verbunden sind (vgl. z.B. 2.Kön 14,23; 15,1), so dass in den meisten Fällen ein recht zuverlässiges Errechnen der Jahreszahlen möglich ist.

| | |
|---|---|
| 1.Kön 1+2 | Ende der Thronnachfolgegeschichte: **Davids Ende** und Salomos Regierungsantritt |
| 1.Kön 3–11 | **Salomos Königtum** |
| 1.Kön 12–2.Kön 17 | Geschichte der getrennten Reiche **Juda und Israel** |
| 2.Kön 18–25 | **Geschichte Judas** nach dem Untergang Israels bis zum Exil |

Übersicht über die Königsbücher

Als David alt wird (Kap. **1**), bricht unter seinen Söhnen der Kampf um seine Nachfolge aus. David stirbt (Kap. **2**, V. 10) nach vierzigjähriger Regentschaft über Israel; in den anschließenden Wirren setzt sich Salomo als neuer König durch.

Die folgenden Kapitel über Salomo sind nicht leicht zu gliedern, man sollte sie aber als Ganzes nacherzählen können. Nach Kap. **3** heiratet Salomo eine ägyptische Pharaonentochter, damit wird ein erster Bogen zu Kap. **11** aufgespannt, wo es um Salomos fremde Frauen geht. Diese Verbindung wird an dem *Königsgesetz* **Dtn 17,14–20** gemessen, wo in V. 17 dem König verboten wird, viele Frauen zu nehmen. Mit Salomo beginnt folglich schon die Geschichte des schleichenden Abfalls von

JHWH und seinen Weisungen. Damit ist eines der wesentlichen Themen der folgenden Darstellung angesprochen. Kap. **3** berichtet weiter von einer Gottesoffenbarung an Salomo und dessen Bitte um Weisheit. Gott gibt ihm ein „hörendes Herz" (V. 12), was in der bekannten Erzählung vom „salomonischen Urteil" **3,16–28** ausgeführt wird. Überhaupt gilt Salomo als Weiser schlechthin, dies motiviert auch den Besuch der Königin von Saba in Kap. 10. Interessant ist auch die ganz unrealistische Darstellung der Herrschaftsumstände Salomos in Kap. **5,1–14**. Auf die Betonung seiner Weisheit und Dichtkunst (V. 12) geht die Tradition zurück, er sei Autor der Sprüche, des Hohen Liedes und des Buches Kohelet gewesen.

Kap. **4** zeigt Salomos Hofhaltung und Beamtenschaft. Die ersten Ansätze zur Bildung eines organisierten Staatswesens und seiner Institutionen beginnen demnach, nach Auskunft des Textes aber vor allem im Gebiet des späteren Nordreichs. Im Süden (Juda) waren wohl die internen Zusammenhänge noch so eng, dass das Königtum ohne eine differenziertere Struktur auskam.

Kap. **5,15ff.** bereitet den Tempelbau als das inhaltliche Zentrum des Salomo-Komplexes vor; Salomo und der König Hiram von Tyrus schließen einen Vertrag über den Bau des Tempels. Kap. **6+7** werden dann ausführlich der Bau und die Ausstattung der Tempelanlage beschrieben, die (wohl umfangreicheren) Palastbauten werden 7,1–12 vergleichsweise kurz erwähnt.

Kap. **8** ist einer der wichtigsten Texte der Königsbücher und bedeutsames Zeugnis für die deuteronomistische Theologie. Im „Tempelweihgebet Salomos" (V. 22–53.54–61) spiegelt sich eindeutig die Situation des Exils (V. 33f.47–50), ein sicheres Zeichen für die späte Entstehung des Textes. Der Tempel gilt nach diesem Text weniger als Opferstätte, mehr als Haus des Gebets, auch für Israeliten im Ausland.

Kap. **9,1–9** schildert eine zweite Offenbarung Gottes an Salomo. Damit wird der Tempelbau von zwei Offenbarungen gerahmt und dessen Übereinstimmung mit Gottes Willen festgestellt. **9,10–10,29** weisen erneut auf Salomos Reichtum und seine Weisheit hin, eingebaut ist hier die bereits erwähnte Erzählung von der Königin aus Saba.

Kap. **11** schließt dann den Salomo-Komplex ab mit der negativen Bewertung seiner vielen fremden Frauen und dem Bericht von Aufständen gegen ihn. Die Reichsteilung wird damit implizit bereits vorbereitet, und in V. 29–39 weissagt der Prophet Ahija von Schilo dem späteren israelitischen König Jerobeam ausdrücklich die Spaltung des Staates. Salomo stirbt jedoch vorher; um seines Vaters Davids willen muss er den Verfall des Reiches nicht miterleben (V. 34).

Auch die nun folgenden Kapitel **1.Kön 12–2.Kön 17**, die von den beiden getrennten Reichen Juda und Israel handeln, sind kaum sinnvoll zu gliedern. Es ist nötig, sich den historischen Ablauf in groben Zügen klarzumachen, die wichtigsten Könige und bedeutsame Einzelgeschichten zu kennen und insbesondere den Zyklus der Elija-Elischa-Geschichten einordnen zu können.

Kap. **12**: Rehabeam, Salomos Sohn und Nachfolger erlegt dem Volk so hohe Lasten auf, dass es zur Abspaltung der 10 nördlichen Stämme kommt, vgl. V. 16 den Schlachtruf „Wir haben keinen Teil an David...“, der schon beim Scheba-Aufstand (2.Sam 20) laut wurde. König Israels wird der Efraimit Jerobeam, der schon in Kap. **11** prophetisch designiert worden war. Damit zeigt sich ein wichtiger Zug des Nordreich-Königtums: Während im Süden die Dynastie Davids durchgehend die Könige stellt, werden im Norden die Könige oft durch Propheten bestellt (oder zur Usurpation ermutigt). In der Konsequenz bedeutete dies für den Norden deutlich instabilere politische Verhältnisse als im Süden.

Hauptstadt des Nordens wird zuerst Sichem, dann Penuël, später Tirza (15,21) und dann (um 875 v.Chr.) das von Omri neu gegründete Samaria (1.Kön 16,24). Jerobeam ließ in Dan und Bet-El JHWH-Heiligtümer mit Stierbildern einrichten, um Pilgerfahrten in das nun feindliche Jerusalem zu unterbinden. Gegen diese Heiligtümer polemisiert die Erzählung vom goldenen Kalb, das sich nach Ex 32 die Israeliten am Sinai gemacht hatten (vgl. oben S. 18). Auch in anderen Orten hat es Heiligtümer gegeben, so ist im Hoseabuch das „Kalb Samarias“ erwähnt (Hos 8,5).

Kap. **13** äußert umgehend prophetische Kritik an solchen Zuständen, Jerobeam wird wegen seiner Kultpolitik von den Deuteronomisten eindeutig negativ bewertet (V. 33f.). Diese Ablehnung des Nordreichkönigtums zieht sich durch das gesamte Buch. Die Weissagung, dass der Altar in Bet-El zerstört werde, weist auf 2.Kön 23,15 voraus, wo sie im Rahmen der Reform Joschijas erfüllt wird.

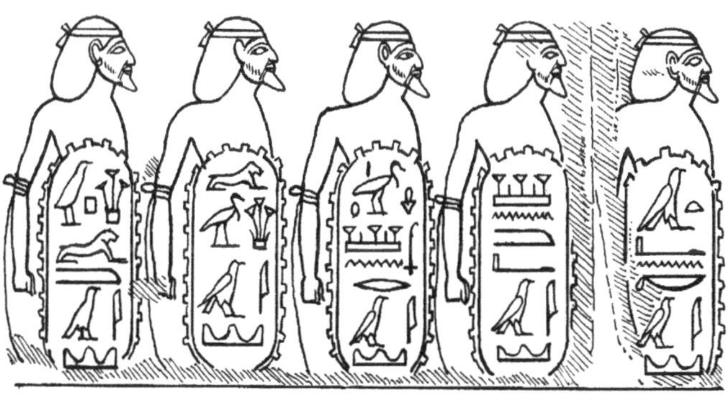

Karnak: List der von Scheschonq unterworfenen Orte in Palästina

Kap. **14** berichtet von Jerobeams Tod und dem Krieg des Pharaos Scheschonq I. (im AT: Schischak) gegen Jerusalem. Nach Kap. **15** ruft Rehabeams zweiter Nachfolger Asa die Syrer im Kampf gegen Israel zu Hilfe. Kap. **16** gründet Omri um 882 v.Chr. aufgrund prophetischer Begabung die erste Dynastie in Israel, die aber nur von kurzer Dauer ist (Jehu beendet 845 die Herrschaft der Omriden auf Veranlassung des Propheten Elischa).

**Elija** und **Elischa** werden als besonders prominente Propheten innerhalb der Königsbücher vorgestellt. Dass sie aber nicht die einzigen sind, zeigen die Erzählungen 1.Kön 20+22, die den Elija-Elischa-Zyklus unterbrechen, und in denen andere Propheten in politischer Funktion auftreten. Elija und Elischa werden sowohl in „öffentlicher" (Auseinandersetzung mit Ahab) wie in „privater" Funktion dargestellt (Witwe in Sarepta); sie wirken also auf die gesamte Wirklichkeit ein.

| | |
|---|---|
| 1.Kön 17,1–6 | **Elija sagt Ahab Dürre an** und flieht zum Bache Kerit |
| V. 7–24 | Elija bei der **Witwe in Zarpat/Sarepta**, Auferweckung ihres Sohnes |
| 1.Kön 18,1–19 | **Elija und Ahab** |
| V. 20–46 | **Gottesurteil auf dem Karmel** und Rückkehr des Regens |
| 1.Kön 19,1–18 | **Gotteserscheinung am Horeb** Beauftragung, Jehu zum König zu salben |
| V. 19–21 | **Berufung Elischas** |
| 1.Kön 21,1–29 | **Nabots Weinberg** |
| 2.Kön 1 | **Ahasja schickt zum Ba'al-Sebub** von Ekron, Elija weissagt ihm daraufhin den Tod |

Übersicht über die Elija-Geschichten

Die Entstehung der Geschichten um Elija und Elischa ist außerordent lich umstritten; es ist kaum mehr deutlich, welche Züge der Darstellung historisch zuverlässig sind. Doch man wird wohl die beiden Propheten als Kämpfer um eine Abgrenzung des JHWH-Glaubens von (kanaanäischer) Ba'als-Frömmigkeit, evtl. auch um eine Alleinverehrung JHWHs verstehen können. Damit wären sie Vorläufer insbesondere Hoseas. Der Bibel nach ist Elija nicht gestorben, sondern wurde in den Himmel entrückt (**2.Kön 2,11**). Nach **Mal 3,23f.** gilt er daher als endzeitliche Retterfigur, vgl. auch die Verklärung Jesu in Mk 9. Im Judentum wird Elija als Vorbote des kommenden Messias verstanden.

Wichtige Einzelzüge der Erzählungen sind der Kampf mit den Ba'alspropheten („Gottesurteil") auf dem Karmel, Kap. **18**, und die Gotteserscheinung am Horeb Kap. **19**. Interessant ist, im Gegenüber zu dieser Darstellung, nach der Gott im Flüstern eines leisen Wehens ist, die Thronratsvision des Propheten Micha ben Jimla in **22,19–22** zu lesen (vgl. dazu auch Hi 1!). Die Geschichte von Ahabs (Isebels) Gewalttat an Nabot lässt sich nur recht begreifen, wenn man den *naḥ^a^lâ*-Gedanken (נַחֲלָה) Israels bedenkt: Land gilt als unverkäuflich (vgl. auch oben S. 35

zu Rut). Dies wird zwar von Ahab als König akzeptiert, als er den Weinberg des Nabot erwerben will. Doch seine ausländische Frau Isebel, die dieses Recht nicht kennt, setzt gewaltsam die Enteignung durch.

Kap. **20** berichtet vom Kampf Israels gegen die Syrer/Aramäer, nach Kap. **22** kämpfen Juda und Israel gemeinsam gegen diesen Gegner. Ahab stirbt im Kampf, und die Hunde lecken sein Blut, wie in 21,19 geweissagt war.

| | |
|---|---|
| 2.Kön 2 | **Elijas Himmelfahrt**, Elischa als sein Nachfolger: Teilung des Wassers, Entsalzung der Quelle, Tod der spottenden Knaben |
| 2.Kön 3 | Elischa unterstützt Joram von Israel im **Krieg gegen die Moabiter** |
| 2.Kön 4 | **Wundertaten Elischas**: Öl der Witwe, Verheißung und Auferweckung des Sohnes der Frau aus Schunem, Gurkengericht und Speisungswunder. (V. 40: „Mensa-Spruch": „Der Tod ist im Topf...") |
| 2.Kön 5 | **Heilung des Syrers Naaman** vom Aussatz |
| 2.Kön 6 | **Wundertaten im Krieg** gegen die Aramäer |
| 2.Kön 7 | **Weissagung der Rettung Samarias** |
| 2.Kön 8,1–6 | Elischa hilft der **Frau von Schunem** zu ihrem Acker |
| V. 7–15 | **Elischa weissagt in Syrien** die Ablösung des Königs, angekündigt in 1.Kön 19,15 |
| [V. 16–29 | **Summar:** Die judäischen Könige Joram und Ahasja] |
| 2.Kön 9 | **Revolution des Jehu** auf Geheiß des Elischa (angekündigt in 1.Kön 19,16) |
| 2.Kön 13 | **Tod des Elischa**, Wunderwirkung seiner Gebeine |

Übersicht über die Elischa-Geschichten

Die Elischa-Erzählungen sind stärker als die von Elija davon geprägt, dass Elischa ein Wundertäter ist, weniger ein Prophet nach klassischem Verständnis. Wichtig ist, dass er sich im Kreis von Prophetenjüngern/-schülern bewegt. Solche Prophetengruppen waren sicher für die Tradierung und Weiterbildung der Prophetenlegenden mitverantwortlich.

**2.Kön 10** berichtet von Jehus blutiger Revolution gegen die Dynastie Omri (um 845). Dieser israelitische König ist wohl ein Kämpfer gegen den Baʿalsglauben gewesen. Doch da er die Heiligtümer in Dan und Bet-El nicht beseitigte (die gewiss zu dieser Zeit als rechtmäßige JHWH-Tempel verstanden worden waren!), wird er von der späteren Geschichtsschreibung negativ bewertet (V. 29ff.).

Kap. **11** schildert die unrechtmäßige Herrschaft der einzigen Königin in der Geschichte des alten Israel, der Judäerin Atalja (845–840). Ihr Enkel Joasch entgeht dem Massaker und wird nach der Tötung Ataljas Kap. **12** siebenjährig König über Juda.

Kap. **13** berichtet von neuen Aramäerkriegen, Kap. **14** von Auseinandersetzungen zwischen Israel und Juda, wobei Israel sich einmal mehr als überlegen erweist. Unter Jerobeam II. (787–747) kommt es erstmals wieder zu Gebietseroberungen durch Israel (V. 23–29), es gab offensichtlich eine letzte Blütezeit für das Nordreich. In 14,25 wird ein Prophet namens Jona erwähnt, der für das später entstandene Jonabuch zum Namensgeber wurde, vgl. Jona 1,1.

Mit Kap. **15** (Herrschaft Asarjas/Usijas) kommt man zeitlich in den Bereich, über den es aus dem Jesajabuch parallele Überlieferungen gibt, vgl. Kap. **16** über den König Ahas von Juda mit **Jes 7**. Kap. **17** beschreibt dann den Untergang des Nordreichs (vgl. zum historischen Ablauf das Thema-Kapitel „Exil"). **17,7–23** werten im Rückblick die gesamte Geschichte Israels aus judäischer Perspektive eindeutig negativ, allerdings sind wohl von noch späterer Hand die Verse 19+20 als Anschuldigung auch gegen Juda eingetragen worden.

Nach dem Untergang des Nordreiches setzte eine Fluchtwelle nach Juda ein, durch die spezifisch israelitisches Gedankengut in den Süden kam und dort weiterverarbeitet wurde. So sind zum Beispiel Texte des Propheten Hosea nachträglich im Süden zusammengestellt und erweitert worden. Möglicherweise sind Flüchtlinge sogar bis nach Ägypten gekommen, wo eine jüdische Militärkolonie auf der Insel Elefantine belegt ist.

**2.Kön 18–25** berichten in groben Strichen von den letzen 135 Jahren des Reiches Juda, wobei einen Schwerpunkt der Darstellung die beiden Reformen des Hiskija (Kap. **18**) und des Joschija darstellen (Kap. **22+ 23**, vgl. dazu das Thema-Kapitel). Hiskija hatte sich von Assur losgesagt, eine (bescheidene) Kultreform durchgeführt und die Verteidigungsanlagen Jerusalems ausgebaut (Schiloach-Teich und Tunnel!). Die Assyrer beginnen eine Strafaktion, verwüsten Juda, doch blieb es ihrem König Sanherib unmöglich, Jerusalem zu erobern. Unter den Königen Manasse und Amon kam es dann zu erneuter Abhängigkeit von den Assyrern (Kap. **21**), bis Joschija sich wieder emanzipieren konnte (Kap. **22**).

Die Abschnitte 2. Kön 18,17–19+20 sind parallel auch in Jes 36–39 überliefert.

Kap. **23,31–25,26** beschreiben den Untergang Judas (vgl. dazu das Thema-Kapitel „Exil"). Auffällig ist jedoch der Schluss des Buches in **25,27–30**, der deportierte König Jojachin wird begnadigt. Damit soll wohl am Ende des deuteronomistischen Geschichtswerks ein Fenster der Hoffnung aufgestoßen werden (vgl. Jer 52,31–34).

🕮 Biblische Enzyklopädie, Bände 1–5, 1996–2018.

als moderne Aufnahmen biblischer Stoffe:
*Lion Feuchtwanger*, Jefta und seine Tochter, 1957.
*Stefan Heym*, Der König David Bericht, 1973.

# Die chronistische Literatur

Seit der Mitte des letzten Jahrhunderts ging man davon aus, dass die Bücher 1.+2. Chronik, Esra und Nehemia ursprünglich eine einzige, zusammenhängende Geschichtsdarstellung, das sogenannte „chronistische Geschichtswerk" waren. Dies wurde aus Gemeinsamkeiten in der Sprache (charakteristisches, spätes Hebräisch), im Stil und im Weltbild geschlossen. Die Teilstücke Esra und Nehemia waren ursprünglich nicht selbständige Texte, sondern sie sind der Schlussteil der von Adam bis zur (damaligen) Gegenwart reichenden Geschichtsdarstellung gewesen. Inhaltlich war dieses Geschichtswerk davon bestimmt, als Ätiologie das Scheitern des ersten Tempels zu erklären und die Regeln für das Zusammenleben in der Zeit des zweiten Tempels so zu definieren, dass eine erneute Katastrophe nicht mehr möglich ist.

Diese These ist allerdings in der letzten Zeit hinterfragt worden. Die Forschung geht nun davon aus, dass die Chronik einerseits und Esra/Nehemia andererseits getrennt zu betrachten sind. Die festgestellten Gemeinsamkeiten, beispielsweise die besondere Art der Verwendung überlieferter Textstücke, lassen sich auch aus der zeitlichen Nähe erklären, in der die Schriften entstanden sind (etwa im 4/3.Jh. in Juda). Es ist auch zu vermuten, dass die Verfasser der Chronik das Buch Esra/Nehemia bereits vor sich liegen hatten. Zudem können die Bücher in späteren Entstehungsphasen von einer Redaktion gemeinsam überarbeitet worden sein. So sind auch theologische Übereinstimmungen leicht erklärbar.

Wesentlich ist die Wahrnehmung, dass das Buch Esra/Nehemia sachlich direkt an das Ende der Chronik anknüpft und deren Geschichtsdarstellung weiterführt. Deutlich ist auch, dass sowohl in der Chronik wie auch in Esra/Nehemia ältere Stoffe aufgenommen und überarbeitet worden sind.

## Die Chronikbücher

Wie die Samuelis- und Königsbücher waren auch die Chronikbücher ursprünglich ein Buch, welches dann sekundär geteilt wurde. Der Name „Chronik" stammt von Martin Luther, der damit das griechische *chronikon* (der ganzen heiligen Geschichte) des Hieronymus verdeutscht hat. Die hebräische Überschrift lautet דִּבְרֵי הַיָּמִים *dibrê hajjāmîm* (dt.

Ereignisse der Tage; Denkwürdigkeiten). Die Septuaginta bietet die Überschrift παραλιπόμενα, *paralipomena:* Übriggelassenes (aus den Büchern Samuel und Könige). Dem Kanon der Septuaginta folgend, finden sich die Chronikbücher in christlichen Bibeln direkt nach den Königsbüchern, gefolgt von den Büchern Esra und Nehemia. Im hebräischen Kanon sind Esra/Nehemia in der Regel vorangestellt, die vier Bücher beschließen meist den Teil „Schriften".

Die Entstehungszeit der Chronik ist nicht ganz sicher anzugeben, verschiedene Hinweise deuten auf das späte vierte oder das frühe dritte vorchristliche Jahrhundert. Inhaltlich will das Werk die Geschichte Israels von der Erschaffung der Welt bis zum Edikt des Kyrus darstellen, weil mit ihm der Neubeginn nach dem Exil verbunden ist. Dabei spielt die Gründung und Legitimation der Kultgemeinde in Jerusalem eine besondere Rolle. Sehr oft wird bei der Darstellung auf überliefertes Material zurückgegriffen, auf Annalen, Geschichten von Königen oder Propheten. Das soll wohl die Autorität der Darstellung steigern. Es ist aber umstritten, inwieweit die Texte authentisch sind, zu denen es in den Samuelis- und Königsbüchern keine Parallelen gibt.

Ziel der Chronik ist es, die bekannte Geschichte Israels neu auf die eigene Gegenwart hin zu deuten, sie korrigiert geradezu die bisherige Geschichtsschreibung. Aus dem Schicksal der Früheren lässt sich lernen, dass Gehorsam gegen Gott, Gotteslob und ein angemessen durchgeführter Kultus im Jerusalemer Tempel das Heil für Israel verbürgen, Gott werde dann seine Barmherzigkeit zeigen. Dies gilt für jede einzelne Generation, jede Zeit steht allein vor Gott, und in jeder Zeit ist Gottes Heilshandeln möglich. Damit ist das zum Beispiel in Ez 18 belegbare individualistische Denken gegen die bisherigen Kollektivvorstellungen (so noch das DtrGW) weitergeführt worden, wenn auch an dem prinzipiellen Schema von Tun und Ergehen festgehalten wurde.

| | |
|---|---|
| 1.Chron 1–9 | **Genealogische Vorhalle**: Adam bis Saul (Genesis 1–1.Samuel 9) |
| 1.Chron 10–21 | Das **Königtum Davids** vor dem dunklen Hintergrund der Verwerfung Sauls in Kap. 10 (1.Sam 9–1.Kön 2*) |
| 22–29 | David bereitet den **Tempelbau** vor |
| 2.Chron 1–9 | Das **Königtum Salomos** (1.Kön 2–11) |
| 2.Chron 10–36 | Von der **Reichsspaltung bis zum Kyrus-Edikt** (1.Kön 12–2.Kön 25) |

Übersicht über die Chronikbücher (mit Angabe der Parallelstellen)

Es ist zu empfehlen, parallel zu den Chronik-Passagen die entsprechenden Stücke aus den Büchern Samuel oder Könige zu lesen, um so einen Eindruck von der Neuinterpretation zu erhalten. (Beispielsweise fehlen die meisten Abschnitte über das Nordreich: Die Chronik ist nur an Juda interessiert.) Wie in den späteren Prophetenbüchern lässt sich auch in der Chronik feststellen, dass schon vorhandene biblische Texte neu gedeutet werden. Damit teilt die Chronik ein Merkmal der Literatur der Spätzeit des Alten Testaments, wie es auch bei der Schriftauslegung der Apokalyptik festzustellen ist.

Bereits die erste Übersicht zeigt, dass für die Chronik der Tempel in Jerusalem im Mittelpunkt steht, dazu David und Salomo, die beiden Könige, die mit dem Tempelbau verbunden werden. Die restliche Geschichte Israels wird dem klar untergeordnet, an die Zeit bis zu Beginn des Königtums wird gar nur durch Genealogien erinnert. Diese „Genealogische Vorhalle“ soll in eindrucksvoller Weise zeigen, wie groß Israel ist und wer in Israel Bürgerrecht hat. Innerhalb dieser Bürgerlisten ist die besondere Wertschätzung interessant, die die Leviten oder andere Gilden am Tempel erfahren (vgl. auch 1.Chron 6,24–28 zu Asaf). Mose wird nur einmal erwähnt (1.Chron 5,29), Exodusereignis, Sinaioffenbarung und Landnahme fehlen. Dagegen wird Samuel zum Leviten erklärt (1.Chron 6,12), David soll neben seinen Kriegern auch Leviten und Priester beschäftigt haben. Die Leviten gelten in der Chronik als Hüter wahrer israelitischer Traditionen, damit sollte wohl ein Gegengewicht zu dem priesterlich orientierten Pentateuch geschaffen werden. Dies deutet darauf hin, dass die Redaktoren/Autoren der Chronik aus dem Kreis der Tempelbediensteten unterhalb der Priesterebene stammen.

Ohne Parallelen in den erhaltenen Geschichtsbüchern ist die breite Schilderung, nach der David alles für den Tempelbau Nötige veranlasst hatte, dann aber wegen seiner Kriege den Bau nicht habe beginnen können (1.Chron 22,8). Dagegen fehlen negative Details aus Davids Leben. Möglicherweise gehört dieser Bericht teilweise einer nach-chronistischen Überarbeitung an. Manche Elemente der Darstellung lassen gar David als einen zweiten Mose erscheinen, vgl. 1.Chron 28,11f. und Ex 25,9, hier hat David, dort Mose das Modell des Tempels. Auch wenn Mose selbst den Chronisten nicht so bedeutsam zu sein scheint, wird doch sein Bild zur Aufwertung Davids verwendet.

Am Ende der Chronik finden sich die Verse Esra 1,1–3 in wörtlicher Wiedergabe, so wird der Anschluss der beiden Bücher hergestellt (vgl. dazu oben die Einleitung zur chronistischen Literatur.)

## Esra und Nehemia

Die Bücher Esra und Nehemia gehörten ursprünglich zusammen, wurden später aber geteilt. Zudem sind sie nur dann richtig zu verstehen, wenn man die heutige Abfolge der Kapitel verändert. In der Septuaginta werden die beiden Bücher gemeinsam als (2.) Esra bezeichnet, in hebräischen Bibeln erfolgte erst seit 1448 eine Trennung der Bücher.

Die LXX hat zusätzlich noch ein 3. Esrabuch (allerdings bezeichnet als Esra α, also als erster Esra), das möglicherweise auf eine ältere Fassung der Bücher Esra+Nehemia zurückgreift. Dazu findet sich in der Vulgata ein 4. Esrabuch, das aus drei Schriften besteht: Dem eigentlichen 4. Esra, einer Apokalypse (=Kap. 3–14), dem 5. Esra, einem christlichen Trostbuch für die Mutter Kirche (=Kap. 1+2) und dem 6. Esra, einer christlichen Apokalypse (=Kap. 15+16).

Das Esra/Nehemia-Buch ist die einzige biblische Quelle für die frühe nachexilische Zeit und daher von hoher historischer Bedeutung, zumal auch alte Textstücke verarbeitet wurden. Doch ist nicht zu verkennen, dass die Darstellung oft typisiert. So ist beispielsweise der Konflikt mit den Samaritanern überzeichnet worden (vgl. den in Esr 4 geschilderten Streit). Die Darstellung der inneren Konflikte der Gemeinde in Jerusalem, so die Stellung der Rückwanderer, die Frage der Mischehen und die ökonomischen Probleme, ist im Grundsatz sicher historisch zutreffend. Auch im Esrabuch finden sich aramäische Textstücke (Esr 4,8–6,18+7,12–26), die wohl älter sind als die hebräischen Texte, selbst wenn dieser Komplex bereits überarbeitet wurde.

Die Entstehung des Buches ist nicht sicher datierbar, man nimmt das 4. vorchristliche Jahrhundert an. Im Esra/Nehemia-Buch wurden verschiedene Listen (Esr 2) und Urkunden (Esr 6,3–5; 7,12–26) verarbeitet, dazu Stoffe, die mit Serubbabel und Scheschbazzar verbunden waren, Esra-Stoffe und die sog. Nehemia-Denkschrift (Neh 1–7.12–13*), die in Form einer Rechtfertigung an Gott gerichtet ist. Wichtige Einzeltexte sind auch die bekenntnishaften Bußgebete in Esr 9 und Neh 9.

| | |
|---|---|
| Esr 1–6 | **Kyrus-Edikt**, Rückkehr, **Tempelneubau** |
| Esr 7–8 | Esras **Zug nach Jerusalem** |
| Neh 8 (+9) | **Esra verliest das Gesetz** des Himmelsgottes; Laubhüttenfest |
| Esr 9–10 | **Verbindungen mit fremden Frauen**, Esras Gebet |
| Neh (9–)10 | **Bußgebet des Volkes** (Kap. 9) und Verpflichtung auf die Gebote Gottes |
| Neh 1–7 | **Zug Nehemias** von Susa nach Jerusalem, Befestigung der Stadt |
| Neh 11–13 | Nehemia organisiert den **Kultus** neu und behebt **Missstände**: Opferkult, Sabbat, Sprache der Kinder |

Übersicht über das Buch Esra/Nehemia (Die Nehemia-Teile wurden eingerückt)

Die Darstellung der beiden Bücher ist im Zuge der Textüberlieferung in Unordnung geraten; der hier wiedergegebene Vorschlag zur Neuordnung hat sich weitgehend durchgesetzt. Voraussetzung für diese Anordnung ist die Annahme, dass Esra unter dem Perserkönig Artaxerxes I. (464–425/4) tätig war, seine Mission also vor der des Nehemia stattgefunden hat (vgl. das Thema-Kapitel „Nachexilische Geschichte“). Danach entsteht das Bild, dass zunächst das Kyrusedikt von Darius in Kraft gesetzt und der Tempel erbaut wurde (**Esr 1–6**). Darauf wird der Priester Esra mit dem Gesetz nach Jerusalem gesandt, dies wird geschildert wie ein zweiter Exodus (**Esr 7f.**). Das Volk wird auf dieses Gesetz verpflichtet. Esra wird daher im Judentum mit Mose verglichen (vgl. Esr 7,1–5: Esra gilt als Nachkomme Aarons); durch die Einführung der Tora habe er die Religion des Judentums begründet.

Nach dieser Sicherstellung von Kultus und Tora kommt dann Nehemia nach Israel, um die äußere Sicherheit Jerusalems durch den Mauerbau zu erreichen (**Neh 1–7**) und um kultische und soziale Missstände zu beheben (**Neh 11–13**). Nehemia war ursprünglich Mundschenk des Perserkönigs Artaxerxes I. in Susa, in Jerusalem stellt er sich als Statthalter vor (Neh 5,14).

Persisches Gottessymbol, wohl Ahura Mazda darstellend

Die Geschichtsdarstellung wird demnach auf die zwei Personen Esra (aram: „Hilfe“) und Nehemia (hb. „JHWH hat getröstet“) konzentriert. Im Hintergrund steht aber immer auch die wohlwollende persische Großmacht, die der Jerusalemer Gemeinde Schutz bietet. Das Kyrus-Edikt wird zweimal angeführt (Esr 1,1–3+6,3–5), der Erlass des Artaxerxes, mit dem Esra legitimiert wird, erscheint als Originaldokument (Esr 7,12ff.), allerdings ist strittig, ob das Edikt des Kyrostatsächlich so erlassen worden ist. Charakteristisch ist zudem die in diesen Büchern häufige Gottesbezeichnung „Gott des Himmels“ für JHWH. Diese Benennung konnten auch die Perser für ihre oberste Gottheit Ahura Mazda verwenden. Selbst wenn man gewiss immer wusste, dass iranische und israelitische Religion nicht deckungsgleich waren, hat man doch die Nähen betont, um die Situation der israelitischen Gemeinde zu verbessern.

# Ester

| | |
|---|---|
| 1+2 | Ester wird **Frau des persischen Großkönigs** Ahasveros/Xerxes I. |
| 2,19–23 | Esters Vormund Mordechai deckt eine **Verschwörung gegen den König** auf |
| 3 | Der persische Beamte **Haman** erreicht ein königliches **Dekret, die Juden auszurotten** |
| 4 | Mordechai bittet Ester um **Fürbitte beim König** |
| 5–8 | Ester erreicht beim König die **Rettung der Juden**, Haman wird an dem Pfahl aufgehängt, der für Mordechai vorgesehen war. |
| 9+10 | **Rache** der Juden an ihren Feinden, **Stiftung des Purimfestes** und Festlegung des Termins |

Übersicht über das Esterbuch

Das Buch Ester beschließt im Kanon der protestantischen Bibeln den Teil Geschichtsbücher. Die LXX und in der Folge die Vulgata und katholische Bibelübersetzungen haben dann noch die apokryphen/deuterokanonischen Schriften Judit, Tobit und die zwei Makkabäerbücher. In der hebräischen Bibel gehört Ester zu den Schriften und steht zwischen den Klageliedern und Daniel (wohl wegen der historischen Bezugnahmen).

Das Buch gehört zu den fünf Megillot, den Rollen, die im Judentum zu besonderen Festen gelesen werden. Es begründet das *Purim*-Fest, denn nach Est 3,7 wird das Los (פּוּר, *pûr*) geworfen, um den Tag zu bestimmen, an dem die Juden getötet werden sollen. Das Esterbuch ist das erste greifbare Zeugnis dafür, dass Juden ohne besondere Gründe verfolgt werden, einfach deshalb, weil sie anders sind als alle anderen Völker (**3,8**). Die Deutung des Namens *Ester* ist nicht eindeutig, wahrscheinlich kommt er aus dem Persischen und heißt „Stern". Nach **2,7** lautet Esters hebräischer Name Hadassa („Myrte"). Der Aufbau des Buches ist klar, sein Inhalt lässt sich anhand der obigen Gliederung leicht nachvollziehen; er sollte nacherzählt werden können.

Persisches Kosmetik-Fläschchen

Nach den Angaben des Buches spielt die Handlung in den Tagen des persischen Königs Xerxes I., also im frühen 5. vorchristlichen Jahrhundert. Es ist aber sicher deutlich jünger; man datiert es auf die Zeit des 3./2.Jh. In 2.Makk 15,36 ist für das 2./1.Jh.v.Chr. ein Mordechaitag belegt, das Purim-Fest muss also zu dieser Zeit schon begangen worden sein (*terminus ante quem*). Das Buch spielt in der königlichen Residenz des persischen Großkönigs in Susa. Es erzählt die Rettung der gesamten Judenheit durch den Mut der jüdischen Königin Ester und ihres Ziehvaters Mordechai. Ähnlich wie die ersten Kapitel des Danielbuches zeigt es, dass das Leben der Juden in der Diaspora gefährlich ist, dass aber die Treue zum traditionellen Glauben die Rettung bringt. Daneben steht das Motiv, dass die persische Herrschaft letztlich durch den Einsatz der Juden innerhalb der Bevölkerung gestützt und befestigt wird.

Die Aufnahme des Esterbuches in den Kanon war offensichtlich lange umstritten, wohl vor allem deshalb, weil in ihm von Gott nicht die Rede ist. Es finden sich lediglich Anspielungen, vgl. **4,14** „Errettung von einem anderen Ort her“. Die griechische Übersetzung bietet zudem einen deutlich erweiterten Text, der die religiösen Bezüge verstärkt (vgl. unten zu den apokryphen Zusätzen zu Ester). Auch das zeigt, dass die Kanonisierung nicht einheitlich vonstatten ging. Der Form nach ist die Schrift eine in der Diaspora spielende Novelle als Abwandlung eines griechischen historischen Romans, ähnlich beispielsweise den apokryphen Schriften Judit und Tobit oder der (älteren) Josefsnovelle. Sie will erzählerisch vermitteln, wie sich Juden in der Diaspora angemessen zu verhalten haben, vgl. auch die Erzählungen in Dan 1–6.

📖 *E. Gerstenberger,* Israel in der Perserzeit, Biblische Enzyklopädie 8, 2005.
*T. Willi*, Esra. Der Lehrer Israels, Biblische Gestalten 26, 2012.
*M.-Th. Wacker,* Ester. Jüdin–Königin–Retterin, 2006.

# K$^{e}$tubim / Die Schriften

Nach den an geschichtlichen Themen orientierten Büchern sammelt dieser zweite große Abschnitt der Bibel die poetischen Bücher. Wie in der Einführung bereits dargestellt, unterscheiden sich die hebräische und die griechische Bibel (und damit die meisten deutschen Übersetzungen) erheblich in Umfang und Anordnung gerade dieses Teils. Zur Erinnerung: Die Biblia Hebraica stellt die Schriften hinter die Tora und die Propheten, die Übersetzungen ordnen sie zwischen diesen beiden Hauptteilen ein. Zudem wurden in der hebräischen Bibel Daniel, Esra, Nehemia, Ester, Rut, Klagelieder und die Chronikbücher hier, nicht bei den (hinteren oder vorderen) Propheten eingestellt.

Es ist sicher, dass dieser Teil des Kanons zuletzt entstanden ist. Wahrscheinlich waren die Psalmen der Kristallisationspunkt, an den heran die anderen Bücher im Laufe der Zeit gelegt wurden. Dabei ist anzunehmen, dass die Psalmen zunächst deshalb kanonisiert wurden, weil man sie als prophetische Texte verstanden hat. Dies ist in Qumran und im Neuen Testament gut belegt (vgl. die Wertung von Ps 110,1 in Lk 20,42f.). Doch schon die griechische Übersetzung (Septuaginta = LXX) zeigt ein eschatologisches Verständnis der Psalmen.

Durch ihren besonderen Charakter etablierten die Psalmen dann aber auch die neue Untergruppe der „Schriften". Das heutige Judentum verwendet die Psalmen für Gebete und die fünf *Megillot* (Festrollen) für Synagogenlesungen an besonderen Feiertagen. Die anderen Bücher dieses Kanonteiles werden im Gottesdienst in der Regel nicht verwendet.

Die im Judentum gebräuchliche Bezeichnung „Schriften" verweist nicht auf einen besonderen Inhalt der Bücher. Damit wird der Verschiedenheit des Materials Rechnung getragen, zumal hier nach jüdischer Tradition auch historische und apokalyptische Stücke gesammelt sind.

Im christlichen Bereich findet sich für diesen Teil des Kanons oft die Bezeichnung „Lehrbücher". Die Schriften wollen demnach die Gläubigen direkt ansprechen und sie in Gebet und Verhalten belehren. Damit werden diese Bücher in einen heilsgeschichtlichen Rahmen hineingestellt, der von den historischen Büchern über die Lehrbücher zu den auf die Zukunft gerichteten prophetischen Büchern reicht. Dieser Rahmen ist offen für die Einlösung der Zukunftshoffnung in dem im NT geschilderten Heilsgeschehen. Aus der griechischen Übersetzung stammt die ebenfalls gebräuchliche Bezeichnung „Poetische Bücher", die aber ihrerseits wieder einen einzelnen Aspekt verabsolutiert.

# Ijob / Hiob

Der Name Ijob bedeutet (nach dem Akkadischen) „Wo ist der Vater“, die bekanntere Namensform „Hiob“ entspringt der Übersetzung Martin Luthers. In deutschen Bibeln steht das gleichnamige Buch in der Regel als erstes der Lehrbücher vor dem Psalter, in der Hebräischen Bibel steht es an zweiter (oder an dritter) Stelle nach den Psalmen. Wichtig ist die Erkenntnis, dass das Hiobbuch aus einer Rahmenhandlung und dahinein gestellten Reden in Versform (Poesie) besteht. Prolog und Epilog sind dagegen in Prosa verfasst. Man muss davon ausgehen, dass diese Gliederung dem ursprünglichen Wachstum des Buches entspricht. (Zusätzlich sind noch weitere Wachstumsspuren innerhalb des Redeteils festzustellen.)

Der Inhalt des Rahmenteils **1,1–2,13+42,7–17** schildert das Schicksal des frommen Dulders Hiob aus dem (arabischen?) Lande Uz. Angestachelt durch den Satan erlegt Gott dem Hiob Prüfungen auf, um dessen Treue auf die Probe zu stellen. Hiob verliert zunächst Güter und Kinder (das ist der Inhalt der sogenannten „Hiobsbotschaften“), doch er versündigt sich nicht, sondern preist Gott mit den Worten „der Herr hat´s gegeben, der Herr hat´s genommen, der Name des Herrn sei gepriesen“ (**1,21**). Bei dieser Überzeugung bleibt er auch, als ihm Gott auf Zuraten des Satan die Gesundheit nimmt und ihm sogar seine Frau rät, von Gott abzulassen. Drei Freunde Hiobs kommen und beweinen mit ihm sein Schicksal. Am Ende stellt Gott jedoch das Glück des Hiob wieder her und gibt ihm doppelt so viel, wie er gehabt hatte (42,10).

Hiob erscheint hier als der urzeitlich Fromme, der auch in **Ez 14,14.20** zusammen mit Noach und Daniel erwähnt wird. Besonders durch das nicht weiter bekannte Land Uz wird der Verdacht erhärtet, dass es sich bei diesen drei Gestalten um außerisraelitische Fromme handeln soll. Das Alter der vorliegenden weisheitlichen Erzählung ist sehr umstritten. Die Erwähnung des Satan in Sach 3 und die Nähe der Erzählweise zur Josefsnovelle und dem Jonabuch weisen aber darauf hin, dass die Teile in nachexilischer Zeit entstanden sind. Es ist gut denkbar, dass die Erzählung auf eine ältere Legende zurückgreift, die nicht schriftlich erhalten ist.

In diese Erzählung hinein wurde in späterer Zeit ein Kranz von Neuinterpretationen des Problems „der leidende Gerechte“ gestellt. Anknüpfungspunkt war die Erwähnung der drei Freunde, Elifas, Bildad und Zofar, die nach 2,11ff. mit Hiob klagen. (Oder sind die drei Freunde erst zur Überleitung zu den Reden eingefügt worden?) Kap. 3 schildert als Auftakt des Gesprächsgangs Hiobs Klage, auf die dann die drei Freunde antworten. Die nun folgenden Gesprächsgänge sind parallel aufgebaut. Auf die Kritik oder Argumentation des jeweiligen Freundes antwortet Hiob direkt, dann ist der nächste Freund an der Reihe, dann wieder Hiob, dann wiederum der nächste Freund. Dies wiederholt sich dreimal, wobei in Kap. 24–27 offenkundig Teile weggebrochen sind. So fehlt die letzte Rede des Zofar; die Antwort Hiobs darauf ist vielleicht in Kap. 27 erhalten. In Kapitel **28** wurde dann ein Lobpreis der unerfindlichen Weisheit zugefügt, der einmündet in den Spruch: „Siehe, die Furcht des Herrn, das ist Weisheit, und Böses meiden, das ist Erkenntnis“ (28,28).

*1–2* *Versuchung Hiobs*

3 **Hiobs Klage**

| **1. Rede** | **Hiobs Antwort** | **2. Rede** | **Hiobs Antwort** | **3. Rede** | **Hiobs Antwort** |
|---|---|---|---|---|---|
| 4+5: Elifas | 6+7 | 15: Elifas | 16+17 | 22: Elifas | 23+24 |
| 8: Bildad | 9+10 | 18: Bildad | 19 | 25: Bildad | 26 |
| 11: Zofar | 12–14 | 20: Zofar | 21 | ? : Zofar | 27? |

28 Lob der **göttlichen Weisheit**
29–31 Herausforderung Gottes durch **Hiob**
32–37 **Elihu**-Reden
38–42,6 **Gottesreden**; in 40,3–5+42,1–6: **Antworten Hiobs**
*42,7–17* *Wiederherstellung Hiobs*

Übersicht über das Hiobbuch (*kursiv: Rahmenhandlung*)

Kap. **29–31** wiederholen die Klage Hiobs über sein Schicksal, spitzen sie aber zu zur Anklage gegen Gott. Hiob ist sich sicher, wegen seiner Gerechtigkeit in einem Gerichtsverfahren gegen Gott bestehen zu können (31,35f.).

Die dann folgenden Kapitel **32–37**, die Reden des Elihu, sind sicher spätere Zufügung, die die bisherige Argumentation weiterführen wollen. Elihu wirft den anderen Freunden vor, nicht energisch genug gegen Hiobs Argumente vorgegangen zu sein, die er als Lästerungen einschätzt. Als neue Argumente bringt Elihu, dass das Leiden auch pädagogischen Sinn haben kann, der Mensch soll so vom Unrecht abgebracht werden (33,17). Dieselbe Überzeugung findet sich auch in den jüngeren Stücken des Proverbienbuches, vgl. Prov 3,11f. Zudem geht der Redner davon aus, dass Gott nicht ungerecht handele, sondern dass die Gerechtigkeit seines Handelns den Menschen unzugänglich sei. Das verweist bereits auf das Ergebnis der Gottesreden voraus.

Als Antwort auf Hiobs Herausforderungen in Kap. 29–31 spricht dann Gott selbst in zwei Reden, wobei 40,1+2 als eigene, separate Anrede gestaltet ist. Nach 38,1 werden die Reden als Erscheinung aus dem

Wind, als Theophanie geschildert. Sie betonen Gottes Übermacht und Hiobs Ohnmacht. Die Schöpfung beweist Gottes planendes Wirken, der Mensch ist in dieser Schöpfung nur ein kleines Element. Hiob antwortet mit Unterwerfung: „Siehe ich bin zu gering, was soll ich dir antworten" (40,4), und er bekennt: „darum habe ich geredet in Unverstand, Dinge, die zu wunderbar sind für mich, die ich nicht begriff" (42,3).

Wirkungsgeschichtlich wichtige Einzeltexte des Hiobbuches sind **19,25f.**, „Ich aber weiß, mein Löser lebt, und ein Vertreter/Anwalt ersteht mir aus dem Staub. Selbst wenn meine Haut an mir zerschlagen ist, mein Fleisch geschwunden, werde ich Gott schauen". Die Verse wurden im Gefolge der griechischen und lateinischen Bibelübersetzungen oft auf eine Auferstehungshoffnung Hiobs gedeutet. Doch dafür fehlen weitere Anzeichen; es geht wohl nur um die Wiederherstellung des früheren Zustands. Als weisheitliche Sentenz ist 14,1f. bekannt: „Der Mensch, vom Weibe geboren, ist kurzen Lebens und voller Unruhe. Wie eine Blume geht er auf und welkt, schwindet dahin wie ein Schatten und hat nicht Bestand."

Das Problem, um das es im Hiobbuch geht, ist die Krise der früheren Überzeugung, gutes Handeln sorge für ein gutes Leben, die Frevler dagegen gingen zugrunde (Ps 1). Bisher wurden Krankheit und Leid als Strafe für Sünde oder Vergehen angesehen, diese Strafe sollte zur Umkehr auf den gerechten Weg führen. Dieser *Zusammenhang von Tun und Ergehen* wurde dann aber den Menschen fraglich, immer öfter schien es so zu sein, dass es den Sündern gut gehe, die Gerechten aber leiden. (Vgl. dazu das Thema-Kapitel „Theodizee".) In dieser *Krise der israelitischen Weisheit* bemühte man sich um neue Lösungen. Dabei ist Hiob in den Reden als jemand zu verstehen, der alle möglichen Argumente gegen die bisherige Denkart sammelt. Seine Freunde dagegen versuchen, am Konsens der Weisen festzuhalten und den Anfragen Hiobs Überzeugendes entgegenzusetzen. Sie gehen davon aus, dass Hiob in irgendeiner Weise doch Schuld auf sich geladen habe. Dabei befindet sich die Diskussion durchweg auf sehr hohem sprachlichen und theologischen Niveau. Das Bild vom klugen und allein im Recht stehenden Hiob, den seine unverständigen, übelwollenden Freunde angreifen, ist sicher unangemessen.

Dem Hiobbuch vergleichbare Texte sind auch aus Babylon und Ägypten bekannt. Das Problem des Leidens, dessen Sinn nicht erkennbar ist, war also schon damals ein internationales Phänomen.

Es lohnt sich, die einzelnen Reden und Hiobs Antworten je für sich und in Ruhe zu lesen, um einen Eindruck von der Ernsthaftigkeit beider Seiten zu bekommen. Eine allen akzeptable Lösung kann das Hiobbuch letztlich nicht geben, den Argumenten Hiobs wird nicht widersprochen. Es bleibt bei der Erkenntnis, dass der Mensch keine Einsicht in Gottes Willen haben kann, es also Bereiche gibt, zu denen man nur Fragen äußern kann, schlüssige Antworten aber ausbleiben.

# Psalmen

Der Name „Buch der Psalmen“ (gr. βίβλος ψαλμῶν, *biblos psalmōn*) ist bereits im Neuen Testament (Apg 1,20) belegt, er stammt wohl aus der griechischen Textüberlieferung. Abgeleitet ist dieser Name von einem griechischen Saiteninstrument (ψαλτήριον, *psaltērion*), die Psalmen galten demnach als Lieder. In der hebräischen Tradition wird der Name סֵפֶר תְּהִלִּים, *sefær t^e^hillîm*, „Buch der Loblieder“ verwendet, abgeleitet von תְּהִלָּה, *t^e^hillâ*, Preislied. Innerhalb des *Psalters* (so wird das ganze Buch genannt) zählt man 150 Psalmen, doch auch in anderen biblischen Büchern lassen sich vergleichbare Lieder finden, vgl. Ex 15; Dtn 32+33; 1.Sam 2 u.ö.

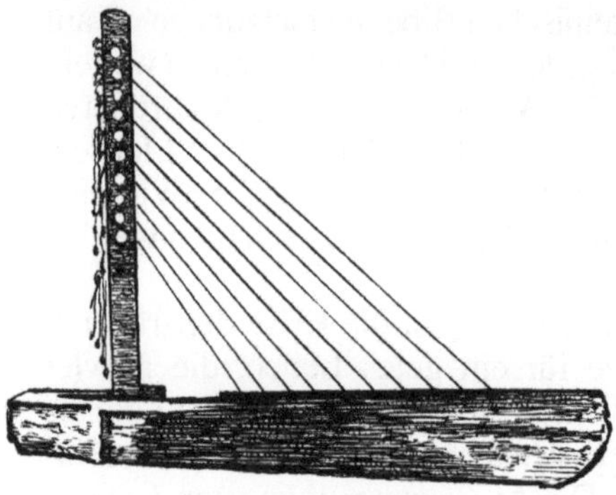

10-saitiges Psalterion

Die Zählung der Psalmen variiert in den einzelnen Traditionen, wobei die deutschen Bibelausgaben zumeist der Zählung der Biblia Hebraica folgen. In der Septuaginta wurden Psalm 9+10 und 114+115 zusammengefasst, so dass sich die Zählung der Psalmen verschiebt. Sie kommt aber durch Auftrennung der Psalmen 116 und 147 wieder auf eine Gesamtzahl von 150. Danach fügt sie jedoch einen weiteren **Psalm 151** „außerhalb der Zählung“ und eine Sammlung von 14 Oden hinzu, zusätzlich bietet sie noch die ebenfalls apokryphen Psalmen Salomos. Auch in der großen Psalmenrolle aus Qumran sind Psalmen erhalten, die nicht zu den kanonischen Liedern gehören, teilweise aber schon aus anderen Quellen bekannt waren. Diese komplizierte Überlieferung ist Hinweis darauf, dass die endgültige Kanonisierung des Psalmenbuches erst vergleichsweise spät (2./1. Jh.v.Chr.) erfolgt ist. Erschwerend kommt hinzu, dass auch die erhaltene Abtrennung der einzelnen Psalmen nicht immer sinnvoll ist: So sind in **Ps 19** wohl zwei ganz verschiedene Lieder (Schöpfungs- und Tora-Lob) zu einem Stück zusammengestellt worden. Andererseits finden sich Doppelüberlieferungen, so ist beispielsweise Psalm 70 auch in 40,14–18 erhalten, Ps 108 steht aufgeteilt in 57,8–12 und 60,7–14.

Die Frage, weshalb die einzelnen Psalmen zu einer solchen Sammlung zusammengestellt wurden, ist umstritten. Wahrscheinlich galten die Psalmen zur Zeit der Kanonisierung nicht als liturgisches Formular für die Liturgie des Zweiten Tempels. Sie dienten eher als Andachts- oder Erbauungsbuch, in bestimmten Kreisen sicher auch als prophetisch verstehbare Schriften. Dies wird auch durch den neutestamentlichen Befund unterstützt; hier werden die Psalmen am häufigsten von allen alttestamentlichen Schriften zitiert. Das ist bei einer Verwendung als Tempel-Gesangbuch schwer denkbar.

Das Wachstum des Buches ist in Etappen erfolgt, die zum Teil noch erkennbar sind. So reichten frühere, kleinere Sammlungen wohl von Psalm 2–72 oder 89, später wurden die Tora-Psalmen 1 und 119 als Rahmen zugefügt, noch später kamen 120–150 hinzu, die ihrerseits wieder aus einzelnen Sammlungen bestehen. Dabei kamen in der Endfassung alte, vorexilische Lieder neben vergleichsweise jungen Stücken zu stehen. Übergreifendes Ordnungsmerkmal ist die später erfolgte Einteilung in *fünf Bücher* [**1-41**; **42–72**; **73–89**; **90–106**; **107–150**], analog der Einteilung der Tora. Zu erkennen ist diese Ordnung daran, dass an die letzten Psalmen der einzelnen Sammlungen jeweils sehr ähnliche Segenswünsche angeschlossen wurden, vgl. Ps 41,14: „Gepriesen ist JHWH, der Gott Israels, von Ewigkeit bis in Ewigkeit! Amen, ja Amen."

Das Alter der einzelnen Psalmen ist kaum sicher zu bestimmen, zumal Gebete oft alte Sprachformen bewahren, Einige Lieder sind wohl vorexilisch (zumindest in Grundbestandteilen), so Ps 24+29 (auch 2+110?), was u.a. an religionsgeschichtlich alten Aussagen erkennbar ist. Andere sind gewiss exilisch, weil sie den Untergang des Tempels und das Exil erkennen lassen, so Ps 50; 74+137. Die meisten Lieder sind wohl nachexilisch, wobei eine weitergehende Angabe, etwa über ältere Vorstufen, kaum möglich ist.

Der Psalter ist bibelkundlich besonders schwer zu erfassen. Doch sind hier für die eigene Frömmigkeit sehr wichtige Texte gesammelt. Die Psalmen sprechen Lob, Hoffnung und Klage nicht nur für die damalige historische Situation aus, sondern sind offen für jede Gegenwart. Deshalb sollte man sich dem Buch vor allem durch eigene, wiederholte Lektüre nähern, möglichst entlang jeweils unterschiedlicher Ordnungskriterien. Hier wird keine Inhaltsangabe der einzelnen Psalmen geboten, sondern als Ergänzung zu dem Thema-Kapitel „Psalmengattungen" sollen die einzelnen alten Sammlungen des Psalters und wenige wichtige Einzeltexte vorgestellt werden.

| | |
|---|---|
| **Davidspsalmen:** | 3–41; 51–72; 86; 108–110; 138–145 |
| **Korachpsalmen:** | 42–49; 84+85; 87+88 |
| **Asafpsalmen:** | 50+73–83 |
| **JHWH-König-Psalmen:** | (47+) 93–99 |
| **Großes Hallel** (Lobpsalmen): | 111–118 |
| Stufenlieder/**Wallfahrtspsalmen:** | 120–134 |
| **Kleines Hallel:** | 146–150 |
| **Elohistischer** Psalter: | 42–83* |

Übersicht über die Sammlungen innerhalb des Psalters

Innerhalb des Psalters sind verschiedene Untersammlungen erkennbar, die oft Lieder unterschiedlicher Gattungen vereinen. Diese Sammlungen sind vor allem an den Titeln zu erkennen, womit aber ein weiteres Problem der Forschung anzusprechen ist: Die genaue Bedeutung der Psalmenüberschriften ist oft noch völlig ungeklärt. Es muss zudem davon ausgegangen werden, dass die Titel zumeist später hinzugewachsen sind. Die historischen Bezugnahmen der Überschriften (z.B. Ps 3,1: „Von David, als er vor seinem Sohn Absalom floh") sind nicht als zutreffende Angabe über die Entstehungsverhältnisse des jeweiligen Psalms zu werten.

Die einzelnen Sammlungen sind in der heutigen Endform des Psalters aus ihrem früheren Zusammenhang genommen und miteinander vermischt worden. Wahrscheinlich stellen sie in ihren Grundzügen ursprünglich ältere Sammlungen dar, deren Herkunft aber trotz der Titelangaben unklar bleibt. Nach 1.Chron 6,24–28+25,1ff. war z.B. Asaf Stammherr einer Gilde von Tempelsängern; auch die Korachiten waren nach 2. Chron 20,19 am Tempel beschäftigt, als Sänger und auch Torhüter (1.Chron 26,1.19). [Die Erzählungen um die „Rotte Korach" in Num 16+17 verweisen offenbar auf Auseinandersetzungen um den Status und die Ansprüche dieser Gruppe.] Es ist anzunehmen, dass die Psalmen mit solchen Sängergilden in Zusammenhang stehen. Die Autorenschaft Davids ist sicherlich nicht historisch, hier wirkt die etwa in 1.Sam 16,14–23 belegte Tradition von David als Musiker nach.

Opferzeremonie mit Musik

Aus welchen Gründen die Psalmen innerhalb der Sammlungen nebeneinander zu stehen kamen, ist nicht vollends geklärt. An manchen Stellen leuchtet die Logik der Abfolge unmittelbar ein: **Ps 22** ist ein Klagelied, auf das **Ps 23** als Vertrauenslied folgt. Hier äußert der Beter den Wunsch, im Haus des Herrn zu bleiben. **Ps 24** ist dann folgerichtig eine Einlassliturgie, die den Zugang zu ebendiesem Tempel regelte.

Die Psalmen 42 bis 83 wurden teilweise zu einem unbekannten Zeitpunkt in der Weise überarbeitet, dass der Gottesname JHWH durch die allgemeinere Bezeichnung אֱלֹהִים, *'ælohîm* ersetzt wurde. Daher bezeichnet man diese Sammlung auch als „elohistischen Psalter", dies analog zu der vermuteten Pentateuch-Quelle „Elohist", deren Kennzeichen ebenfalls die Verwendung von אֱלֹהִים als Gottesbezeichnung ist (Vgl. das Thema-Kapitel „Pentateuch").

In der heutigen Fassung wird der Psalter eröffnet durch den weisheitlichen **Ps 1**, der das Leben des Einzelnen unter den Aspekt der Tora-Befolgung stellt. Das Psalmenbuch läuft dann auf das besondere Loben Gottes hinaus, der Halleluja-Psalm 150 ist nicht zufällig Abschluss der Sammlung.

Zur Orientierung im Psalter ist es notwendig, einige Psalmen zu kennen, die für bestimmte Gattungen oder Inhalte typisch sind, so Klagelieder des Einzelnen (22+69), Klagelieder des Volkes (44, 60, 90), Lobpsalmen (30, 114, 136), Vertrauenslieder (23), Hymnen (8, 100, 113), Königspsalmen (2, 20, 110), Alphabetische Psalmen (9/10, 119, 145), Zionslieder (46, 48, 76, 84+87), Weisheitliche Psalmen (73, 133), Schöpfungspsalmen (8, 19A, 104). Für weitere Angaben vgl. auch das Thema-Kapitel.

Wichtige Einzeltexte sind folgende Psalmen:

**1** Tora-Lob, weisheitlich.

**2** Königspsalm: „mein Sohn bist Du, heute habe ich dich gezeugt", zitiert bei der Taufe Jesu, Lk 3,22, dort kombiniert mit Jes 42,1.

**8** Hymnus: „Herr unser Herrscher, wie herrlich ist Dein Name".

**14/53** „Die Toren sprechen in ihrem Herzen: Es gibt keinen Gott".

**22** Klagelied des Einzelnen: „Mein Gott, mein Gott, warum hast du mich verlassen?" Vgl. Jesu letzte Worte, Mt 27,46.

**23** Vertrauenslied: „Der Herr ist mein Hirte, mir wird nichts mangeln".

**24** Wallfahrtslied: „Erhebet, Tore, Eure Häupter"; vgl. das Lied EG Nr. 1: Macht hoch die Tür...

**37** Weisheitslied: „Befiehl dem Herrn deine Wege".

**46** Zionslied: „Eine Burg ist uns der Gott Jakobs"; vgl. das Lied EG 362: Ein' feste Burg ist unser Gott.

**73** Klage über Gottes Ungerechtigkeit und Vertrauensmotiv: „Dennoch bleibe ich stets bei Dir" (Luthers „dennoch"!).

**90** Klage: „Lehre uns bedenken, dass wir sterben müssen", „1000 Jahre sind wie der gestrige Tag".

**100** Lobpsalm: „Jauchzet dem Herrn, alle Welt".

**104** Hymnus: Schöpfung. Wichtige Parallelen zum Sonnengesang des Pharao Echnaton aus Amarna/Ägypten.

**121** Wallfahrtspsalm/Vertrauenslied: „Ich hebe meine Augen auf zu den Bergen, woher wird mir Hilfe kommen?"

**130** „De profundis – Aus den Tiefen rufe ich zu Dir":

**136** Lobpreis der Taten Gottes in Schöpfung und Geschichte; Kehrvers: „Denn seine Güte währet ewig".

**137** Klage der Exulanten: „An den Strömen Babylons, da saßen wir und weinten".
**139** Weisheitslied, Klage: „Herr, du erforschst mich und kennst mich".
**150** Loblied: „Alles was Atem hat, lobe den Herrn".

# Sprüche Salomos / Proverbien

Die Sprüche Salomos (lat. *proverbium* = Sprichwort) wurden in der Septuaginta und den Folgeübersetzungen mit den beiden anderen Salomo zugeschriebenen Büchern Kohelet und Canticum Canticorum zusammengestellt und nach den Psalmen eingeordnet. Im hebräischen Kanon stehen die Sprüche (מִשְׁלֵי, *mišlê*) separat nach dem Hiobbuch (oder zwischen Pss und Hi). Das Buch wurde Salomo zugeschrieben, weil ihm nach 1.Kön 3,12 ein „weises und verständiges Herz" eignete, laut 1.Kön 5,12 soll er 3000 Sprüche und 1005 Lieder gedichtet haben.

Das Proverbienbuch ist das wichtigste Zeugnis für die israelitische Weisheit (vgl. das entsprechende Thema-Kapitel). In ihm sind Stoffe aus sehr unterschiedlichen Zeiten und verschiedenen weisheitlichen Gattungen gesammelt. Im Unterschied zu Hiob oder dem Prediger geht es im Sprüchebuch nicht um die Krise der Weisheit. Im Gegenteil, hier werden weisheitliche Lebensregeln in dem Bewusstsein nebeneinander gestellt, dass nur durch ihre Befolgung rechtes Leben möglich ist. Nach 30,7–9 wird das Beachten der Regeln in direkte Verbindung mit der Gottesverehrung gebracht: „Damit ich nicht, arm geworden, stehle und mich vergreife an dem Namen meines Gottes!"

| | |
|---|---|
| 1–9 | **Lehrgedichte**/Reden |
| 10–22,16 | Einzelsprüche und **Lebensregeln** |
| 22,17–24,22 | **„Worte von Weisen"** |
| 24,23–34 | **Anhang:** „Auch diese sind von Weisen" |
| 25–29 | „**Sprüche Salomos**, gesammelt von den Männern Hiskijas" |
| 30,1–14 | **Worte Agurs**: Reflexionen eines Einzelnen und Gebet |
| 30,15–33 | **Zahlensprüche** |
| 31,1–9 | **Mahnungen an den König** Lemuël (Königsregel) |
| 31,10–31 | Lob der **klugen Frau** |

Übersicht über das Proverbienbuch

Die pädagogische Aktualität, die manche dieser Sprüche haben, zeigt sich darin, dass sie noch heute tradiert werden, zum Beispiel „Wer anderen eine Grube gräbt, fällt selbst hinein", **26,27**; „Hochmut kommt vor dem Fall", **16,18**; „wie du mir, so ich dir", **24,29**. Allerdings ist auch festzuhalten, dass die Sprüche oft ein überholtes Weltbild voraussetzen. In ihm ist z.B. das Unterrichten von Mädchen nicht vorgesehen; an vielen Stellen wird vor der fremden, verführerischen Frau gewarnt (vgl. Kap. 7); als Ideal gilt die treue Hausfrau. Die Erziehung setzte damals auf Härte, vgl. 29,17: „Züchtige deinen Sohn, so wird er dich erquicken und dir Freude machen." Auch hier denkt man heute anders.

Das Proverbienbuch ist bibelkundlich kaum zu erfassen, daher sollte man sich darum bemühen, die Kapitel gründlich zu lesen, um einen Eindruck von der Argumentationsweise dieser Literatur zu erhalten. Wichtig ist daher, die Abgrenzung der wesentlichen Sammlungen des Proverbienbuches zu kennen.

Das Alter der einzelnen Sammlungen und Einzelsprüche ist kaum zu bestimmen, deutlich ist nur, dass die Kapitel **1–9** nachexilisch sind. In ihnen tritt die Weisheit personifiziert als „Ruferin auf der Gasse" (1,20, vgl. 9,1–6) auf, in 9,13–18 wird ihr „Frau Torheit" kontrastierend gegenübergestellt. In **8,22–31** wird die Autorität der Weisheit damit begründet, dass sie als erstes der Werke Gottes, noch vor aller anderen Schöpfung, entstanden sei. Damals spielte sie vor Gott (V. 30). Damit soll programmatisch deutlich werden, dass die in der Sammlung zusammengestellten Weisungen Bestandteil der Schöpfung, der Ordnung der Welt sind. Inhaltlich geht es in den Gedichten um Mahnungen vor Ehebruch, Trunksucht, Frevel und Faulheit.

In den folgenden Sammlungen sind meist ein- oder mehrzeilige Einzelsprüche aneinandergereiht, oft nach heute unklaren Gründen zusammengeordnet. Grundüberzeugung ist hier das Funktionieren des Tun-Ergehen-Zusammenhanges (TEZ), vgl. 10,27: „Die Furcht des Herrn verlängert das Leben, aber die Jahre des Gottlosen werden verkürzt". An verschiedenartigen Beispielen soll deutlich werden, a) dass der Fromme/Weise Glück haben wird und b) welche die Regeln für ein solches Leben sind (mehr dazu im Thema-Kapitel „Weisheit").

An einigen Stellen finden sich thematisch geprägte Sammlungen, so für Könige (16,10–15; 25,1–7; 31,1–9), über die Faulen (24,30–34) oder über das Weintrinken (23,29–35). Es ist anzunehmen, dass solche Sammlungen in der Erziehung am Königshof oder an anderen Schulen gebildet wurden, ebenso denkbar ist, dass die Stoffe teilweise ein sehr hohes Alter haben. In Kap. 22–24 gibt es zudem so enge Berührungen mit der ägyptischen Weisheitslehre des Amenemope, dass man davon auszugehen hat, dass dieser Text bei der Formulierung des biblischen Stoffes bekannt war. Allerdings wurden die fremden Stoffe durch Einfügung von JHWH-Sprüchen israelitisiert, vgl. etwa 22,22 mit V. 23; 24,17 mit V. 18. Ähnliches geschah an anderer Stelle mit offensichtlich älteren Sprüchen, die durch JHWH-Sprüche neu interpretiert werden sollten. Ein Beispiel dafür ist 15,17: „Besser ein Gericht Gemüse mit Liebe als ein gemästeter Ochse mit Hass", dem in V. 16 der inhaltlich parallele Satz „Besser wenig *mit Furcht des Herrn* als große Schätze mit Unruhe“ vorangestellt wurde (vgl. auch 14,1+2, wo „Weisheit“ unter die „Furcht des Herrn“ gestellt wird). In 18,10 wird sogar dem älteren Vers 11 widersprochen. Ursprünglich profane Sprüche wurden demnach in den Dienst der Religion genommen.

## Prediger Salomo / Kohelet

Das Buch Kohelet wurde wie das der Sprüche dem König Salomo zugeschrieben, obgleich es außer dem „Sohn Davids“ als Verfasserangabe in 1,1 und verschiedenen Andeutungen (vgl. 1,12+16) keinen Hinweis auf eine solche Autorschaft gibt. Der Verfasser wird 1,1 als קֹהֶלֶת, *qohælæt* (=Versammlungsleiter) bezeichnet, was Martin Luther als „Prediger“ übersetzte. In der griechischen Übersetzung findet sich die ebenfalls als Name des Buches verwendete Übersetzung Ἐκκλησιαστής, *ekklēsiastēs.* Das Buch Kohelet gehört zu den fünf Megillot; es ist die Festrolle für das Laubhüttenfest, in dem die Freude am Leben und an der Tora als rechter Weisung zum Ausdruck kommen. Diese Lebensfreude spricht auch aus wichtigen Passagen des Predigerbuches.

Als Entstehungszeit des Buches kann das 4. oder 3. vorchristliche Jahrhundert angenommen werden. Darauf deuten zum einen die Sprache, zum anderen auch die besondere Thematik hin, die mit der des Hiobbuches vergleichbar ist. Auch hier spiegelt sich die Krise der herkömmlichen Weisheit, deren Sinn nicht mehr einleuchtet (vgl. das Kapitel „Theodizee“). Wahrscheinlich sind in dem Buch auch Elemente der Auseinandersetzung mit hellenistischer Philosophie zu finden.

Das Buch lässt sich kaum sinnvoll gliedern, da es aus vielen lose aneinandergereihten Einzelstücken besteht, deren Ordnungsprinzipien oder Gedankenfortschritte heute nicht immer klar erkennbar sind. Erschwerend kommt hinzu, dass oft auch Gegenpositionen zitiert werden, so dass nicht immer deutlich ist, was des Predigers eigene Meinung ist. Möglicherweise dienten die wiederholten Formeln „alles ist eitel, Haschen nach Wind“ der Abtrennung von einzelnen Argumentationsgruppen. Sicher erkennbar ist der mit diesen Formeln fast wortgleich formulierte Buchrahmen in 1,2 und 12,8.

Es ist wichtig, das Buch ganz gelesen zu haben und zentrale Kapitel erinnern zu können. In Kapitel **1+2** wird deutlich, dass der Autor eine Ausbildung in der herkömmlichen Weisheit genossen hat, dass ihm aber nach eigenem Nachdenken alles eitel oder nichtig geworden ist. Denn: „der Weise stirbt (genauso) wie der Tor“ (2,16). Das üblicherweise mit „eitel, nichtig“ übersetzte Wort הֶבֶל, *hæbæl,* bedeutet einen Windhauch oder einen Atemzug; es steht symbolisch für die Vergänglichkeit (vgl. auch den aus der gleichen Wortwurzel gebildeten Namen „Abel“ (neben Kain in Gen 4).

Zwar gibt es Gott, und der Prediger zweifelt seine Allmacht nicht an (3,14), aber „alles hat seine Zeit" (**3,1–8**), ist dem Menschen unverfügbar. Diese Erkenntnis führt zur Resignation, nicht, wie bei Hiob, zum Aufbegehren gegen das unzugängliche Wesen Gottes. Der Mensch kann Gottes Handeln nicht durchschauen, er kann sich ihm nur fügen und versuchen, aus dem, was Gott gegeben hat, das Beste für sich selbst zu machen: „Da merkte ich, dass es unter ihnen nichts Besseres gibt, als fröhlich zu sein und es gut zu haben im Leben" (3,12). Dabei ruft der Prediger aber zur Ehrfurcht gegen Gott auf (**4,17–5,6**), nicht etwa zu einem zügellosen Hedonismus.

Ein besonderes Motiv des Buches ist die Todesthematik. Der Prediger geht davon aus, dass der Tod endgültiges Ende des Lebens ist, die flüchtigen Tage des Daseins auf der Erde sollen genossen werden (**9,7–10**). Eine Auferstehungshoffnung scheint dem Verfasser (noch) nicht bekannt zu sein. In **11,9–12,7** werden junge Menschen dazu aufgerufen, in ihrer Jugend das Leben als gute Gabe Gottes zu genießen; die Beschwerden des Alterns werden allegorisch dargestellt: „Die Hüter des Hauses (= die Beine) zittern", „die Müller (= Zähne) sind wenige geworden, „der Mandelbaum (= das weiße Haar) steht in Blüte".

**12,9–11. 12–14** trägt in zwei Epilogen weisheitliche Sentenzen nach, von denen sich **12,12** einer gewissen Beliebtheit bei Studierenden erfreut. Möglicherweise wurde das Buch nur wegen dieser Nachträge in den Kanon aufgenommen. Sein Haupttext läßt nahezu alle Bezüge zum klassisch-theologischen Traditionsgut Israels vermissen; besonders auffällig ist das Fehlen der Tora-Thematik.

## Das Hohelied Salomos / Canticum Canticorum

Auch das „Lied der Lieder" (שִׁיר הַשִּׁירִים, *šîr haššîrîm*) wird dem König Salomo zugeschrieben, da Salomo oder zumindest ein König an verschiedenen Stellen genannt wird (1,4; 8,11). Es gehört ebenfalls zu den fünf Megillot und wurde dem Passafest zugeordnet, weil sich im Auszug aus Ägypten, an den zu Passa erinnert wird, die Liebe Gottes zu seinem Volk in besonderer Weise gezeigt hat. Die Zugehörigkeit des Buches zum Kanon war lange umstritten, es wurde aber aufgenommen, weil man die beschriebene Liebe zwischen Mann und Frau allegorisch auf die Beziehung zwischen Gott und Israel deutete. Der Gottesname wird allerdings nur an einer Stelle (8,6) abgekürzt erwähnt, sonst finden sich im Buch keine expliziten Verweise auf Gott. Auch die klassischen Themen der alttestamentlichen Überlieferung fehlen weitestgehend.

Die christliche Kirche übernahm die allegorische Interpretation und deutete sie auf das Verhältnis von Christus zu seiner Kirche um. Doch noch im ersten nachchristlichen Jahrhundert wurde nach rabbinischer Überlieferung das Lied in Wirtshäusern gesungen (Tos Sanh. XII,10), also ganz buchstäblich als Liebeslied verstanden. Im NT wird nicht auf das Hohelied Bezug genommen, in Qumran sind allerdings Handschriftenfragmente belegt.

Das Hohelied ist eine Sammlung von ca. 30 einzelnen Liebesliedern, die zu einem Dialog zwischen Frau und Mann komponiert wurden. Dabei steht die Frau offenkundig im Mittelpunkt, ihre Lieder eröffnen und beschließen die Sammlung, von ihr geht die Initiative zur Liebe aus. Manche Ausleger nehmen daher an, dass es sich um einen Monolog der Frau handele, in dem die Rede des Geliebten zitiert wird. Angesprochen sind die Töchter Jerusalems, denen die Erlebnisse der Beziehung geschildert werden. Es mag sein, dass die Lieder ursprünglich bei Hochzeiten oder Banketten gesungen worden sind; ähnliches ist aus Ägypten bekannt. Man hat auch versucht, in der Sammlung ein Textbuch für ein Singspiel oder Drama zu sehen. Es ist nicht recht erkennbar, nach welchen Kriterien die Texte aneinandergereiht wurden.

Das Alter des Buches ist kaum zu bestimmen. Wahrscheinlich sind hier ältere Liedstücke gesammelt, die ihrerseits auch außerisraelitische Wurzeln haben können. Die endgültige Zusammenfassung und Komposition ist in nachexilischer Zeit erfolgt.

📖 *J. Ebach*, Streiten mit Gott, Bd. 1+2, $^{3}$2007+$^{2}$2005 (zu Hiob).

*A. Ruwe*, Die Psalmen zum Betrachten, Studieren und Vorlesen, 2012 (Textanalytische Übersetzung, die Aufbau und inhaltliche Bezüge verdeutlicht.).

*B. Weber*, Werkbuch Psalmen I–III, 2001; 2003; 2010.

*M. Saur*, Einführung in die alttestamentliche Weisheitsliteratur, 2012.

als moderne Aufnahmen biblischer Stoffe:

*Joseph Roth*, Hiob. Roman eines einfachen Mannes, 1930.

Moderne Dichtungen, die von den Psalmen inspiriert wurden, gibt es in großer Zahl, genannt seien nur *Bertolt Brecht, Paul Celan, Kurt Marti, Nelly Sachs.*

# Nebi'im / Die prophetischen Bücher

Die je nach Zählung 16 (mit Daniel) oder 15 prophetischen Bücher der hebräischen Bibel bieten die Verkündigung der sogenannten *Schriftpropheten* im Unterschied zu den vorliterarischen Propheten. Diese haben keine eigenen Schriften hinterlassen, sondern es sind nur Berichte über sie erhalten, insbesondere in den Königsbüchern zu Elija und Elischa. Auch von den Schriftpropheten wird nur gelegentlich berichtet, dass sie selbst ihre Verkündigung aufgeschrieben haben, zumeist wird dafür der Jüngerkreis verantwortlich gewesen sein, vgl. **Jes 8,16**: „Verwahren will ich die Offenbarung und versiegeln die Weisung in meinen Jüngern". Diese Kreise wie auch spätere schriftgelehrte Gruppen haben die originalen Aussprüche der Propheten nicht nur gesammelt, sondern auch thematisch neu geordnet und ergänzt. Daher ist bei vielen einzelnen Sprüchen die Echtheit des Gutes sehr stark umstritten.

Auch der Aufbau der Bücher wird auf umfassende spätere *Redaktionen* zurückgehen, was gerade bei Jeremia gut sichtbar ist. An andere Bücher, vor allem Jesaja und Sacharja, wurden gar die ursprünglich eigenständigen Sammlungen anderer, späterer Propheten angefügt, vgl. dazu die entsprechenden Kapitel. Dafür, dass erst spätere Bearbeiter für die heutige Gestalt der Prophetenbücher verantwortlich sind, spricht auch die Tatsache, dass sich in einigen dieser Schriften ein gleichartiges *Aufbauschema* findet: Danach steht am Anfang des Buches ein Abschnitt mit Unheil über Israel, darauf folgt Unheil über die Fremdvölker. Dies bedeutet implizit eine Entlastung Israels. Am Ende des Buches steht dann explizit Heil über Israel, vgl. etwa das Buch Ezechiel oder Jeremia (LXX-Version).

Der *Begriff* „Prophet" ist von dem griechischen Wort προφήτης, *profētēs*, abgeleitet, das in wörtlicher Übersetzung „Vorhersager" bedeutet. Das trifft das Phänomen der alttestamentlichen Prophetie allerdings nicht ganz, denn die Propheten sagen nicht einfach ein kommendes Geschehen voraus. Indem sie Gottes Wort verkünden, sorgen sie zugleich dafür, dass sich das in diesem Wort angekündigte Geschehen auch ereignet. Daher kann man sie in einem Wortspiel auch als „Hervorsager" bezeichnen.

Die Phase der *klassischen Prophetie* beginnt mit den ältesten Propheten Amos, Hosea, Micha und Jesaja um 750 v.Chr. und reicht bis in das 5. Jh.v.Chr. zu Maleachi, Haggai und Sacharja. Nach rabbinischer Tradition erstirbt zu dieser Zeit der prophetische Geist in Israel. Man wird aber davon ausgehen müssen, dass es auch in noch späterer Zeit Überarbeitungen und Erweiterungen von Prophetenbüchern gab, allerdings sind deren Umfang und Absichten sehr umstritten.

Die Propheten werden gern danach unterschieden, ob sie vor allem Heil oder Unheil ansagen. Sinnvoller ist eine rein historische Betrachtungsweise, denn durch sie wird deutlich, aufgrund welcher politischer oder sozialer Situation sie Heil oder Unheil (oder beides!) verheißen. Gegen die künstliche Trennung von Heils- und Unheilsprophetie spricht auch, dass es ein bestimmtes *Grundschema prophetischer Rede* gibt, das für Heils- wie für Unheilsprophezeiungen Anwendung fand: Auf einen sogenannten *Lagehinweis* (auch: Scheltwort) folgt ein verbindendes oder begründendes „darum“ oder „denn“ (כִּי/לָכֵן; *lāken/kî*). Dann folgt die eigentliche Prophezeiung (auch: Drohwort), die Gericht oder Heil beinhalten kann (vgl. z.B. 2.Kön 1,6). Es wird vermutet, dass der Lagehinweis der eigenen Denkbemühung des Propheten entspringt, die Prophezeiung ihm dagegen in intuitiver Weise durch Gott offenbart wurde. Die Prophetensprüche werden oft gerahmt durch כֹּה אָמַר יְהוָה (*koh 'āmar JHWH*), so spricht/hat gesprochen JHWH, oder נְאֻם־יְהוָה (*n^e'um JHWH*), Ausspruch/Raunung JHWHs. Eine weitere charakteristische Gattung ist die Weheklage, die aus dem alten Ritual der Totenklage stammt. Der Prophet stimmt diese Klage dann an, wenn er sein Gegenüber für so verderbt einschätzt, dass es sich eigentlich schon im Grabe befindet.

Tierlebermodell aus Hazor zur Eingeweideschau. Die Beschriftung zeigt, wie mögliche Anomalien zu deuten sind.

Das Phänomen einer *Wahrsagekunst* begegnet im Alten Orient sehr oft, auch die spezifisch israelitische Form der Prophetie hat Parallelen, etwa im syrischen Mari des 2.Jt. oder in Assyrien. Seit dem römischen Philosophen Cicero unterscheidet man die *intuitive* von der *induktiven* oder *instrumentellen* Mantik. Erstere geschieht durch Visionen und Auditionen, dies ist bei alttestamentlichen Propheten zu beobachten. Die induktive Mantik bedient sich demgegenüber bestimmter Vorzeichen – beispielsweise an Tierlebern –, besonderer astronomischer Konstellationen oder spezieller Instrumente oder Hilfsmittel wie Würfeln zum Losen. Aus den Beobachtungen werden, oft nach festen Regeln, Vorhersagen über die Zukunft abgeleitet. Letzteres begegnet im AT nur selten, so beim Werfen der Urim und Tummim (vgl. Esra 2,63).

# Jesaja (Buch)

Grundlegend für die Erarbeitung des Jesaja-Buches ist die Erkenntnis, dass das Buch aus verschiedenen Sammlungen besteht, die an- und ineinander gefügt wurden. Diese Erkenntnis stützt sich darauf, dass einzelne Abschnitte in ihrer Sprache, ihrer Thematik und ihren historischen Verankerungen sehr unterschiedlich sind. In der älteren Forschung hat man *drei* große Buchteile unterschieden. Nur für den ersten Teil ist der Name des Autors, nämlich *Jesaja* „JHWH hat geholfen", bekannt. Für die anderen Teile behilft sich die Forschung mit den Bezeichnungen *Deutero-* und *Tritojesaja*, zweiter/dritter Jesaja. In jüngerer Zeit geht man von deutlich komplexeren Wachstumsprozessen aus, etwa dass Deutero- und Tritojesaja nicht als eigenständige Schriften, sondern als Bearbeitungen des ersten Jesaja anzusehen sind. Da die klassische Dreiteilung die Orientierung erleichtert, wird ihr hier der Vorzug gegeben.

| Jesaja (740–701) | Deuterojesaja (550–540) | Tritojesaja (530) |
|---|---|---|
| Jes 1–39 | Jes 40–55 | Jes 56–66 |

Übersicht über das Jesajabuch (mit traditioneller zeitlicher Einordnung)

# Jesaja

Eine bibelkundliche Orientierung ist bei den prophetischen Büchern generell sehr schwierig, da uns die Gliederungsprinzipien, nach denen sie aufgebaut wurden, nicht mehr unmittelbar einleuchten. Man wird sich daher darauf zu beschränken haben, wichtige Einzeltexte zuordnen zu können und eine Grobgliederung im Kopf zu haben.

Im ersten Teil des Jesaja-Buches wird dies dadurch erleichtert, dass man vier Phasen der Wirksamkeit des Propheten unterscheiden kann, die alle mit wichtigen Textkomplexen zu verbinden sind. Jesaja, Sohn eines Amoz, stammt aus Jerusalem und hatte, wie einzelne Texte zeigen, Zugang zum Königshof. Er ist als Vertreter einer städtischen Oberschicht anzusehen, verheiratet war er mit einer Prophetin (8,3). Er selbst nennt sich nie Prophet, נָבִיא (*nābî'*). Seine Wirksamkeit reicht von etwa 740 (vgl. Jes 6,1, aber: Das Todesjahr des Königs Usija ist umstritten) bis zum Jahre 701. Die vier Hauptphasen der Wirksamkeit Jesajas sind im einzelnen:

1. Sozialkritische Periode, vor dem Jahr 734 v.Chr. (Kap. 2; 3+5)
2. Zeit des syrisch-efraimitischen Krieges, 734–732 (Kap. 7+8)
3. Zeit der antiassyrischen Aufstände 721–711 (Kap. 18+20)
4. Zeit der Aufstände unter Hiskija bis zur Belagerung Jerusalems 705–701 (Kap. 28–31)

Diesen Perioden lassen sich einzelne Texte zweifelsfrei zuordnen, andere Texte bleiben strittig. Auch im Protojesajabuch finden sich eindeutig spätere Texte, vor allem die sogenannte Apokalypse in den Kapiteln 24–27. Andererseits stehen aber auch im tritojesajanischen Teil Texte, die möglicherweise auf den vorexilischen Jesaja oder Zeitgenossen zurückgehen (57,7–13). Das Wachstum des Buches war also kompliziert.

Die wesentlichen Texte des ersten Jesaja finden sich vor allem in den Kapiteln 1–11. Hier ist ein mehrfaches eigenes Lesen die beste Möglichkeit, sich den Inhalt zu erarbeiten.

| | |
|---|---|
| 1–11 | Worte an Juda/Jerusalem; darin |
| 6–8 | **Bericht** über/von Jesaja |
| 12 | späteres Danklied/Heilswort |
| 13–23 | Worte gegen **fremde Völker** |
| 24–27 | **Jesaja-Apokalypse** |
| 28–31 | Der „**assyrische Zyklus**“ |
| 32 | Das kommende **Friedensreich** |
| 33–35 | spätere **eschatologische** Kapitel |
| 36–39 | **Jesaja-Erzählungen,** vgl. 2.Kön 18–20 |

Grobgliederung Protojesaja

Kap. **1** setzt mit einer (späteren) Zusammenfassung der Botschaft Jesajas ein (V. 2–9). V. 10–17 persifliert eine Priestertora (einen priesterlichen Bescheid), in dem hier die Verfehlungen des Volkes sowohl auf sozialem, als auch auf kultischem Gebiet angeprangert werden. V. 21–31 sind die erste große Gerichtsandrohung gegen Jerusalem.

Jes **2** hebt an mit der Vision einer *Völkerwallfahrt zum Zion* (V. 1–5), die sich wörtlich auch in Micha 4 findet, Stichwort: „Schwerter zu Pflugscharen“ (vgl. aber Joël 4,10). V. 6–22 thematisieren den kommenden Tag JHWHs, eine Katastrophe auch kosmischen Ausmaßes. Kap. **3** ist wiederum Gerichtsansage für Juda, Kap. **4,2–6** eine Heilsansage für den übriggebliebenen Rest.

Jes **5,1–7** ist das bekannte Weinberglied, die Gerichtsansage hat hier die Form eines Gleichnisses angenommen. Wichtig ist das hebräische Wortspiel in V. 7, auf das das Gleichnis zuläuft:

| | |
|---|---|
| וַיְקַו לְמִשְׁפָּט וְהִנֵּה מִשְׂפָּח | Er hoffte auf Gut-Regiment (*mišpāṭ*)<br>doch siehe da: Blut-Regiment (*mispāḥ*) |
| לִצְדָקָה וְהִנֵּה צְעָקָה | auf Gemeinschaftstreu (*ṣ*$^{e}$*dāqâ*)<br>doch siehe da: Hilfeschrei (*ṣ*$^{e}$ *ʿāqâ*). |

(Übersetzung: K. Koch, Profeten I, 207). Das Motiv Israel als Weinberg begegnet u.a. auch in Jes 27,2 und Mt 20,1. **5,8–24** sind eine Sammlung von Weherufen (vgl. noch **10,2–4**), mit denen Jesaja erneut Missstände anklagt. **5,25–30** sagt das kommende Gericht an: Ein Volk aus der Ferne (Assyrien) wird kommen, um Juda zu bestrafen.

Jes **6,1–9,6** werden in der Literatur oft als „Denkschrift Jesajas" bezeichnet. Kap. **6** ist die Thronratsvision Jesajas, die als Berufungs-, eher aber als Verstockungsszene ausgelegt wird. Interessanterweise steht sie nicht am Bucheingang, daher ist ein Verständnis als Berufungsbericht schwierig. Das sog. *Trishagion* („Heilig, heilig, heilig") ist über Apk 4,8 in die christliche Liturgie eingegangen; die christliche Gemeinde ahmt damit den himmlischen Gottesdienst nach.

Jes **7** stammt aus der Zeit des syrisch-efraimitischen Krieges (734–732), in dem Jesaja den König Ahas auffordert, sich nicht auf eine Koalition mit den Assyrern gegen die vereinten Heere von Syrien und Israel einzulassen (vgl. 2.Kön 16). In diesem Zusammenhang fällt der berühmte Satz „Glaubt Ihr nicht, so bleibt Ihr nicht" (**7,9**), ein Wortspiel mit dem hebräischen Verbum אמן ( *'āman*), das im Konjugationsstamm Hif'il „vertrauensvoll sein", im Nif'al aber „Bestand haben" heißt. **7,10–25** wird das Immanuel-Zeichen angekündigt, das – vermittelt durch die LXX-Übersetzung – im NT als Ansage der Jungfrauengeburt Jesu gewertet wird. Jesaja will offenkundig dem Ahas androhen, dass sein Nachfolger schon bereit steht, dass ihm also die Absetzung droht. Die Deutung dieser Stelle ist aber sehr umstritten.

Kap. **8** ist von Bedeutung, weil hier vom Aufschreiben der Botschaft Jesajas und von seinen Schülern die Rede ist (V. 1+16, vgl. 30,8).

Jes **9,1–6** kündigt die Geburt und Inthronisation des kommenden Heilskönigs an („Das Volk, das im Dunkel wandelt…"), dazu auch **11,1–9**, der Heilskönig und sein Friedensreich. Diese Stücke sind in ihrer Echtheit (= Herkunft von Jesaja selbst) stark umstritten.

Kap. **9+10** sammeln Gerichtsworte gegen Israel wie gegen Assur, **10,20–27** drücken die Erwartung aus, dass (nur) ein Rest gerettet werden wird (vgl. den Namen des Jesaja-Sohnes Schear-Jaschub „ein Rest kehrt um" in 7,3).

Kap. **12**, ein Psalm, schließt den ersten Teil des Buches ab; wichtig ist hier der Bezug auf Zion als Bürge für das Heil.

Kap. **13–23** sind Fremdvölkersprüche, d.h. sie zielen auf andere Nationen, beispielsweise gegen Babel (Kap. **13–14+21**), Moab (**15+16**) Syrien (**17**) oder Ägypten (**18–20**). Doch sind diese Sprüche implizit immer auch an Juda gerichtet: Das Unheil dieser Völker bedeutet gleichzeitig Heil oder Entlastung des eigenen Volks. Zudem steht dahinter die politische Mahnung, sich nicht mit solchen Gruppen einzulassen, die dem Untergang geweiht sind. Auch diese Texte sind teilweise stark überarbeitet oder sekundär ergänzt worden. Wichtige Einzeltexte sind Kap. **14**, das Spottlied über den Fall des Königs von Babel, das auch wegen seiner Darstellung des Totenreiches wichtig ist, und Kap. **20**, wonach Jesaja als Zeichen gegen Ägypten/Äthiopien drei Jahre nackt durch Jerusalem geht.

Die *Jesaja-Apokalypse* **24–27** ist ein später Text, der aber kaum sicher datierbar ist. Hier wird im Unterschied zu den bisherigen Texten die Erwartung einer bedrängenden Endzeit ausgesprochen, die Kapitel sind deutlich *eschatologisch*. Wichtigster Einzeltext ist **26,19**: „Deine Toten werden leben“, eine frühe Formulierung der Auferstehungshoffnung, vgl. auch 25,8 „Vernichten wird er den Tod auf ewig und abwischen wird der Herr alle Tränen…“.

Der *assyrische Zyklus* Kap. **28–31** stammt aus der Zeit um 701, als der Assyrerkönig Sanherib vor den Toren Jerusalems stand, die Stadt aber nicht einnehmen konnte. Hier findet sich die für die Zionstheologie wichtige Heilsperspektive, dass Jerusalem um des Zion willen gerettet wird (vgl. unten Absatz 2). Der Text **28,23ff.** ist eines der seltenen Gleichnisse des AT: Gott kann seine Werkzeuge wie ein Bauer wechseln, er kann also Heil und Unheil bringen, wie es gerade nötig ist.

Kap. **32** formuliert die Erwartung eines nach diesen Ereignissen kommenden Friedensreiches, Kap. **33–35** sind dagegen wieder deutlich eschatologisch geprägt, sie weisen inhaltlich schon auf die späteren Buchteile voraus. Die Heilsansage in Kap. 35 hat möglicherweise das Jesajabuch einmal abgeschlossen.

Später wurden dann noch die Kapitel **36–39** angefügt, die von 2.Kön 18–20 herstammen. Sie sind als Bericht über die Ereignisse um Sanheribs Belagerung Jerusalems gestaltet. In der jetzigen, nachjesajanischen Anordnung bestätigen diese Kapitel die Botschaft des Propheten, der die Bedrängung und Eroberung Jerusalems angesagt hatte (vgl. den Satz des Königs Hiskija in 39,8: „Das Wort des Herrn, das du geredet hast, ist gut“).

Innerhalb dessen, was von der Verkündigung des ersten Jesaja erhalten ist, lassen sich drei wichtige Themenkomplexe ausmachen, die man mit einigen ausgewählten Texten verbinden kann:

1. Der *Restgedanke*, die Vorstellung, dass ein kleiner Teil des Volkes das Gericht überleben wird oder von JHWH übriggelassen wird. Dabei ist strittig, ob diese Vorstellung als negative Ansage (*nur* ein Rest wird übrigbleiben) oder letztlich als Heilsansage zu verstehen ist: Aus dem Rest entwickelt sich wieder ein vollgültiges Ganzes.
2. Jesaja gilt als einer der wichtigsten Vertreter der alttestamentlichen *Zionstheologie*. Jerusalem/der Zion ist Ort der *Gegenwart* Gottes („Präsenztheologie“), nicht etwa der *Wohnsitz* Gottes. Aus dieser besonderen Nähe rührt einerseits eine besondere Verpflichtung der Bewohner, sich dieser Präsenz Gottes würdig zu zeigen, andererseits auch eine besondere Zuwendung JHWHs, der die Vernichtung Zions nicht zulassen wird. (Vgl. die Zionspsalmen 46, 48, 76, 84, 87 und das Thema-Kapitel „Der Tempel in Jerusalem“.)
3. Ein in der Wirkungsgeschichte wichtiges Motiv ist die Vorstellung Jesajas, dass das Volk JHWH zu *glauben* habe (vgl. besonders 7,9 und **28,16**, das Wort vom Eckstein: „Wer an ihn glaubt, wird nicht zuschanden werden“). Dabei ist im Unterschied zum heutigen Verständnis wichtig, dass es nicht um den Glauben an etwas geht (vgl.

besonders Röm 10,8), sondern eher um ein unbedingtes Vertrauen auf die Heilsmacht Gottes, dies zum Beispiel im Gegenüber zum König Ahas, der sich lieber auf politische Bündnisse verlassen will.

## Deuterojesaja

Im Unterschied zum ersten Jesaja setzen die Kapitel **40–55** voraus, dass die früher angesagte Katastrophe bereits eingetreten ist, viel mehr noch: die Zeit ist nun reif für eine grundsätzliche Wende zum Guten. Diese Kapitel sind demnach deutlich später entstanden, sie setzen die Situation des Exils voraus und verweisen bereits auf den Perserkönig Kyrus, der dem neubabylonischen Reich, das Jerusalem zerstört hatte, das Ende bereiten wird. Die Rückwanderung der Exulanten nach Israel wird nur erwartet, nicht als geschehen beschrieben, daher ist ein Kernbestand der Texte wohl vor 539 v.Chr. entstanden, wahrscheinlich in Babylonien. Es ist möglich, dass „Deuterojesaja" nicht ein einzelner Autor war, sondern dass eine Schule von Propheten hinter diesen Texten steht.

Auch hier ist eine Gliederung kaum sinnvoll. Manche schlagen einen großen Einschnitt nach Kap. 48, andere bei 49,14 vor, weil danach weder Kyrus erwähnt wird, noch weitere Götzenpolemik folgt und der Tenor der Darstellung zudem den Tritojesaja-Kapiteln näher steht. Deutlich ist aber, dass **52,7–10** den Buchanfang Kap **40,1ff.** aufnehmen. Auch die DtJes-Teile sind ihrerseits später überarbeitet und ergänzt worden. Es ist notwendig, sich wichtige Einzeltexte und Themen einzuprägen:

Kap. **40** setzt ein mit der Erwartung eines neuen Exodus; auf einer Prozessionsstraße wird das verbannte Volk mitten durch die Wüste nach Israel zurückkehren. Das Wort des Herrn wird sich durchsetzen, V. 8 (vgl. dazu 55,11, „...mein Wort wirkt, was ich beschlossen habe..."). Anfang und Ende des Textkomplexes gehen also davon aus, dass die Ankündigungen dieses Propheten sich in der Geschichte als wahr erweisen werden oder bereits erwiesen haben. **40,12–31** stellen Gottes Macht gegenüber den Kleingläubigen in seinem Volk fest. Dieses Motiv begegnet in DtJes häufig, Hintergrund sind die Zweifel, ob sich nicht JHWH mit dem Verlust Jerusalems und des Tempels als ein den babylonischen Göttern unterlegener Gott erwiesen habe. Als Gegenargument wird oft auf *Schöpfungsvorstellungen* zurückgegriffen, vgl. 40,12+22. JHWH ist nicht nur Herr der Geschichte Israels, sondern auch und vor allem der Schöpfer der ganzen Welt. In scheinbaren Diskussionen Gottes mit dem Volk setzt DtJes diese Perspektive argumentativ durch.

Damit stellt sich notwendig die Frage, wie die anderen Gottheiten zu bewerten sind. Hierauf antworten die Texte, die eine *götzenpolemische Tendenz* haben, vgl. bereits **40,19f.**, dann **46,1–7** u.ö. Die Götter gelten als Nichtse, als einfache Bilder, von Handwerkern verfertigt (41,6+7). Damit wird der gedankliche Weg hin zu einem Monotheismus gebahnt,

Marduk (Bel) und sein Schlangendrache, vgl. Jes 46,1

vgl. **44,6**: „Ich bin der erste und der letzte, außer mir ist kein Gott". Dies geht so weit, dass JHWH die Völker oder deren Götter vor Gericht zieht, so in 41,21–29. Alles gilt nun als Werkzeug des einen Gottes, Israel zum Heil.

Gegen Israel gerichtet liegt nur das Kapitel **48** vor. Doch ist dieses deutlich später entstanden, es setzt die Enttäuschung nach der Rückkehr nach Israel voraus, als die Heilszeit ausblieb. Ansonsten sagt DtJes Heil an, das dann, vgl. 50,10, auch auf die Völker ausstrahlt. Zion wird der Mittelpunkt der Erde (**49,14–21**), die Völker sehen es mit Staunen.

Ein wichtiges Einzelmotiv ist die Bezeichnung des Perserkönigs Kyrus als Messias Gottes (**45,1**). Damit wird einerseits die ältere Tendenz fortgesetzt, die fremden Mächte als Werkzeug JHWHs zu begreifen, andererseits zeigt sich daran auch die neue universalistische Ausrichtung, die dem erweiterten Gottesbild entspringt.

Die wichtigste Textgruppe des ganzen Buches ist sicher die der (seit Bernhard Duhm, 1892) sogenannten Gottesknechtslieder. Diese Texte sind daher von den anderen abtrennbar, weil sie einen vergleichbaren Sprachstil haben und prononciert von einem Knecht JHWHs handeln, der offenbar eine sehr bestimmte Aufgabe im Heilsplan Gottes hat. Die Lieder sind ihrerseits offenbar nachträglich erweitert worden, daher die teilweise uneinheitlichen Abgrenzungen. Die Gründe, weshalb die Lieder in den jeweiligen Textzusammenhang eingefügt wurden, sind unklar, auch ob sie untereinander wirklich zusammengehören. Im ersten Lied redet Gott zum Knecht (Berufung?), das zweite und dritte ist in der ersten Person formuliert. Im dritten Lied ist allerdings gar nicht vom „Knecht" die Rede. Im letzten spricht die Gemeinde, gerahmt wieder von Worten Gottes über den Knecht.

| | |
|---|---|
| 42,1–4 (–7, –9?) | **Hoheit** und **Armseligkeit** des Knechtes |
| 49,1–6 (–7, –13?) | Der Knecht wird zum **Licht der Völker** |
| 50,4–9 (+10f?) | **Klage** des Beters („Er weckt mich alle Morgen") |
| 52,13–53,12 | Der **leidende Gottesknecht** |

Die Gottesknechtslieder

Es ist außerordentlich umstritten, wer mit diesem Knecht gemeint ist. Ist ein Einzelner angesprochen, evtl. sogar „Deuterojesaja“ selbst? Oder ist Israel gemeint (die sogenannte kollektive Deutung)? Für beide Deutungen gibt es Parallelstellen aus dem ganzen AT, vgl. etwa Ps 69,36f. und 135,14. Teilweise werden auch beide Deutungen kombiniert („partiell-kollektiv“), gemeint sei eine besondere Gruppe in Israel.

Besonders das vierte Lied ist für das Neue Testament und die christliche Kirche wichtig geworden, weil hier die Vorstellung eines stellvertretenden Leidens zur Sündenvergebung ausgesprochen wurde „...die Strafe lag auf ihm zu unserem Heil...“ (53,5). Mit dieser Vorstellung konnte der Tod Jesu als stellvertretendes Sühneopfer gedeutet werden (vgl. Röm 3,21ff.). Auch die Rede von Christus als „Lamm Gottes“ bezieht sich auf diesen Text zurück (53,7).

## Tritojesaja

Auch für diesen Buchteil gilt, dass eine Grobgliederung kaum gegeben werden kann, dass eher wichtige Einzeltexte und -themen erlesen werden müssen. Im Folgenden wird daher versucht, die wichtigsten Zusammenhänge knapp zu erläutern.

Der dritte Teil des Jesaja-Buches ist eine Zusammenstellung von Texten, die wohl auf mehrere Autoren zurückgehen. Wahrscheinlich sind sie eine Sammlung von unterschiedlichen Ansätzen zur Auslegung des bisherigen Buches Jesaja. Dabei ist umstritten, ob die Worte jemals mündlich vorgetragen wurden oder von vorneherein als schriftliche Buchtexte entstanden sind. Einigkeit besteht bei aller Verschiedenheit der Texte darin, dass die Worte das Ende des Exils und die Rückkehr von Verbannten nach Israel voraussetzen. Allerdings ist der Überschwang, der noch DtJes auszeichnete, verloren gegangen. Man ist ernüchtert von der Realität, die an den Heilszusagen der früheren Propheten gemessen wird. Wieder wird die Antwort auf die Probleme darin gefunden, dass das Volk sich versündigt habe. Diese Schuld halte das Kommen des Heils auf. Dennoch wird die künftige Verherrlichung Jerusalems angesagt: „Mache dich auf, werde licht, denn dein Licht kommt und die Herrlichkeit des Herrn strahlt auf über dir“ (**60,1**).

Kern des Buches ist wahrscheinlich die Sammlung Kap. **60–62**, welche *Verheißungen* zusammenstellt, die vor allem auf Jerusalem zentriert sind. Auch 57,14–20; 65,16–19 (neuer Himmel und neue Erde) und 66,7–14 stehen in dieser Tradition der Heilsansage; die Texte gehören wohl zusammen und sind die eigentliche Botschaft „Tritojesajas“. Die Verstreuten werden heimkehren, die Völker künftig zu Israel hinzukommen, dies ist die Kernaussage dieser Kapitel.

Daneben stehen aber auch *Drohungen* an diejenigen der Gemeinde, die sich nicht an ihre Aufgaben für die Gemeinschaft halten, sondern nur auf ihr Eigenwohl sinnen, vgl. Kap. **57+58** „Ist das nicht ein Fasten, das ich liebe, ...wenn du dem Hungrigen dein Brot brichst..." (58,6f.).

Interessant sind die unterschiedlichen Ansätze zur Bewertung der *Völker* innerhalb dieser Kapitel: Nach **56,7** soll der Tempel ein Bethaus für alle Völker sein (vgl. Mk 11,17), nach 66,18ff. werden die Völker die Herrlichkeit des Herrn in der Welt verkünden, sie können gar Priester werden. Nach 63,1–6 wird jedoch JHWH blutig die Kelter treten und die Völker vernichten. Die Texte zeigen folglich, wie Israel seine Rolle in der Welt neu definieren musste, wenn es monotheistisch von Gott sprach und dachte. Gleichzeitig zeigt sich aber auch, dass bereits innerhalb des AT die Universalisierung der Heilsbotschaft, also ihre Gültigkeit für die ganze Welt, im Ansatz gedacht wurde. Dem Vers 56,5 „ihnen (den Glaubenden aus den Völkern) will ich in meinem Hause Denkmal und Namen (יָד וָשֵׁם) geben" wurde der Name *Jad waSchem* der Gedenkstätte in Jerusalem entnommen, die an die Shoah (früher: Holocaust) erinnert.

Die Verse **66,1–4** spiegeln eine weitere Auseinandersetzung der nachexilischen Zeit wieder, die Frage, ob man den *Tempel* wieder aufbauen solle. „Tritojesaja" ist dagegen, wie offenbar auch gegen den Opferkult (Tempel als *Bet*haus, 56,7). Etwa gleichzeitige Propheten wie Haggai und Sacharja sprachen sich aber eindeutig für den Tempelneubau aus, vgl. Hag 2,1–9 und Sach 6,12f.

# Jeremia

Der Prophet Jeremia („JHWH erhöht") stammt, so die Überschrift, aus einer priesterlichen Familie aus dem Ort Anatot bei Jerusalem. Jeremia wirkte von 627–587, seine Wirksamkeit ist in vier Phasen zu unterteilen:

1. Frühzeitverkündigung unter Joschija vor 609: Jer 1–6
2. Regierungszeit Jojakims (bis 598): Jer 7–20
3. 597 bis zum Ende Jerusalems: 21; 22+24+27–29
4. Nach Beginn des Exils (587/6): 40–44 (Bericht)

Das Jeremiabuch berichtet im Unterschied zu Jesaja von nur einem Propheten, doch lässt sich auch in ihm ein komplizierter Wachstumsprozess feststellen, den man zumindest in seinen Grundzügen kennen sollte.

Besonders auffällig ist, dass die griechische Übersetzung (Septuaginta) des Buches zum ersten einen deutlich kürzeren Text als die hebräische Version, zum zweiten eine unterschiedliche Anordnung der einzelnen Kapitel bietet. In Qumran wurden zudem hebräische Fragmente gefunden, die offenbar die gleichen Merkmale wie die LXX aufweisen. Daher kann man davon ausgehen, dass die LXX die ursprüngliche Form des Buches bewahrt hat. So findet sich in der griechischen Version das auch bei anderen Prophetenbüchern belegte Aufbauschema:

Unheil über Israel//Unheil über die Fremdvölker//Heil über Israel.

Die drei Stufen des Wachstums des Buches sind folgendermaßen zu charakterisieren: In einer ersten Phase wurden die

- *Aussprüche Jeremias* gesammelt, sie sind in den Kapiteln **1–23** und **46–49** erhalten. Damit verbunden wurden dann
- *Erzählungen über Jeremia*, die auf seinen Schreiber Baruch zurückgeführt werden (**19,1–20,6; 26; 28+29; 34; 36–45**) mit der besonderen Problematik der Leidensgeschichte Jeremias in **36–43**. Hinzu kommt eine umfangreiche
- *deuteronomistische Redaktion*, die sich nicht als größerer Textkomplex von den anderen beiden Blöcken abheben lässt, sondern in diese eingearbeitet wurde.

| **MT** | | **LXX** |
|---|---|---|
| 1,1–25,14 | Worte **gegen Juda** | 1,1–25,13 |
| 25,15–38 | **Fremdvölkersprüche** | 25,15–38+ |
| | (in LXX abweichende Reihenfolge) | Kap. 46–51 |
| | | 26–35 |
| 26–35 | **Bericht** und Heilsansagen | 36–45 |
| 36–45 | Jeremias **Leiden** | |
| 46–51 | weitere **Fremdvölkersprüche** | |
| 52 | Die **Zerstörung Jerusalems**, vgl. 2.Kön 24+25 | 52 |

Übersicht: Aufbau des Jeremiabuches nach MT und LXX

Der erste Komplex des Jeremiabuches, die Worte gegen Juda, werden zwar gelegentlich in drei Teile untergliedert (1–10; 11–20; 21–25), doch hat dies kaum Anhalt am Text. Wichtige Einzeltexte sind besonders die Berufung in Kap. **1** mit der Vision vom Mandelzweig und vom Kessel, der von Norden her kommt, um Unheil zu bringen. Ein charakteristischer Zug: Jeremias Einwand „Ich bin noch zu jung“ (V. 6), dazu: Gott kündigt Jeremia die Schwere des Auftrags an (V. 19).

Kap **2–6** sammeln Gerichtsworte gegen Israel/Juda und drohen das Kommen des Feindes aus dem Norden an (Explikation der Vision in Kap. 1). Bereits in diesen Kapiteln lassen sich typisch deuteronomistische Wendungen finden, daneben gibt es aber auch eindeutige Anspielungen an Hosea-Texte bis hin zu Wiederaufnahmen. So findet sich Hos 4,12f. „unter jedem grünen Baum buhlt Israel…“, in Jer 2,20 und 3,6; man vergleiche auch das ganze Kap. 3 mit Hos 6,1–3.

Kap. **7** ist wohl einer der wichtigsten Texte des Buches, die sog. *Tempelrede Jeremias*, in Kap. **26** wird der dazu gehörende Bericht gegeben. Jeremia kündigt den Untergang des Tempels an, wohingegen seine Gegner aus dem Ruf (7,4) „der Tempel JHWHs, der Tempel JHWHs, der Tempel JHWHs ist dies“ (ganz in Übereinstimmung mit der „offiziellen“

Zionstheologie) die Hoffnung auf ewiges Bestehen des Gotteshauses ableiten. Jeremia zerstört diese Heilssicherheit, was ihn beinahe das Leben gekostet hätte. Der Hinweis der Ältesten in 26,18 auf Jeremias Vorgänger Micha (vgl. Mi 3,12), der Jeremia rettete, ist der einzige Beleg für das Tempelwort des Micha außerhalb des Michabuches. Jer **7,9** ist evtl. eine Anspielung auf den Dekalog oder eine Vorform, vgl. auch **Hos 4,2**. Die besondere Aufgabe Jeremias besteht darin, dass er das Gericht nicht nur ansagen, sondern das Volk auch zur Umkehr rufen soll (vgl. 5,1–6; 6,9ff.; 6,27ff.). Kap. **8–10** wurde dann zusammengestellt unter dem Aspekt der Klage über die Unbegreiflichkeit des Abfalls dieses Volkes von seinem Gott.

Kap. **11–20** werden oft als eigene Einheit herausgestellt, weil sich in ihnen die sogenannten *Konfessionen Jeremias* finden, Klagen des leidenden Propheten über die Zumutungen seines Amtes. Den Texten ist zu entnehmen, wie sehr Jeremia unter seinen Mitbürgern wegen seiner Aufgabe zu leiden hatte. Es ist dem Propheten unverständlich, wie Gott dies alles zulassen kann, wo er ihn doch selbst zum Dienst beauftragt hat. Gott sichert Jeremia zwar Unterstützung zu, sagt ihm aber gleichzeitig an, dass er noch mehr zu leiden habe. Die Lieder und Gebete sind der Form nach Klagen des Einzelnen, wie sie sich auch im Psalter finden (vgl. das Thema-Kapitel „Psalmengattungen"). Inhaltlich steigern sie sich aber bis zur Anklage gegen Gott, was bereits auf die entsprechenden Reden Hiobs vorverweist.

| | | |
|---|---|---|
| 11,18–12,6 | **I.** | „Ich aber war wie ein zahmes Lamm, das zur Schlachtbank geführt wird." |
| 15,10–21 | **II.** | „Wehe mir, Mutter, dass Du mich geboren hast." |
| 17,14–18 | **III.** | „O Herr heile mich, so werde ich heil." |
| 18,18–23 | **IV.** | Bitte um Hilfe gegen die Feinde „Soll denn Gutes mit Bösem vergolten werden?" |
| 20,7–18 | **V.** | „Du hast mich betört, Herr, und ich habe mich betören lassen." |

Die Konfessionen Jeremias

Innerhalb dieses Textabschnitts finden sich auch Berichte über *Zeichenhandlungen*, die Jeremia vor dem Volk zur Illustration seiner Botschaft auszuführen hat, so Kap. **13** vom Gürtel und vom Krug mit Wein. In Kap. **16** wird das Leben Jeremias selbst zur Zeichenhandlung; die Traurigkeit seiner Existenz zeigt die kommende Trauer im Lande an (vgl. Jes 8,18). In Kap. **18** folgt das berühmte Töpfergleichnis: Israel ist in der Hand Gottes wie Ton in der des Töpfers. Nach Kap. **19** muss Jeremia einen Krug als Zeichen für das kommende Ende Jerusalems zerbrechen und kommt zur Strafe dafür in das Gefängnis (Kap. **20**).

Kap. **21–25,14** sind eine thematisch angeordnete Sammlung von Einzelsprüchen, die sich mit Worten an die Führenden im Volk beschäftigen, die Könige, die „Hirten" und die Propheten. Kap. **23,5f.** ist in diesen Zusammenhang eine messianische Weissagung beigefügt worden, die sicher als Kritik an dem zur Zeit bestehenden Königtum zu lesen ist.

Kap. **25,15–38**+Kap. **46–51** (in der LXX folgen diese Texte direkt aufeinander) stellen Sprüche gegen die Völker der Umwelt Israels zusammen, eingeleitet durch das Bild vom Taumelbecher. Die Völker werden wie toll (betrunken) werden durch das Schwert, das JHWH über sie bringen wird. Die gesammelten Sprüche stammen sicher nicht alle von Jeremia und nicht alle aus einer Zeit, eine definitive Zuordnung ist aber kaum möglich. Inhaltlich geht es in den Kapiteln **46** gegen Ägypten, **47** gegen die Philister, **48** gegen Moab, **49** gegen Ammon, Edom, Damaskus, die Araber und Elam, **50+51** gegen Babel. Der geographisch orientierte Aufbau (Süden, Westen, Osten, Nordosten Israels) ist unverkennbar. JHWH erweist sich in diesen Sprüchen als Herr über die ganze Geschichte, zunächst zum Heil für Israel. Dann aber finden sich auch (spätere) Worte, die eine Heilsperspektive für die Völker aussagen. Dies ist Ergebnis des immer mehr monotheistisch orientierten Gottesbildes, das notwendig über den strikten Gegensatz Israel // Völkerwelt hinauskommen muss (vgl. oben zu Tritojesaja).

Amun von Theben
vgl. Jer 46,25

Kap. **30–33** sind eine Zusammenstellung von Heilsworten. **30+31** wird als „Trostrolle für Efraim" bezeichnet, die wohl ursprünglich allein an das untergegangene Nordreich gerichtet war und dessen Bewohnern neues Heil ankündigt. Später wurde die Perspektive auf ganz Juda erweitert, vgl. **31,31–34** (und Ez 36), die Verheißung des neuen Bundes (vgl. das Thema-Kapitel „Bund"). Kap. **32** schildert die Aufforderung an Jeremia, in Anatot einen Acker zu kaufen. Jeremia signalisiert so, dass es für Juda noch eine Heilsperspektive gibt. Dies wurde in der Situation der Belagerung Jerusalems gesprochen, Jeremia selbst saß im Gefängnis! Kap. **33** sammelt verschiedene Verheißungen.

In den Kapiteln **26–29** und **36–45** finden sich verschiedene Berichte über Jeremias Schicksal. Kap. **26** erzählt Jeremias Ergehen nach der Tempelrede aus Kap. 7 (s.o.). Kap. **27+28** berichtet eine Zeichenhandlung: es geht um das Joch des Königs von Babel: Jeremia geht mit einem Joch durch die Stadt und fordert dazu auf, sich unter das Joch der Babylonier zu beugen, statt den Krieg zu riskieren. Der „Heilsprophet" Hananja zerbricht dieses Joch, doch von Gott, der Jeremia ja den Auftrag gegeben hatte, kommt keine Hilfe. Erst die spätere Geschichte gibt Jeremia Recht: Hananja stirbt und Jerusalem wird erobert.

Kap. **29** ist ein Brief an die Verbannten des Jahres 597 in Babel. Jeremia fordert sie auf, sich in der Verbannung einzurichten und sogar für die Fremden Fürbitte zu leisten: „Suchet der Stadt Bestes“, V. 7. Kap. **35** schildert die Treue der Rechabiter, die der Überlieferung ihrer Vorväter treu blieben, im Gegensatz zu Israel, das von JHWH abgefallen ist. Nach Kap. **36** wird vom König Jojakim Jeremias Buchrolle verbrannt, worauf Jeremia dem Schreiber Baruch die Texte neu diktiert. (Wahrscheinlich ist das Siegel dieses Berechjahu ben Nerijahu erhalten geblieben, vgl. die nebenstehende Abbildung.)

Siegel des Berechjahu

Kap. **37–45** berichten Jeremias Geschick von den letzten Tagen Jerusalems bis zu seiner Verschleppung (und weitergehenden Verkündigung!) nach Ägypten, nachdem er noch nach der Zerstörung Jerusalems und dem Untergang des Tempels frei in Israel leben konnte. **45,1–5**, das Wort Jeremias an Baruch, war vielleicht der ursprüngliche Buchabschluss. Kap. **52** ist ein Anhang, der Passagen aus **2.Kön 24+25** wiederholt. Ähnliches kann auch in 39,1–10 und Jes 36–39 beobachtet werden.

## Klagelieder / Threni

Die (durch die LXX) dem Jeremia zugeschriebenen fünf Klagelieder stammen von unbekannten Dichtern der Exilszeit. Sie geben Aufschluss über die Situation nach der Zerstörung des Tempels; das erste Lied kann möglicherweise schon nach der ersten Deportation 597 entstanden sein. Die Lieder 1, 2 und 4 setzen mit dem Weheruf der Totenklage ein, daher hat das Buch seinen hebräischen Namen אֵיכָה *'ēkâ*. Der auch übliche Name „Threni“ leitet sich von dem in der LXX gebrauchten, griechischen Wort für „Klagelied“ ab. Die Perspektive der Lieder ist trotz aller Zerstörung die Hoffnung auf erneute Zuwendung Gottes. Man akzeptiert die Gerichtsbotschaft der Propheten, so findet sich in 3,40–42 ein Bußbekenntnis. Die Lieder sind wohl bei Klagefeiern gesungen worden, wie sie in Sach 7,3 belegt sind. Der Form nach handelt es sich um vermischte Gattungen, wobei die Grundgattung die des Klageliedes des Volkes ist, Kap. 3 ist aber ein Klagelied des Einzelnen. Die ersten vier Lieder sind alphabetische Akrosticha, d.h., dass jeder Vers mit einem Buchstaben des hebräischen Alphabets beginnt; in Kap. 3 sind es jeweils 3 Verse. Daher haben diese Kapitel 22 bzw. 66 Verse; in deutschen Übersetzungen ist dieses Stilmittel nicht sichtbar.

# Ezechiel

Der Prophet Ezechiel („Gott möge kräftigen“; Namensform nach Luther: Hesekiel) war ein Priester, der mit der ersten Verbannung 597 nach Babylon deportiert wurde und dort von 593 bis ca. 571 gewirkt hat. Seine Verkündigung ist nach Sprache und Inhalt sehr typisch, zu charakterisieren als *theologia gloriae*: Ezechiel schreibt, um die Herrlichkeit Gottes zu verkünden. Die typischen Merkmale sind auch von Ezechiels Schülern, die für die Komposition des Buches verantwortlich waren, beibehalten worden. Der Umfang der späteren Zufügungen ist erneut umstritten. Die Sprache Ezechiels ist eindeutig priesterlich und steht der Priesterschrift (P) des Pentateuch nahe, er selbst ist wohl bei Gottesdiensten unter den Exulanten aufgetreten (1,3), so dass er möglicherweise ursprünglich Kultprophet war. Wie auch Jesaja und Jeremia warnte er vor Aufstandsbewegungen gegen die Babylonier (Jesaja: gegen die Assyrer), 21,28–30. Ähnlich dem deuteronomistischen Geschichtswerk versteht Ezechiel das Exil als verdiente Strafe für den Abfall Israels zu anderen Göttern, Kap. **8**.

| | |
|---|---|
| 1–24 | Unheilsworte über **Israel/Juda** |
| 25–32 | Unheilsworte über **Fremdvölker** |
| 33–39 | Heilsworte nach der **Zerstörung Jerusalems** |
| 40–48 | **Das neue Jerusalem** |

Übersicht über das Ezechielbuch

Die Gliederung des Ezechielbuches ist sehr einfach nachzuvollziehen; hier ist das schon bei Jeremia angesprochene Aufbauschema Unheil über Israel//Unheil über die Fremdvölker//Heil über Israel klar erkennbar. Die Worte scheinen auch, zumindest in groben Zügen, die ursprüngliche chronologische Reihenfolge bewahrt zu haben, so dass sich von der Berufung bis zu den Heilsworten ein historisch sinnvolles Gefälle ergibt.

Gott Nebo, Schreiber des Schicksals

Kap. **1–3** berichten breit über die Berufung Ezechiels, bei der er die Vision eines göttlichen Thronwagens hat. Ezechiel muss eine Buchrolle essen (3,1) und wird dann zu Israel geschickt, das als widerspenstiges, verstocktes Volk geschildert ist. Ezechiel wird als Wächter angesprochen, was bedeutet, dass erstmals dem Propheten eine Verantwortung für seine Hörer aufgetragen wurde. Er ist verantwortlich dafür, dass alle die Botschaft Gottes hören, 3,16–21. Bei gleichzeitigem Wissen um die Gefährdungen des Prophetenamtes (3,4–11) wird durch das Wächteramt die Aufgabe und Verantwortung des Propheten gegenüber früheren Zeiten deutlich erweitert. Der Prophet erhält eine noch stärkere Mittlerstellung zwischen Gott und Volk.

Kap. **10** sieht Ezechiel erneut den Thronwagen und die Herrlichkeit כָּבוֹד (*kābôd*) JHWHs. Die vier Tiergesichter, die Ezechiel V. 14 sieht, stammen aus dem assyrisch-babylonischen Vorstellungskreis, wo sie bestimmte Götter bezeichneten. Sie wurden in der christlichen Tradition auf die Evangelisten gedeutet: *Mensch*: Matthäus (Nebo/Nabu; Stammbaum Jesu), *Löwe*: Markus (Nergal; Wüstenpredigt), *Stier* (aus **1,10**): Lukas (Marduk; Opfer des Zacharias), *Adler*: Johannes (Ninurta; Geist).

Kap. **4+5** berichten von Zeichenhandlungen, die für Ezechiel typisch sind. Die Zeichen, etwa das auf einen Stein geritzte Jerusalem (4,1), kündigen Belagerung und Verbannung an und bezeugen Israels Schuld an seinem Schicksal, 4,4–8: Ezechiel muss so lange auf einer Seite liegen, wie Israels Schuld andauert. Kap. **6+7** reden dann Israel/Juda direkt an und verkünden Gerichtsworte gegen Land und Volk, 6,3: „Ihr Berge Israels, hört das Wort…“. Angekündigt werden hier die Beendigung des Götzendienstes und der Untergang des Volkes.

Kap. **8–11** ist eine visionäre Darstellung des Götzendienstes in Jerusalem (Ezechiel wird dorthin entrückt, 8,3). Wichtig ist insbesondere der Abschnitt **8,5–18** als eine Darstellung des Kultes in Jerusalem. Die Herrlichkeit JHWHs erhebt sich trotz der Fürbitte Ezechiels aus der Stadt weg und bleibt auf einem Berg im Osten, wohl dem Ölberg (10,18). Damit ist die besondere Auszeichnung Jerusalems hinfällig geworden, die Stadt wird der Eroberung preisgegeben. Nach Kap. **43** sieht Ezechiel visionär, wie die Herrlichkeit wieder in das neu erbaute Jerusalem einzieht.

Die Kapitel **12–24** sammeln Gerichtsworte über Jerusalem und Juda, eingeleitet durch eine Zeichenhandlung, die das kommende Zittern wegen des Untergangs Israels vorabbilden soll (**12,2–20**). Die Sprüche sind so vielfältig, dass eine übersichtliche Gliederung kaum möglich ist. Wichtig ist das Wissen um einige Einzeltexte:

Kap. **13** geht gegen falsche Prophetinnen und Propheten an, die (wider besseres Wissen?) Heil angesagt haben. **14,12–23** stellt dagegen fest, dass das Gericht unwiderruflich ist, nur Noach, Hiob und Daniel werden wegen ihrer Gerechtigkeit gerettet werden, können aber das Unglück nicht abwenden. Der Text ist wichtig als Hinweis auf das Alter der mit diesen Namen verbundenen Traditionen. Die drei Helden werden wohl als Nichtisraeliten vorgestellt, denen allein Gerechtigkeit eignete?

Bedeutsam sind dann die *Geschichtsrückblicke* in den Kapiteln **16+20+23** (Jerusalem die Hure; Geschichte des Abfalls Israels; das Gleichnis der Schwestern Ohola und Oholiba=Samaria und Jerusalem). In diesen Stücken zeigt sich die Überzeugung, dass die Sünde in Israel ständig angewachsen ist, alles drängt damit auf das kommende Strafhandeln Gottes zu. Es zeigt sich aber auch, dass mittlerweile in Israel ein umfassendes Geschichtsbewusstsein ausgebildet wurde. Die oberflächlich sichtbare

Reihung von Einzelereignissen kann nun auf einen übergeschichtlichen, göttlichen Sinn hin transparent gemacht werden.

Kap. **18** stellt in diesen Horizont eine neue Perspektive: Ezechiel geht aus von dem Sprichwort „Die Väter haben saure Trauben gegessen, und den Kindern werden die Zähne pelzig", mit dem im Volk der Zusammenhang zwischen früherer Schuld und aktueller Bestrafung hinterfragt wird. Dagegen wird angesagt, dass diese Perspektive mit dem Fall Jerusalems nicht mehr gilt. Eine Epoche ist damit abgeschlossen, nun steht jede Generation für sich selbst vor Gott: „Darum will ich einen jeden von euch nach seinem Wandel richten", 18,30. Damit ist ein wichtiger Schritt zur Individualisierung der Heilserwartungen getan.

Der Abschnitt schließt in Kap. **24** mit einer erneuten Ansage des Falls Jerusalems und einer Zeichenhandlung: Der Prophet darf den Tod seiner Frau nicht beklagen, als Zeichen dafür, dass man über den Untergang Jerusalems nicht klagen darf.

Kap. **25–32** sammeln Drohworte gegen die Nachbarvölker, jedoch nicht gegen Babylon. Zu diesem Phänomen vgl. Jer 29,7, wo ebenfalls eine positive Perspektive für Babylon zu erkennen war. Auch hier sind die Sprüche geographisch geordnet: Ammon, Moab und Edom im Osten, Philistäa im Westen, Tyrus und Sidon im Norden, Ägypten im Süden. Die angekündigte Eroberung von Tyrus durch Nebukadnezzar ist nicht eingetroffen, dies wird in 29,17–21 innerhalb des Buches korrigiert, die Unheilsweissagung gilt jetzt Ägypten!

Kap. **33**, die Rede vom Wächteramt des Propheten, ist das Scharnier, das zu den Heilsworten hinüber weist. Wer das Wort des Wächters hört, kann umkehren zu Gott. Diese Perspektive wird nun geschildert. Der Umschlag von der Unheils- zur Heilsweissagung geschah für Ezechiel wohl mit der Erfahrung der (vorhergesagten) Zerstörung Jerusalems. Wichtig ist dabei besonders Kap. **36**, in dem die Begnadigung Israels angekündigt wird. Das Wort vom neuen Herzen **36,25–28** steht inhaltlich direkt neben der Ankündigung des neuen Bundes in Jer 31,33f. Kap. **37** schildert die Wiederbelebung des Volkes, das jetzt wie Totengebeine auf dem Erdboden liegt. Dieser Text ist eine wichtige Stufe der Entwicklung einer Auferstehungshoffnung in Israel.

Kap. **38+39** schildern den letzten Ansturm der Feinde, hier Gog aus Magog, gegen das wiedererstandene Israel, bevor Gott 39,29 die Zusicherung gibt, sein Angesicht nicht mehr vor Israel zu verbergen. Damit ist erstmals eine Art apokalyptischer Geschichtsschau vermittelt: Gottes ewiges Reich muss sich gegen die innerweltlichen bösen Gestalten (die hier nur als Chiffre auftreten) durchsetzen. Dies wird dann später bei Sacharja und Daniel konzeptionell weiterentwickelt.

Kap. **40–48** stellen Höhepunkt und Abschluss des Buches dar. Ezechiel sieht visionär den neuen Tempel in Jerusalem und den Wiedereinzug der Herrlichkeit JHWHs in dieses neue Heiligtum (Kap. **43**). Der Kultus wird neu geordnet (**44–46**) und das Land wird neu verteilt werden (**47–**

**48**). Interessant an diesem *Verfassungsentwurf des Ezechiel* ist, dass er keinen König über Israel mehr vorsieht, nur noch einen Fürsten. Damit ist die prophetische Kritik am Königtum aufgenommen worden.

Ein wichtiger Einzelaspekt innerhalb des gesamten Buches ist die Anrede Gottes an den Propheten „Menschensohn/Menschenkind" (2,1; 33,2; 36,1 u.ö.), die wohl den Abstand zwischen Gott und Mensch ausdrücken soll und so viel wie „Sterblicher" meint. Sie hat nichts zu tun mit dem im NT gebrauchten Hoheitstitel „Menschensohn" für Jesus, der in der Zeit des hellenistischen Judentums aus Dan 7 abgeleitet wurde.

Zweiter wichtiger Aspekt ist die häufige Verwendung (80mal) der sogenannten Erkenntnisaussage: „Ihr werdet erkennen (ידע, *yāda'*) dass ich JHWH bin". Diese Erkenntnis Gottes geschieht durch geschichtliche Ereignisse, die JHWH über Israel und die Völker bringen wird. Auch hier geht es darum, die Geschichte als von Gott und nur von Gott gewirkt verstehbar zu machen. Beide Aspekte betonen auf ihre Art die theozentrische Zuspitzung in der Prophetie Ezechiels.

# Daniel

Die Gestalt des Judäers Daniel („Gott richtet"), der im Jahre 597 mit drei Freunden durch Nebukadnezzars Truppen nach Babylonien deportiert wurde, ist das durchgängige Element der im Danielbuch erhaltenen Stoffe. Wie Hiob und Noach wird Daniel in **Ez 14,14.20** als Gerechter der Vorzeit erwähnt, nach **Ez 28,3** eignete ihm zudem besondere Weisheit. Vor allem dieser letzte Aspekt ist im Danielbuch präsent: Daniel ist der, der Träume zu entschlüsseln vermag und dem die Geschichte der Endzeit enthüllt wird. Dabei wird Daniel teilweise der Gestalt des weisen Josef am Hofe des ägyptischen Pharaos nachgebildet.

Im hebräischen Kanon steht das Buch unter den „Schriften", im Septuagintakanon und dem folgend auch in den deutschen Bibeln gilt es als das vierte der großen prophetischen Bücher. Tatsächlich ist das Danielbuch wegen seiner Entstehungszeit (es ist das jüngste Buch der Hebräischen Bibel) erst spät kanonisiert worden. Über die Gründe, warum das Buch keine prophetische Würde erhielt, kann man nur spekulieren: Hatten die Rabbinen Vorbehalte, weil die apokalyptischen Spekulationen für die Aufstände gegen die Römer mitverantwortlich gemacht wurden? Oder galt allgemein der Geist der Prophetie als erloschen (1.Makk 9,27)? Antike Zeugnisse, unter anderem das NT, belegen, dass man das Danielbuch durchaus als Prophetie einschätzte, vgl. Mk 13,14 und Dan 9,27.

Das Danielbuch zerfällt in zwei deutlich zu unterscheidende Teile: Legenden und Visionen. Zudem ist das Buch zweisprachig, Kap. 1,1–2,4a und Kap. 8–12 sind hebräisch, der Rest aramäisch geschrieben. Es ist zu vermuten, dass Kap. 1 ursprünglich ebenfalls aramäisch war und später in das Hebräische übersetzt wurde.

Der Gattung nach ist das Danielbuch eine Apokalypse und steht damit den Texten Jes 24–27, Deutero- und Tritosacharja nahe. Die Stoffe und Gliedgattungen werden in einer Apokalypse auf das eine Ziel angeordnet, geheimes Wissen über die Endzeit zu enthüllen (vgl. gr. ἀποκαλύπτω, *apokalyptō*, offenbaren/aufdecken). Es geht also nicht mehr nur um ein einzelnes in der Zukunft liegendes Ereignis, sondern um eine Gesamtsicht der kommenden Ereignisse bis zum Beginn des neuen Aion. Damit sollen vor allem die Zustände der Gegenwart begreiflich werden. Zu dem Zweck kommen sowohl prophetische wie auch weisheitliche Traditionen zusammen. Ein Deuteengel, lat. *angelus interpres*, vermittelt hier das entscheidende Wissen (vgl. das Thema-Kapitel „Apokalyptik").

| | |
|---|---|
| 1–6 | **Daniellegenden**: |
| 1 | Daniel und die drei Freunde am Königshof |
| 2 | *Der Traum von der Statue auf „tönernen Füßen"* |
| 3 | *Die drei Männer im Feuerofen* |
| 4 | *Nebukadnezzars Traum, seine Deutung und Erfüllung* |
| 5 | *Belschazzars Gastmahl* |
| 6 | *Daniel in der Löwengrube* |
| 7–12 | **Visionen**: |
| 7 | *Die vier Tiere und der Menschensohn* |
| 8 | Ziegenbock und Widder |
| 9 | Deutung der 70 Jahre Jeremias (Jer 25,11f.+29,10) |
| 10–12 | Die Geschichte von Alexander dem Großen bis zur Heilszeit |

Übersicht über das Danielbuch (*kursiv* = aramäisch)

Das Wachstum des Danielbuches hat man sich so vorzustellen, dass ältere Legenden von dem prototypisch weisen und frommen Daniel (erzählt in der 3. Person) um die Visionen Daniels (Ich-Bericht, 1. Person) erweitert wurden. Dabei bleibt die Fiktion erhalten, dass der exilische Daniel auch Seher der Ereignisse war, die sich in der Gegenwart der Hörer/Leser abspielen. Diese Gegenwart lässt sich anhand der Angaben des Buches sehr genau datieren, es handelt sich um die Zeit des makkabäischen Aufstands gegen die Seleukiden im 2. Jahrhundert. Da das Danielbuch die Wiederweihung des Tempels im Jahre 164 v.Chr. nicht erwähnt, ist es offenkundig kurz vor diesem Datum abgeschlossen worden. Später wurde es um die Gebete der Männer im Feuerofen (zu Kap. 3) und die Geschichten von Susanna und Bel et Draco (Kap. 13+14) erweitert. Diese Stücke gehören zum Kanon der Septuaginta und der katholischen Kirche, vgl. unten zu den Apokryphen.

Die Texte des Danielbuches sind zu allen Zeiten von großer Bedeutung für die kirchlichen Endzeitvorstellungen gewesen, daher sollte man sie gut kennen. Besonders wichtig sind der Traum Nebukadnezzars in Kap. **2** und die Vision Daniels in Kap. **7**. In beiden geht es darum, dass die irdischen Weltreiche zu ihrem Ende kommen (in Kap. 2 sind die einzelnen Reiche immer schlechter als das vorhergehende, vom „goldenen Zeitalter“ bis zu dem mit den „tönernen Füßen“). Am Ende der Weltzeit (hb. עוֹלָם, *ʿôlām*, aram. עָלְמָא, *ʿālmāʾ*) beginnt das Reich Gottes, nach Dan 7 übt dann der Menschensohn (aram. בַּר אֱנָשׁ, *bar ʾᵃnāš*) die Herrschaft aus. Diese Vorstellung einer engelhaften Herrschergestalt wurde dann, weiterentwickelt in der zwischentestamentlichen Zeit, in besonderer Weise für Jesus als den Messias verwendet.

Königsstele, wohl Nabonid mit Zepter-Baum darstellend

Kap. **4** berichtet vom Wahnsinn Nebukadnezzars; hier sind historisch verbürgte Details aus dem Leben des späteren Königs Nabonid auf Nebukadnezzar als den Herrscher Babyloniens übertragen worden, der Jerusalem zerstört hatte. Hierzu gibt es auch außerbiblische Parallelen (Gebet des Nabonid aus Qumran, Inschrift aus Harran). Dan **5** berichtet vom Gastmahl Belschazzars, dem die nur dem Daniel verständliche Schrift *mene, mene, tekel, u-parsin* („Menetekel“, V. 25) das Ende seiner Herrschaft anzeigt. Kap. **3+6** erzählen vom Gottvertrauen der drei Männer im Feuerofen und Daniels in der Löwengrube.

Kap. **8** schildert die Vision vom Ziegenbock mit dem großen Horn. Sie zielt auf Alexander den Großen (und seine Nachfolger), der den Widder mit den zwei Hörnern, die Meder und Perser, besiegt und die Herrschaft antritt. Kap. **9** zeigt, wie man schon innerhalb des AT in schriftgelehrter Weise um ein angemessenes Verständnis der Schrift ringt. Hier geht es um die 70 Jahre, die Jeremia geweissagt hatte. Sie sind, so V. 24, als 70 Jahrwochen zu deuten, also auf 7x70 Jahre. Es ist aber nicht klar, auf welches historische Datum diese Zahl zielt. Kap. **10–12** schließlich sind eine groß angelegte Geschichtsschau von der Perserzeit bis zur Gegenwart des Verfassers. Die als zukünftig geschilderten Ereignisse (*vaticinia ex eventu*) lassen sich historisch gut zuordnen. Doch ab 11,40, mit dem Hinweis „in der Endzeit aber“, ist der Bereich der wirklichen Weissagung erreicht – ab dann stimmt das Geschilderte nicht mehr mit der Geschichte überein. Wichtig ist Kap. **12**, weil hier die Hoffnung auf die Auferstehung derer bezeugt ist, die unschuldig gestorben sind.

Dem Danielbuch geht es um die Frage nach der gerechten Herrschaft. Der entsprechende Begriff מַלְכוּת, *malkût*, steht im Zentrum. Der Herrschaft der Menschen wird die gewiss kommende Herrschaft Gottes gegenübergestellt – erst sie wird wahrhaft das Heil bringen. Die Apokalyptik erwartet also innerhalb der Geschichte kein Heil mehr, es bedarf der grundsätzlichen Zeitenwende. So wird verständlich, weshalb die Makkabäer, die ja in Wirklichkeit die Befreiung von den Seleukiden brachten, in 11,34 nur als „kleine Hilfe“ bezeichnet werden.

# Dodekapropheton / Kleine Propheten

Seit dem Kirchenvater Augustin (De Civitate Dei 18,29) werden die 12 Bücher Hosea bis Maleachi wegen ihres Umfangs als „Kleine Propheten“ bezeichnet; eine Aussage über ihre Bedeutung ist damit nicht verbunden. Die Anordnung der einzelnen Bücher variiert zwischen MT und LXX, die griechische Übersetzung stellt sie zudem vor das Jesajabuch. Das Ordnungsprinzip in der Anordnung des hebräischen Kanons ist nicht ganz klar, möglicherweise war eine chronologische Abfolge angestrebt (so der babylonische Talmud). Die Bücher wurden im Altertum als ein Buch von der Größe eines der drei großen Propheten aufgefasst, aus Sir 49,10 stammt der griechische Name δώδεκα προφητῶν, *dōdeka prophētōn*: 12 Propheten. Daher leitet sich die Bezeichnung „Zwölfprophetenbuch“ ab. Diese Schriftensammlung ist in mehreren Stufen gewachsen, beginnend mit einem Kernbestand von Hosea- und Amostexten. Sukzessive wurden dann die anderen Bücher zugefügt und zugleich die bisher gesammelten Texte kommentiert und erweitert. Mit Jona, Sacharja und Maleachi fand das Buch dann im 4./3.Jh.v.Chr. seine heutige Gestalt.

# Hosea

Das Buch des Propheten Hosea ist bibelkundlich besonders schwer zu erfassen, da es eine Sammlung von Einzelsprüchen ist, deren Gliederungsprinzipien kaum nachvollziehbar sind. Wichtig ist daher das Wissen um folgende Problemfelder:

Der Prophet Hosea stammte – als einziger der Schriftpropheten – aus dem Nordreich Israel, wo er von der Zeit Jerobeams II. bis kurz vor den Untergang Samarias (ca. 750–725) wirkte. Seine Verkündigung ist nach dem Fall Israels nach Juda gelangt und wurde dort geordnet und aktualisierend erweitert. So stehen Aussagen über Israel und Juda nebeneinander (vgl. 4,15; 5,5; 12,1); bereits die Überschrift nennt als Hoseas Wirkungszeit vor allem die Regierungszeit judäischer Könige. Über Hosea selbst ist außer dem Namen des Vaters (Beëri) nichts bekannt, sein Name bedeutet als Kurzform von Hoschaja „JHWH hat geholfen“.

In der Wirkungsgeschichte des Buches war immer das Ehedrama des Propheten von großer Bedeutung („Hochzeit mit der Hure“), die Ehe Hoseas gilt wie die Benennung der Kinder als Zeichen: Der Hurerei jener Frau Gomer entspricht, so die Botschaft, die Hurerei Israels, der Entfernung von Gott. Damit ist das wichtigste Thema des Buches angesprochen: Hosea kritisiert bestimmte *kultische* Praktiken Israels (weniger soziale oder politische Sünden), in denen er letztendlich einen Abfall von JHWH, eine Anbetung Baʿals sieht. Die überlieferten Sprüche zeigen aber auch die Überlegung, wie Gott eine Umkehr für sein Volk möglich machen wird. In der gegenwärtigen Forschung ist strittig, ob das hier gezeichnete Bild des Propheten der historischen Realität entspricht und welche Bestandteile des Buches erst aus nachexilischer Zeit stammen.

Sinnvoll abtrennen lässt sich nur der Komplex der Kapitel **1–3** von dem Abschnitt **4–14**. Im ersten Teil geht es um das Familiendrama Hoseas, er beinhaltet Berichte über Hoseas Hochzeit in der dritten (**1,2–9**) und ersten Person (Kap. **3**). Kap. **2** sammelt eine (spätere) Heilsverheißung (V. 1–3), eine Beschreibung von Israels Abfall (V. 4–15) und die Perspektive eines neuen Heils von JHWH her (V. 16–25). Wichtig ist in den beiden letzten Teilen, dass Hosea vor allem geschichtlich argumentiert. Er verweist zurück auf Gottes frühere Heilstaten, die Israel vergessen hat und sagt an, dass Israel wieder in die Wüste zurück muss („wie damals, da sie [die Frau Israel] aus dem Lande Ägypten hinauszog“), wo es einen neuen Anfang geben werde (2,16ff.).

Wettergott auf Stierpostament, vgl. Hos 8,5f.

In den Kapiteln **4–14** gibt es keine erzählerischen Teile und kaum biographische Details (vgl. aber 9,7: Der Prophet gilt als *meschugge*, verrückt). Gelegentlich wird überlegt, in Kap. **12–14** einen eigenen Teil zu sehen, weil Kap. 11 mit einer Heilsansage endet und Kap. 12 Motive aus 4,1–3 aufnimmt. Das Kapitel Hos 14, ein Ruf zur Umkehr mit einer weisheitlichen Notiz als Schlusswort 14,10, liest sich wie ein planvoll komponierter Abschluss des gesamten Buches.

Wichtige Einzeltexte sind Kap. **4** über die kultischen Verfehlungen Israels und die Schuld der Priester daran (interessant wegen der darin geschilderten kultischen Praktiken). Hos **5,1–9,9** zielen eher auf die politische Sphäre, sie äußern Königskritik, gehen gegen die unzuverlässigen Zustände in Israel an (8,4: „Sie machen Könige, aber ohne mich“) und sagen den Untergang Israels voraus. **8,1–3** ist wichtig (und in der Datierung strittig) wegen der frühen Erwähnung des Bundesgedankens.

Kap. **9,10–14,9** sind wegen der häufigen Geschichtsrückblicke theologisch interessant. Vorausgesetzt ist hier die Vorstellung der Erwählung Israels durch Gott – „Wie Trauben in der Wüste habe ich Israel einst gefunden“ (9,10) –, welcher aber auf der

Seite Israels nicht die Bundestreue, sondern der Abfall von diesem lebendigen Gott gegenübersteht, 11,2, „je mehr ich rief, desto mehr gingen sie von mir weg“. Mittelpunkt ist Kapitel **11**, in dem ein Selbstgespräch Gottes dargestellt wird mit dem Ergebnis (11,9): „Ich will meinen glühenden Zorn nicht vollstrecken …“. Hos **12** ist wichtig, weil hier die Erzväter außerhalb der Genesis-Überlieferung begegnen, mit einer deutlich negativeren Wertung Jakobs als in der Vätergeschichte.

Für Hosea ist noch festzuhalten, dass er in besonderer Weise die Könige kritisiert, sie also auch für die kultischen Zustände im Lande mitverantwortlich macht. Dies geschieht wohl auch wegen des königlichen Kultes in den Stierheiligtümern in Dan und Bet-El, vgl. die Rede vom Kalb in Samaria in 8,5; 10,5; 13,2. Hosea hat damit einen Kult kritisiert, der seinen Mitmenschen als regelrechter JHWH-Kult erschien, in dem der Prophet aber eine Baʿalisierung oder Verzerrung des Gottes sah, der allein Israel in der Wüste erwählt und errettet hat.

## Joël

Auch von dem Propheten Joël („JHWH ist Gott“) ist außer dem Namen nichts bekannt. Die Datierung des Buches war sehr umstritten, seit alters sah man in Joël einen vorexilischen Kultpropheten (wohl wegen der Einordnung zwischen Hosea und Amos). Doch sprachliche und inhaltliche Gründe haben dazu geführt, das Buch in das frühe 4. Jh. v. Chr. einzuordnen. Gelegentlich wird vorgeschlagen, die Kap. 1–2 von 3–4 abzutrennen, ein älterer Grundtext sei dann später erweitert worden. Diese These hat sich nicht durchgesetzt.

Der Masoretische Text hat das Buch in vier, die LXX und Folgeübersetzungen (auch ältere deutsche Übersetzungen) dagegen in drei Teile untergliedert, wobei 3,1–5 zu 2,28–32 und 4,1–21 zu 3,1–21 wurden.

Der Inhalt des Buches ist leicht wiederzugeben: Anlässlich einer Dürre- und Heuschreckenplage wird zu einer Volksklage aufgerufen (**1,1–2,17**). Die Heuschreckenplage gilt dabei nach Amos 7,1–3 als Zeichen des kommenden Tages JHWHs. Darauf erfolgt JHWHs Verheißung, die Not zu wenden (2,18–27). Kap. **3+4** weissagen dann die Ausgießung des Geistes Gottes über alles Fleisch; der Tag JHWHs wird kommen und das Weltgericht bringen. Das Gericht wird Heil über diejenigen bringen, die zu Gott umkehren, Unheil dagegen vor allem über die Völker. Die Feinde werden für immer besiegt, Juda und Jerusalem dagegen für immer besiedelt werden. In diesem Umfeld wird auch die Umkehrung des bekannten Satzes aus **Micha 4,3** („Schwerter zu Pflugscharen“) formuliert, 4,10: „Schmiedet eure Pflugscharen zu Schwertern und eure Rebmesser zu Spießen!“ An jenem Tage wird es zum Kampf der Völker kommen, für den sich Israel wappnen muss.

Sprache und Vorstellungswelt des Buches Joël stehen beispielsweise den Kapiteln Jes 24–27 nahe und weisen damit schon zur Apokalyptik hinüber. Zur Apokalyptik passt auch, dass Bibelstellen (so Ps 42,4.11 in 2,17) auf die Zukunft hin ausgelegt werden.

# Amos

Amos („der [von JHWH] Getragene") ist der älteste Prophet, von dem ein eigenes Buch erhalten blieb. Er wirkte um 750 im Nordreich Israel (kurz vor Hosea), obwohl er offenbar aus Tekoa im Südreich Juda stammte. Amos war kein Prophet, sondern er wird als Schafzüchter vorgestellt (1,1; 7,14). Er fühlte sich von JHWH in den Norden gesandt, wo er zur Zeit der wirtschaftlichen Blüte unter Jerobeam II. gegen die ausbeuterischen Methoden der Oberschicht das Gericht über dieses Land prophezeien sollte. Die Frage, ob Amos auch eine Heilsperspektive für Israel hatte (vgl. 5,4–7; 5,14f.; 9,11ff.), ist außerordentlich umstritten. Sicher ist, dass auch er die besondere *Erwählung* Israels durch JHWH formuliert hat, aus der dann auch eine besondere *Verantwortung* Israels resultiert, vgl. 3,2: „Euch allein habe ich erwählt von allen Geschlechtern der Erde, darum suche ich an euch heim all eure Schuld."

| | |
|---|---|
| 1,3–2,16 | Sprüche (Zahlensprüche) **gegen Israels Nachbarn**, auf Israel zielend |
| 3–6 | Sprüche **gegen Israel** |
| 7,1–9,6 | **Visionen** und Berichte |
| 9,7–15 | **Heilsausblick** |

Übersicht über das Amosbuch

Neben dieser groben Gliederung sollte man die wichtigsten Einzeltexte im Kopf haben: Die Völkersprüche Kap. **1+2** lassen sich wohl in echte und unechte (Tyrus, Edom und Juda) unterscheiden. Dies weist einmal mehr darauf hin, dass die Botschaft der Propheten später aktualisierend erweitert wurde. Die gegen Israel geäußerte Anklage läutet das Thema des Amos ein, die Kritik an den sozialen Zuständen: Die Unschuldigen werden ausgebeutet, kommen nicht zu dem ihnen zustehenden Recht, weil dies die Oberschicht verhindert. Erneut (2,10) wird auf den Exodus aus Ägypten als Grunddatum der Geschichte Gottes mit Israel verwiesen.

In Kap. **3–6** fallen zunächst die textinternen Gliederungsmerkmale auf: „*Höret*" in 3,1; 4,1; 5,1. Die Kapitel sammeln Gerichtsansagen gegen Israel, die besonders mit Kritik an den sozialen Zuständen, aber auch mit mangelhaftem Kultus begründet werden, vgl. etwa 4,1–5. **3,3–8** spiegeln das Ergriffensein des Amos durch Gottes Stimme, die ihn zum Prophetenamt treibt: „Der Löwe brüllt, wer fürchtet sich nicht? Mein Herr

JHWH redet, wer weissagt nicht?" Kapitel **5** nimmt die Vorstellung vom Tag JHWHs auf (V. 18) und wendet sie gegen Israel, indem die Leichenklage angestimmt wird: Jener Tag wird kein Heil, sondern nur Verderben bringen. In 5,8f. findet sich eine seltene schöpfungstheologische Begründung, die mit den anderen Doxologien (Lobreden) in 4,13 und 9,5f. zu vergleichen ist.

In den Kapiteln **7–9** finden sich fünf Visionen, die ersten vier sind eingeleitet mit „Solches ließ mein Herr JHWH mich schauen" (7,1; 7,4; 7,7; 8,1). Visionär sieht Amos zunächst eine Heuschreckenplage und eine Feuersbrunst, die Gott aber nach einer Fürbitte abwendet. Darauf erscheint ihm der Herr auf einer Mauer aus Zinn (nicht: mit einem Senkblei), und in der vierten Vision sieht Amos einen Korb reifen Obstes. Nun ist keine Fürbitte mehr möglich, das Volk ist reif für das Gericht. In der fünften Vision 9,1–4 (Echtheit umstritten) sieht Amos Gott selbst über dem Altar, der die Unwiderruflichkeit des Unheils bestätigt, 9,4: „Ich richte mein Auge auf sie zum Bösen und nicht zum Guten".

Kämpfende Göttin auf der Stadtmauer (Am 7,7)

**7,10–17** berichten von der Begegnung zwischen Amos und Amazja („JHWH ist stark"), dem Priester des königlichen Heiligtums von Bet-El. Der Priester fordert Amos auf, nach Juda zu flüchten und dort (Unheil) zu prophezeien. Amos antwortet mit dem Hinweis auf seine göttliche Sendung und wiederholt die Gerichtsansage, welche die Ankündigung der Deportation der Israeliten einschließt.

Das Buch schließt mit den (in ihrer Authentizität strittigen) Heilsansagen 9,7–15; wichtig ist vor allem 9,11: „An jenem Tage will ich die zerfallene Hütte Davids wieder aufrichten". Diese Stücke sind daher so strittig, weil man Amos als reinen Gerichtspropheten ansieht, dem man dann folglich keine Heilsperspektive für das Volk Israel mehr zutraut. Jedoch stellt sich die Frage, ob das wirklich sachgemäß ist. Kann der Prophet mit seinem Auftreten nicht auch die Hoffnung auf Umkehr, also auf die Wirksamkeit seiner Botschaft verbunden haben?

## Obadja

Das kürzeste Prophetenbuch des AT umfasst nur 21 Verse, die einem Propheten Obadja („Knecht JHWHs") zugesprochen werden und die sich teilweise auch in Jer 49 wiederfinden. Daher hat man als mögliche Entstehungszeit die Zeit um 587/6 vermutet. Diskutiert wird aber auch die Spätdatierung ins 4./3. Jh., weil man in den Sprüchen über die Völker die für diese Zeit typische Stilisierung erkennen möchte. Da das Buch nicht einheitlich ist, sind möglicherweise alte Sprüche nachträglich erweitert worden. Jegliche Zuordnung ist aber unbeweisbar, zumal auch die Frage nach der gegenseitigen Abhängigkeit vom Jeremiabuch nicht geklärt ist.

Inhaltlich handelt es sich bei Obadja um Sprüche gegen Edom (**1–15a**), das für seine schlechte Behandlung Jerusalems bestraft wird. Darauf erwartet Obadja den Tag JHWHs, der hier in der „klassischen" Erwartung formuliert ist: als Heil für Israel und Unheil/Gericht für die Völkerwelt (V. **15b–21**).

## Jona

Das Jonabüchlein ist – anders als die anderen Prophetenbücher – keine Sammlung von Einzelsprüchen, sondern eine Lehrerzählung in Form einer Novelle (vgl. die Josefsnovelle, Rut), die sich um die einzige Prophezeiung des Buches rankt, das Wort gegen Ninive in **3,4**: „Noch vierzig Tage und Ninive ist zerstört". Der Name Jona („Taube") wurde wohl von dem in **2.Kön 14,25** erwähnten Propheten entlehnt (was dann auch für die Einordnung vor das Michabuch verantwortlich sein wird), doch entstammt das Buch sicher einer deutlich späteren Zeit. Sprachliche (Verwendung aramäischer Sprachelemente) und inhaltliche Gründe weisen auf das 4. oder 3. Jh. v. Chr. Das ganze Buch wird am Versöhnungstag als Prophetenlesung (Haftara) in der Synagoge vorgetragen. In der christlichen Tradition gelten die drei Tage Jonas im Bauch des Fisches (2,1) als Präfiguration der Zeit Christi im Tod (1.Kor 15,4).

| | |
|---|---|
| 1,1–3 | Jonas **Sendung** und **Flucht** |
| 1,4–2,1 | Sturm, Jona wird **ins Meer geworfen** und gerettet |
| 2,2–11 | **Dankpsalm** Jonas |
| 3,1–10 | **Zweite Sendung** Jonas, **Umkehr** Ninives |
| 4,1–11 | **Zorn Jonas** über Gott, **Rizinusszene:** Die Rücknahme der Bestrafung ist gerechtfertigt |

Übersicht über das Jonabuch

Durch sprachliche Gliederungssignale (1,1–3/3,1–3) lässt sich das Buch in zwei Hauptteile gliedern. In beiden steht das Bekenntnis eines „Heiden" zum Gott Jonas im Zentrum, dessen Namen sie aber nicht kennen. In **1,6** ist es der Kapitän des Schiffes, in **3,7–9** der König Ninives. Charakteristisch ist in beiden Fällen, dass sie Rettung von Jonas Gott erwarten; in 3,9 wird Gottes Reue trotz des angedrohten Gerichts erhofft.

Dem Buch geht es also darum, dass das als unbedingt angesagte Unheil doch noch abgewendet werden kann; die Begnadigung Ninives ist gerechtfertigt (**4,1–3+10f.**). Gott ist in seinem Handeln souverän, größer, als Jona es begreifen kann. Allerdings ist die Botschaft des Buches umstritten. Manche christlichen Exegeten haben in ihm eine Anklage gegen jüdischen Partikularismus sehen wollen, der von Gott selbst überwunden wird. Andere sehen das Thema der Umkehr als Mitte des Buches an. Im Judentum wird auch der Aspekt der Kritik an selbstgerechten Unheilspropheten und das Problem von wahrer und falscher Prophetie diskutiert.

Jedenfalls sind in der Schrift implizit verschiedene Deutemöglichkeiten angelegt, die in der späteren Wirkungsgeschichte entfaltet wurden: Dass es auch außerhalb Israels gültigen Glauben an JHWH gibt, dass ein Einzelner aus dem Tod gerettet werden kann (Jona und der Fisch, vgl. das „Zeichen Jonas" in Mt 12,40f.), dass man sich vor Gottes Ratschluss nicht verbergen kann. Über allem steht die Aussage von der überragenden Barmherzigkeit Gottes mit allen Menschen, die sich an die Gnadenformel Ex 34,6 anlehnt: „ein gnädiger und barmherziger Gott, langmütig und reich an Huld", **4,2**.

## Micha

Der Prophet Micha (abgekürzt für Micha-el/-jahu: „Wer ist wie Gott/ JHWH") aus Moreschet-Gad wirkte zeitgleich mit Jesaja in Jerusalem (ca. 740–705). Er wird allerdings weder im Königs- noch im Jesajabuch erwähnt, dafür zitiert Jer **26,18** das Wort Michas gegen den Tempel, **3,12**. Von Micha sind keine weiteren biographischen Details bekannt.

| | | | |
|---|---|---|---|
| 1–2 | | **Gerichtsworte** an Juda | |
| | 2,12f | | **Heilswort** für Jakob |
| 3–5 | | **Gericht** über die Führenden | |
| | 4+5 | | **Heilsworte** |
| 6–7 | | **Gerichtsworte** an Juda | |
| | 7,8–20 | | **Liturgie/Psalm:** Hoffnung auf Vergebung |

Übersicht über das Michabuch

Das Buch lässt sich nach der obigen Gliederung als dreifacher Rhythmus von Gerichts- und Heilsankündigung lesen (andere Forscher sehen nur ein Doppelschema, aber vgl. die Neueinsätze in 3,1 und 6,1). Dieses Schema ist sicher nicht ursprünglich, wie auch die Echtheit ganzer Teile des Buches umstritten ist. So gelten die größten Teile der Kap. 4–7 als sicherlich später, auch in Kap. 1–3 werden deuteronomistische Überarbeitungen gesehen.

Inhaltlich ist das Michabuch von einer kompromisslosen Anklage sozialer Missstände bestimmt (wie Amos für das Nordreich). Vor allem geht es wohl um Fragen des Bodenrechts (vgl. etwa 2,4f.). Die Oberschicht enteignet mit juristisch zwar einwandfreien Mitteln die kleinen Bauern, nimmt ihnen so aber das von Gott her zustehende Erbteil (vgl. oben zu

Rut). Micha erwartet das Gericht Gottes über Samaria (?), Juda und Jerusalem (nicht über die Völker!), das Kommen JHWHs kann er sich nur als zerstörerisches Werk vorstellen. In besonderer Weise werden in Kap. **3** die Häupter, Fürsten und Propheten für die Misslage verantwortlich gemacht. Sie sollten das Recht kennen, doch sie selbst hassen das Gute und lieben das Böse (3,2).

Wichtig ist auch bei Micha, wie bei Jesaja, die besondere Bedeutung der Zionsvorstellung. Seine Gegner greifen sie auf mit dem Hinweis „Ist nicht Gott in unserer Mitte? Es kann kein Unglück über uns kommen" (3,11). Gegen diese Heilssicherheit (vgl. inhaltlich Jer 7) sagt Micha die Zerstörung an: „Jerusalem wird zum Trümmerhaufen und der Tempelberg zur Waldeshöhe" (3,12).

Die Kapitel **4+5** stellen dann im Gegensatz dazu den Zion wieder als Heilsgaranten in den Mittelpunkt des Interesses. Die Völker werden zum Zion wallfahren, von dort wird das Friedensreich ausgehen. Kap. 5 weissagt den davididischen Messias aus Bethlehem. Kap. **6** stellt die Forderungen Gottes an sein Volk zusammen; **6,8** fasst dies (wohl später) nochmals zusammen: „Es ist dir gesagt, Mensch, was gut ist und was der Herr von dir fordert: nichts als Recht (מִשְׁפָּט, *mišpāṭ*) zu üben und Gutes zu lieben und einsichtig mit Gott zu wandeln". Dieser Satz gilt im Judentum als Summe der 613 Gebote der Tora.

Das in Kap. 7 zugefügte liturgische Formular geht möglicherweise auf eine besondere Redaktion zurück, die das Buch Micha für exilische Klagefeiern verwendet und überarbeitet hat.

## Nahum

Das Buch des Propheten Nahum („Tröster") beschäftigt sich in der Hauptsache mit nur einem Thema, der assyrischen Hauptstadt Ninive, deren Untergang es weissagt. Es ist aber nicht zu entscheiden, ob Nahum den Fall der Stadt 612 v.Chr. tatsächlich prophezeit oder bereits selbst erlebt hat. Im letzteren Fall müsste man von einem *vaticinium ex eventu* sprechen. Auch ist strittig, wann die jetzige Komposition des Buches, die erkennbar kultische Gattungen verwendet, entstanden ist, ob im Exil oder nachexilisch. Die Datierung des Buches ist daher kaum möglich.

Inhaltlich stellt das Nahumbuch eine Heilsansage für Juda dar, dies resultiert aus der Unheilsansage für Judas größten Feind, die Assyrer, und ihre Hauptstadt. Das Buch setzt ein mit einem verstümmelten alphabetischen Psalm **1,2–8(11)**, der Gottes Macht beschreibt und zu einem Heilswort für Israel überleitet. Darauf wird in Kap. **2+3** der Untergang Ninives angekündigt. Der Stadt wird es gehen wie Theben, der Hauptstadt Ägyptens (der Name lautet hier *No-Amon*), die 663 v.Chr. von den Assyrern erobert worden war. Unheilsworte gegen Israel fehlen in diesem Buch völlig.

Fragmentarisch sind in den drei Kapiteln verschiedene Gattungen und Motive enthalten, neben dem erwähnten alphabetischen Psalm, einem *Akrostichon* (vgl. auch Ps 34; 37; 119), findet sich in 1,2–6 eine Theophanieschilderung, vgl. Hab 3,2–19. Kap. 3 hat Elemente von Leichenlied und Totenklage, die übergeordnete Gattung ist die der Völkersprüche, vgl. Am 1+2. Das Buch spielt in Christen- und Judentum keine besondere Rolle, allerdings wurde es in der Gemeinschaft aus Qumran ausführlich kommentiert, wie eine erhaltene Rolle belegt.

# Habakuk

Das Buch des Habakuk (wohl ein Name für ein Gewächs) ist ebenfalls gegen eine Großmacht gerichtet, gegen die die Chaldäer (=Babylonier) zu Felde ziehen werden. Wahrscheinlich sind auch hier die Assyrer die angesprochenen Gegner. Wenn man die Habakuk-Weissagungen für alte Prophezeiungen halten kann, würde sich daraus als möglicher Zeitpunkt für die Datierung die Zeit um 600 erschließen lassen. Wieder ist der Umfang exilisch-nachexilischer Zufügungen umstritten. Auch das Buch Habakuk ist wohl kultisch verwendet worden.

Hab **1** setzt ein mit einer Klage des Propheten über die furchtbaren Zustände, die Gewalttaten der Großmacht, gegen die JHWH die Chaldäer entbieten wird. **1,12–17** klagt Habakuk dann aber darüber, dass Gott das eine Übel mit einem noch größeren austreibt, worauf JHWH in **2,1–5** antwortet. Diese Antwort läuft auf V. 4 zu: „...der Gerechte wird wegen seiner Festigkeit/Treue (אֱמוּנָה, *'ᵃmûnâ*) Gott gegenüber am Leben bleiben“ (vgl. Jes 7,9). Darin ist eingeschlossen, dass sich auch die Großmacht als gerecht zu erweisen hat, will sie bestehen.

Dieser Vers hat eine besondere Wirkungsgeschichte in **Röm 1** und **Gal 3**, da Paulus in ihm die biblische Belegstelle für seine Rechtfertigungsbotschaft sah. Im Habakuk-Päschär aus Qumran wurde der Vers demgegenüber auf den Tora-Gehorsam bezogen. **2,6ff.** sind dann Weherufe, die unter verschiedenen Blickwinkeln gegen die kommende Großmacht gerichtet sind.

Kap. **3** bietet als Gebet des Propheten einen Theophaniepsalm, durch den das von Gott in 2,1–5 angekündigte Eingreifen beschrieben wird. Dieses Kapitel fehlt in dem Qumran-Kommentar zum Buch, es ist aber nicht zu entscheiden, ob es zufällig weggebrochen ist oder ob der Psalm erst später zugefügt wurde.

# Zefanja

Der Prophet Zefanja („JHWH hat geborgen") ist in der Zeit um 630 in Juda/Jerusalem aufgetreten. Die von ihm erhaltenen Sprüche setzen voraus, dass es eine Kultreform Joschijas (vgl. 2.Kön 22+23) noch nicht gegeben hat, daher diese relativ genaue Datierung, die mit der Überschrift 1,1 übereinstimmt. 2,13–15 zeigen zudem, dass das assyrische Reich dem Untergang nahe ist.

Zefanja geht gegen kultische Überfremdung vor (1,4) und gegen die Teilnahmslosigkeit der Bevölkerung, die da sagt: „Der Herr tut weder Gutes noch Böses" (1,12). Er kündigt den Tag JHWHs als Gerichts- und Zornestag (1,14) an, vgl. 2,3: „Suchet den Herrn, ihr Demütigen alle im Land, die ihr sein Recht tut. Trachtet nach Gerechtigkeit, trachtet nach Demut, vielleicht werdet ihr geborgen am Zornestag des Herrn". Es mag sein, dass eine so geartete Verkündigung die Akzeptanz für das wenig später begonnene Reformvorhaben des Königs Joschija (vgl. das Thema-Kapitel) gesteigert hat. Die für Zefanja charakteristische Forderung nach Demut (3,12f.) entspringt einer Spiritualisierung des Armutbegriffes; bei den früheren Propheten galten die Armen als dem besonderen Schutz Gottes bedürftig.

| | |
|---|---|
| 1,2–2,3 | **Gegen Juda** und Jerusalem |
| 2,4–15 | **Gegen Fremdvölker** (Gaza, Aschdod, Moab, Äthiopien, Assur u.a.) |
| 3,1–8 | Unheil **gegen Jerusalem** |
| 3,9–20 | **Heilsweissagungen** |

Übersicht über das Zefanjabuch

Gelegentlich wird 3,1–8 als Vorspann zu den Heilsweissagungen gerechnet, dann ergibt sich das klassische dreiteilige Aufbauschema eines Prophetenbuches. Dies ist sicher Ergebnis späterer Redaktion, wie wohl auch die Heilsworte nicht auf Zefanja selbst zurückzuführen sind. Insbesondere 3,14ff. mit den deutlichen Hinweisen auf die Diasporasituation und ihrer eschatologischen Ausrichtung sind später.

# Haggai

Haggai („der am Fest Geborene"), Sacharja und Maleachi gehören zusammen mit den Tritojesaja-Stücken und Joël in die Zeit nach dem Ende des Exils. Von ihnen ist Haggai wohl der älteste; die Datierungen im Buch weisen auf das Jahr 520 v.Chr. Haggai und Sacharja finden in **Esra 5,1** Erwähnung als „Propheten… im Namen des Gottes Israels, dem sie zu eigen gehörten". Das Buch ist nach der Zeit Haggais im Stil einer Geschichtsschreibung entstanden. Die hierbei verwendete Form eines Fremdberichts, in den ältere Stücke des Propheten eingearbeitet wurden, sollte möglicherweise die Autorität erhöhen.

| | |
|---|---|
| 1,1–15a +2,15–19 | Mahnung zum **Tempelbau** |
| 1,15b–2,9 | Die **Herrlichkeit des neuen Tempels** |
| 2,10–14 | Über die **Unheiligen** |
| 2,20–23 | Ansage einer **Theophanie**, die Serubbabels Erwählung bestätigen wird |

Übersicht über das Haggaibuch

Das Leitthema der beiden Kapitel ist die Frage nach dem Wiederaufbau des Tempels. Haggai geht davon aus, dass der Aufbau notwendig ist, sonst könne die erwartete Wende zur Heilszeit nicht stattfinden: „Steigt hinauf in das Gebirge und schlagt Holz und baut das Haus, dann werde ich Wohlgefallen daran haben und mich in meiner Herrlichkeit zeigen, spricht der Herr" (1,8). Die Argumentation ist also die, dass es den Israeliten schlecht geht, *weil* sie den Tempel nicht gebaut haben und nur für sich selbst sorgen. Nach dem Bau des Heiligtums erwartet Haggai eine *Völkerwallfahrt zum Zion* (vgl. Jes 2 und Mi 4). Tritojesaja, der gegen den Tempelbau eingestellt war, argumentierte demgegenüber, dass der Tempelbau von wahrer Demut und gerechtem Handeln ablenke und zu rein äußerlicher Frömmigkeit führe (Kap. 58+66,1–4). Haggai wird als so alt dargestellt, dass er die Herrlichkeit des ersten Tempels noch erlebt habe (2,3), ob dies historisch haltbar ist, muss unklar bleiben. Ebenso ist unbekannt, ob Haggai selbst im Exil war oder in Jerusalem geblieben ist.

Hag 2 spiegelt noch weitere Auseinandersetzungen der nachexilischen Zeit. So geht es V. 10–14 um die Frage, ob Unreine/Unheilige am Tempelbau mithelfen können. Dies verweist auf die Konflikte um die Samaritaner oder um die Problematik der Ehen der Daheimgebliebenen (vgl. dazu Esra 9), die von den wohl rigoristischer gesinnten Heimkehrern angefeindet wurden.

Der hier wie in Esra 3–5 angesprochene *Serubbabel* („Spross Babels") war als Enkel des vorexilischen Königs Jojachin (vgl. 1.Chron 3,17) ein Davidide, also ein Träger der Dynastieverheißung. Serubbabel wurde um 520 v.Chr. von den Persern als Statthalter nach Jerusalem gesandt und weckte dort messianische Hoffnungen, vgl. auch Sach 4,6–10.

## Sacharja

Das dem Propheten Sacharja („JHWH hat sich erinnert") zugeschriebene Buch zerfällt erkennbar in zwei Teile 1–8 und 9–14, wobei sich der zweite wegen der erneuten Einführung in 12,1 nochmals unterteilen lässt. In der Forschung hat sich hier die dem Jesajabuch entlehnte Terminologie „Sacharja, Deutero- und Tritosacharja" eingebürgert. Sacharja selbst, der in verschiedenen Texten anderer biblischer Bücher erwähnt wird, (vgl. Esr 5,1, Neh 12,16) hat in der Zeit um 518 v.Chr. gewirkt, nur wenig später als Haggai. Die späteren Buchteile sind kaum sicher zu datieren, sie sind in die Zeit der frühen Apokalyptik einzuordnen, vgl. das entsprechende Thema-Kapitel.

| | |
|---|---|
| 1,1–6 | Überschrift und **Umkehrruf** |
| 1,7–17 | **1. Gesicht**: Die Reiter vor dem Herrn |
| 2,1–4 | **2. Gesicht**: Die vier Hörner und die vier Schmiede |
| 2,5–9 | **3. Gesicht**: Der Mann mit der Messschnur |
| 2,10–17 | Aufruf zur **Sammlung am Zion** |
| 3,1–10 | **4. Gesicht**: Der Hohepriester Jeschua (sekundär) |
| 4,1–5./10b–14 | **5. Gesicht**: Der Leuchter und die Ölbäume |
| 4,6–10a | Wort des Herrn über **Serubbabel** |
| 5,1–4 | **6. Gesicht**: Die fliegende Schriftrolle |
| 5,5–11 | **7. Gesicht**: Die Frau im Scheffel |
| 6,1–8 | **8. Gesicht**: Die vier Wagen |
| 6,9–15 | Die goldene **Krone des Hohepriesters Jeschua** |
| 7,1–14 | Über den **wahren Gottesdienst** |
| 8,1–23 | Die neue **Heilszeit in Jerusalem** |

Übersicht über Sach 1–8

Wie bereits Haggai erwartet Sacharja das Eintreffen des Heils in aller nächster Zeit. Aufschlussreich ist hierfür die Stellungnahme zum Fasten in Kap. 7+8: Es muss nicht mehr getrauert werden, da das Heil nahe ist (8,18–19). In den ursprünglich sieben *Nachtgesichten* sieht Sacharja die Verfassung der künftigen Heilsgemeinde. Dabei ist besonders wichtig, dass hier eine „Gewaltenteilung" zwischen dem Hohepriester Jeschua und dem königlichen Serubbabel angestrebt wird, vgl. Kap. 4. Jerusalem wird von allem Bösen gereinigt werden (7. Gesicht), die Völker werden bestraft werden (Fluchrolle, 6. Gesicht). Am Ende findet sich aber auch in Kap. 8 die Hoffnung, dass die Völker zum Zion kommen werden, V. 23: „Wir wollen mit euch gehen, denn wir haben gehört, dass Gott mit euch ist".

Ein besonderer Aspekt in der Verkündigung Sacharjas ist die Notwendigkeit für einen Deuteengel, lat. *angelus interpres*. Der Prophet sieht zwar das Zukünftige, doch in so verschlüsselter Form, dass er nicht allein dazu in der Lage ist, die Vision zu deuten. Dazu bedarf es des Deuteengels, der Sacharja den verborgenen Sinn des Geschauten mitteilt. Damit kündigt sich die Wende von der Prophetie zur Apokalyptik an. Interessant ist auch, dass in Kap. 3 der Satan als Widersacher des Jeschua vor Gott erscheint, in derselben Funktion begegnet er im Rahmen des Hiobbuches (vgl. das Thema-Kapitel „Engel“). In der Forschung gilt allerdings dieses 4. Nachtgesicht als spätere Zufügung; auch einige der Zwischenstücke lassen sich kaum auf Sacharja selbst zurückführen.

Die Texte der Teile *Deutero-* und *Tritosacharja* stammen wohl aus dem 4./3. Jh. Sie sind nicht auf einen oder zwei Verfasser zurückzuführen, sondern stellen eher eine Sammlung von verschiedenen Einzelstücken dar. Inhaltlich knüpfen sie an die Heilsbotschaft Sacharjas für den Zion an, zudem nehmen sie die Gerichtsansagen an die Völker auf. Kap. 9 beginnt mit einer Unheilsansage gegen Jerusalem und spielt möglicherweise auf die Eroberungen Alexanders des Großen an, in V. 13 ist jedenfalls Griechenland (יָוָן *Jāwān*) erwähnt. Die Umstürzungen des Alexanderzuges ließen die Verfasser wohl auf den nahen Anbruch der Endzeit schließen.

Kap. 12 zeigt dann aber eine Modifizierung der Endzeiterwartung gegenüber früheren Büchern: Zion/Jerusalem muss durch die Feinde erobert werden, dann erst wird JHWH sie dort endgültig schlagen. Vor der Heilszeit steht also die Notwendigkeit des Leidens. Aus 12,11 „im Felde/Tal Megiddos“ (= der Karmel) wurde in der neutestamentlichen Apokalypse (16,16) die Bezeichnung *Harmagedon* für den Ort der endzeitlichen Schlacht abgeleitet. Kap. 14 endet mit dem Ausblick auf das endgültige Heil in Jerusalem und seinem Tempel.

Auffällig ist, dass die Texte dieser späten Teile des Sacharjabuches sehr intensiv von den urchristlichen Gemeinden dazu benutzt wurden, das in Jesus Christus erlebte Heilsgeschehen zu deuten. So wird der Einzug in Jerusalem auf einem Esel mit der bekannten Stelle in 9,9 zusammengebracht; die Tempelreinigung in Mt 21,12 mit Sach 14,21, wonach es in der Endzeit keine Krämer mehr im Tempel geben wird. Die Klage über den Durchbohrten, 12,10, wird in Joh 19,37 wieder aufgenommen; 11,13 ist der Hintergrund für den Lohn des Judas, 30 Lot Silber.

Die Aussage, dass es von jenen Tagen an keinen prophetischen Geist mehr in Israel gebe (13,2f.), führte im Judentum zu der Ansicht, dass Maleachi (der letzte Prophet in der Reihe des Dodekapropheton) als letzter Prophet in Israel aufgetreten sei.

## Maleachi

Die einem Maleachi („mein Bote“) zugesprochenen drei Kapitel lesen sich wegen der Einleitung „Ausspruch. Wort des Herrn…“ wie ein weiterer Anhang zum Sacharjabuch, vgl. die gleichlautende Einleitung in Sach 9,1 und 12,1. Auch ist *Maleachi* wohl nicht als ein Eigenname zu begreifen. Doch das Buch scheint durchaus auf eine Person/eine Gruppe zurückführbar zu sein (mit Ausnahme der Anhänge 3,22ff.), so dass es mit Recht getrennt behandelt werden kann. Die angesprochenen Fragen und Probleme der Gemeinde weisen wohl in die Zeit des 5. oder 4. Jh.; das Buch ist vielleicht älter als Sach 9–14.

Auch hier zeigt sich, dass die Prophetie deutlich weiterentwickelt worden ist. Maleachi verwendet als Besonderheit *Disputationsworte*, die auf eine bestimmte Frage der Gemeinde („Ihr fragt") eine Antwort JHWHs geben, die der Prophet dann weiter entfaltet. Die angesprochenen Themen sind **1,2–5** die (unsichtbare) Liebe Gottes, **1,6–2,9** das Fehlverhalten der Priester, **2,10–16** die Mischehen- und Ehescheidungsproblematik, **2,17–3,5** das Problem des Ausbleibens des angesagten Heils. **3,6–12** wird gesagt, dass die Fruchtbarkeit des Landes von einem geregelten Kultus abhängig sei; **3,13–21** thematisieren die Zweifel daran, dass die Gottlosen wirklich bestraft werden; vgl. dazu auch Hiob und das Predigerbuch. Die alte Vorstellung vom Tag JHWHs wird hier so umformuliert, dass dies der Tag des Trennens sein wird zwischen den Ungerechten und denen, über denen die „Sonne der Gerechtigkeit" aufgehen wird (3,20, vgl. EG 263).

Eine wichtige Wirkungsgeschichte hat der später angefügte Abschluss in **3,23f.**, in dem der Prophet Elija als Wegbereiter des Messias gesehen wird. Dies wird im NT in der Verklärungsszene Markus 9,2–13 aufgenommen. Diese besondere Erwartung rührt daher, dass Elija nach 2.Kön 2 nicht gestorben ist, sondern in den Himmel aufgenommen wurde. Ursprünglich endete das Zwölfprophetenbuch mit dem Verweis auf die Tora des Mose in **3,22.**

📖 *J. Blenkinsopp*, Geschichte der Prophetie in Israel, 1998.
*K. Koch*, Die Profeten I. Assyrische Zeit, 3. Aufl. 1995; II. Babylonisch-Persische Zeit, 2. Aufl. 1988.
R.G. Kratz, Die Propheten Israels, 2003.
*M. Albani*, Daniel. Traumdeuter und Endzeitprophet, Biblische Gestalten 21, 2010.

als moderne Aufnahme biblischer Stoffe:
*Franz Werfel*, Hört die Stimme, 1937 (zu Jeremia).

# Die Apokryphen des Alten Testaments

Seit der Reformationszeit werden im Bereich der protestantischen Kirchen diejenigen Bücher als *apokryph* (verborgen) bezeichnet, die zwar in der griechischen und lateinischen Bibel enthalten sind, aber kein hebräisches Original haben. Solche Bücher sollten – im Gegensatz zur katholischen Kirche – nicht mehr Bestandteil des evangelischen Kanons sein. Immerhin hat Martin Luther die Schriften als „der Hl. Schrift nicht gleichzuhalten und doch nützlich und gut zu lesen" bezeichnet; er ordnete sie in einen eigenen Buchteil zwischen Altem und Neuem Testament ein. Daher waren sie bis ins 19. Jh. hinein stets Teil lutherischer Bibelausgaben; heute gibt es Ausgaben mit und ohne Apokryphen.

Auf dem Konzil von Trient (1546–63) wurden die meisten der in der Septuaginta zusätzlich zu den in der hebräischen Bibel enthaltenen Schriften offiziell zum Bestandteil des katholischen Kanons erklärt. Obwohl sie hier (wie auch in der orthodoxen Kirche) als ebenfalls inspiriert gelten, tragen sie die Bezeichnung *deuterokanonisch*; sie haben also eine etwas geringere Bedeutung. Die so kanonisierten Bücher sind *Tobit, Judit, 1.+2. Makkabäer*, die *Weisheit Salomos*, *Jesus Sirach*, *Baruch* (mit dem *Brief Jeremias* als Kap. 6) und *Zusätze zu Ester* und *Daniel*. In der lutherischen Tradition gehört auch das *Gebet des Manasse* zu den Apokryphen. Die Septuaginta bietet außerdem noch das 3. Esra-Buch, 3.+4. Makkabäer, Oden und die Psalmen Salomos. Diese Bücher wurden nicht kanonisiert, weil sie in der kirchlichen Praxis und damit in der lateinischen Bibel (Vulgata) keine besondere Rolle spielten.

Die wichtigste Erkenntnis der neueren Forschung ist, dass einige der Apokryphen auf hebräische oder aramäische Originale zurückgehen. So wurde der hebräische Text des Buches Jesus Sirach in verschiedenen Manuskripten in einem Lagerraum (Geniza) einer Synagoge in Kairo und später auch auf der Bergfestung Massada am Toten Meer gefunden. Von Tobit fanden sich in Qumran aramäische und hebräische Fragmente. Für andere Bücher, etwa die Zusätze zu Daniel, ist aufgrund der Besonderheiten der erhaltenen griechischen Übersetzung ebenfalls ein aramäisches Original zu vermuten. Hinzu kommt, dass die neutestamentlichen Schriftsteller die so definierte Kanonsgrenze nicht kannten. Sie haben aus den „alttestamentlichen" Büchern zitiert, die in ihrer Gemeinde als heilige Schrift galten, so etwa 2.Makk 7,19 in Apg 5,39 (vgl. auch den entsprechenden Anhang im Novum Testamentum Graece).

Auf den folgenden Seiten wird eine kurze Einführung in die einzelnen apokryphen Schriften gegeben. Sie soll eine erste Orientierung ermöglichen und vor allem zur eigenen Lektüre dieser Bücher anleiten. Sie sind nämlich nicht einfach „nützlich und gut zu lesen“, sondern sie führen ihre Leser/innen in das Denken und den Glauben des Judentums in der Zeit zwischen den Testamenten ein. Damit sind sie für die Wirkungsgeschichte des Alten Testaments und das geistige Umfeld des Neuen Testaments von hoher Bedeutung. Als Kriterium für die hier gegebene Auswahl gilt einzig die Zugehörigkeit der Bücher zur Apokryphensammlung der Lutherbibel. Eine ausführlichere Darstellung müsste auch auf die Bücher Henoch, 4. Esra, Jubiläen und einige der wichtigsten Qumranschriften eingehen. Dies jedoch würde den Rahmen einer Bibelkunde sprengen.

Im Bereich der apokryphen Bücher gibt es zum Teil erhebliche Unterschiede bei der Vers- und Kapitelzählung der einzelnen Bibelausgaben. In der folgenden Darstellung wird durchgängig der Verszählung des griechischen Referenztextes, der Göttinger Septuaginta-Ausgabe gefolgt, an die sich auch die neue Lutherbibel (2017) anlehnt. Daher gibt es an vielen Stellen Differenzen zur Zählung in alten Lutherbibel-Ausgaben.

🕮 Jüdische Schriften aus hellenistisch-römischer Zeit, hg. v. *W.G. Kümmel* u.a., 5 Bände in Einzellieferungen seit 1973.

Septuaginta Deutsch. Das griechische Alte Testament in deutscher Übersetzung, hg. v. *W. Kraus, M. Karrer*, 2009.

Septuaginta Deutsch. Erläuterungen und Kommentare zum griechischen Alten Testament, hg. v. *M. Karrer, W. Kraus*, 2011.

*Chr. Böttrich, M. Rösel* (Hg.), Die Apokryphen der Lutherbibel. Einführungen und Bibeltexte, 2017.

# Tobit

Das Buch Tobit beschreibt im Stil der Patriarchenerzählungen der Genesis das Schicksal der Familie des Tobit („JHWH ist gütig“), ihre Gefährdung und wunderbare Bewahrung. Das Geschehen spielt in der assyrischen Hauptstadt Ninive und Umgebung, wohin Tobit, vom nordisraelitischen Stamm Naftali stammend, nach der Eroberung Samaraias im Jahr 722 v.Chr. verbannt worden sein soll (1,10). Da Tobit aber nach 1,4 noch die Reichsteilung im Jahre 926 als Jugendlicher erlebt hat, muss er nach den Angaben des Buches ein Alter von über 200 Jahren gehabt haben. Nach 14,1 stirbt er jedoch im Alter von 112 Jahren. Allein dies zeigt, dass es nicht um geschichtliche Exaktheit geht, sondern dass hier eine Beispielerzählung vorliegt. Innerhalb der kanonischen Stücke des AT finden sich solche Berichte von beispielhaft Frommen auch in den Büchern Daniel oder Ester, zu vergleichen ist auch die Josefsnovelle Gen 37–50. In der Tradition der Lutherbibel heißt Tobit wie in der lateinischen Bibel „Tobias", wodurch es leicht zu Verwechslungen mit seinem Sohn kommt, der diesen Namen trägt.

Tobit wird vorgestellt als ein frommer Mann, der seinen armen Brüdern in der Verbannung mit Almosen hilft und dennoch ein eigenes Vermögen aufbaut. Einen Teil dieses Vermögens deponiert er vorsorglich im Lande Medien bei einem gewissen Gabaël. Wegen seiner Glaubenstreue und Mildtätigkeit – er begräbt die vom König Sanherib getöteten Israeliten – wird er durch die Assyrer verfolgt. Doch sein Neffe Achikar legt bei dem nachfolgenden König Asarhaddon Fürsprache für ihn ein (Kap. **1**). Als Tobit aus dem Versteck in sein Haus zurückgekehrt ist, begräbt er erneut verbotswidrig einen erschlagenen Juden. In der folgenden Nacht erblindet er, worauf er (wie Hiob in seinem Unglück) zwar seine Not beklagt, nicht aber von Gott abfällt (**2,1–3,6**).

Auch Sara, die Tochter eines Verwandten Tobits aus der medischen Hauptstadt Ekbatana, beweint zur selben Zeit ihre Not, da der Dämon Aschmodai ihre sieben Verlobten nacheinander getötet hat (**3,7–15**). Doch für beide kündigt sich Gottes Hilfe in Gestalt des Engels Rafaël an (**3,16f.**).

Tobit sendet, den nahen Tod vor Augen, seinen Sohn Tobias nach Medien, damit er dort das hinterlegte Geld hole. Als Reisebegleiter und Führer stellt sich dem Jungen Rafaël zur Seite, der sich als Asarja ausgibt (Kap. **4+5**). Auf dem Weg fängt Tobias einen Fisch, den er auf Anraten des Engels ausnimmt. Herz und Leber sollen gegen Dämonen, die Galle bei Blindheit helfen. Damit wird der Name des Engels – Rafaël bedeutet: „Gott heilt" – erzählerisch ausgedeutet, und Tobias erhält so die Schlüssel zur Lösung der Not (**6,2–9**). In Ekbatana heiratet Tobias die Sara, nachdem er tatsächlich den Dämon vertreiben konnte. Während der 14tägigen Feier zieht Rafaël/Asarja weiter, um das von Tobit deponierte Geld abzuholen. Danach kehren die drei zu Tobias Eltern nach Ninive zurück (**6,10–10,13**). Tobias heilt dort mit der Fischgalle die Blindheit des Vaters. Die guten Nachrichten werden mit einem großen Fest gefeiert, nachdem sich der Weggefährte Asarja als Engel Rafaël zu erkennen gibt (Kap. **11+12**). Die Erzählung mündet in einen Lobgesang des Tobit (Kap. **13**). Nach dem Tod Tobits und seiner Frau ziehen Tobias und Sara nach Ekbatana, um sich vor der kommenden Zerstörung Ninives (612 v.Chr.) zu retten (Kap. **14**).

Diese weisheitliche Lehrerzählung wird wohl in der jüdischen Diaspora in Mesopotamien entstanden sein. Sie zeigt, ähnlich wie die Kapitel Daniel 1+3–6, wie man sich als frommer Jude in der fremden Umwelt zu verhalten hat. Damit hat sie einerseits erzieherischen (paränetischen) Charakter, der durch die Verwendung von Weisheitssprüchen unterstrichen wird (vgl. 12,8 mit Spr 16,8). Andererseits ist ein wichtiges Anliegen, zum Loben Gottes anzuleiten, der sein Volk nicht im Stich lässt.

Von den Auseinandersetzungen der Makkabäerzeit lässt sich hier noch nichts spüren. Daher wird das Buch wohl in der Zeit um 200 v. Chr. entstanden sein. In diese Zeit passt auch, dass bereits eine ausgeführte Engelvorstellung entwickelt ist, auf die nur kurz verwiesen werden muss, vgl. 12,15.

Der Fund von Tobit-Fragmenten in Qumran legt die Annahme nahe, dass es ein aramäisches oder hebräisches Original gab. Abweichende Texte in der griechischen und lateinischen Überlieferung zeigen die schrittweise Weiterentwicklung der Erzählstoffe. Sie sind auch für differierende Textpassagen und Verszählungen in alten Ausgaben der Lutherbibel verantwortlich.

# Judit

Das Buch Judit ist ein historischer Roman, wie er in der hellenistischen Zeit häufig innerhalb und außerhalb des Judentums erzählt wurde. Anhand bestimmter Episoden aus der Geschichte wollten die Autoren über drängende Probleme der Gegenwart aufklären. Wie im Tobitbuch wird auch hier sehr frei mit geschichtlichen und geographischen Einzelheiten umgegangen. Nicht historische Genauigkeit war das Ziel des Autors, sondern die Darstellung eines Grundkonfliktes zwischen widergöttlicher Großmacht und dem gefährdeten Volk Israel. Das geht so weit, dass die Erzählung an einem Ort namens Betulia in Israel lokalisiert wird, den es gar nicht gegeben hat.

Das Buch lebt jedoch nicht von historischer Exaktheit, sondern von einem weit gespannten Beziehungsgeflecht zu anderen biblischen Büchern. Die Titelheldin Judit (der Name bedeutet nur: „Jüdin“) trägt Züge von Mirjam (Ex 15), Debora und Jaël (Ri 4+5) und der klugen Frau von Abel Bet-Maacha (2.Sam 20,14ff.). Wie David dem Goliat (1.Sam 17), schlägt sie ihrem Gegner das Haupt mit dessen eigenem Schwert ab. Die Erzählung steht damit in einem breiten Traditionsstrom jüdischer Literatur, die die älteren, autoritativen Schriften auf eine veränderte Gegenwart hin auslegt.

Der Inhalt des Buches ist kunstvoll komponiert, so dass es noch immer gut zu lesen und nachzuvollziehen ist: Der Assyrerkönig Nebukadnezzar (historisch war er allerdings Herrscher der Neubabylonier) beschließt einen Feldzug gegen die Meder und sucht dafür Unterstützung bei den westlich bis hin zum Mittelmeer wohnenden Völkern. Diese jedoch verweigern ihre Unterstützung. Nachdem Nebukadnezzar dennoch Medien erobern konnte, beauftragt er seinen Feldherrn Holofernes, eine Strafexpedition in den Westen durchzuführen. Holofernes hat Erfolg und vernichtet vor allem die fremden Heiligtümer, um zu erreichen, dass sein König künftig von allen als Gott angebetet wird (Kap. **1–3**).

Als das assyrische Heer vor Judäa liegt, ist dort die Bestürzung groß. Alle Männer Israels flehen zu Gott, dass er ihre Not wenden möge (Kap. **4**). Indessen warnt der Ammoniter (!) Achior den Holofernes vor einem Angriff gegen die Israeliten. Ihr Gott nämlich habe sie sicher durch die ganze Geschichte geführt und werde sie auch diesmal gewisslich nicht im Stich lassen. Die Assyrer liefern Achior für diesen Zweifel an der göttlichen Macht ihres Heeres den Israeliten aus, damit er bei deren sicherem Untergang den verdienten Tod erleide (Kap. **5+6**).

Als die Assyrer zur Belagerung von Betulia ansetzen, verlieren die Einwohner Mut und Gottvertrauen und sind zur Übergabe ihrer Stadt bereit (Kap. **7**). Doch da hält die gottesfürchtige Witwe Judit eine flammende Rede, durch die sie den Kleinglauben der Belagerten wendet. Nach einem Gebet zu Gott macht sie sich selbst auf, die Rettung Israels zu bewirken (Kap. **8+9**). In verführerische Gewänder gekleidet, verschafft sie sich Zutritt in das assyrische Lager und in Holofernes Umgebung, indem sie in Aussicht stellt, ihm den Weg nach Jerusalem zu zeigen. Als Holofernes nach einem Gelage betrunken ist, tötet Judit ihn mit seinem eigenen Schwert und entkommt, das abgeschlagene Haupt des Feldherrn in einem Kleidersack mit sich tragend. Bei ihrem Aufenthalt im Lager hatte sich Judit weder durch Speise und Trank verunreinigt, noch ihre Gebete zu Gott aufgegeben (Kap. **10–13**). Als die Assyrer am nächsten Morgen, von einem Ausfall der Gegner überrascht, den Tod ihres Anführers bemerken, fliehen sie in Panik (Kap. **14+15**). Wie einst Mirjam am Schilfmeer setzt Judit nach der Rettung zu einem Loblied Gottes an. Sie stirbt in hohem Alter, von ganz Israel betrauert (Kap. **16**).

Verschiedene Einzelzüge der Erzählung erinnern an Elemente des Danielbuches, so das Motiv des gottesfürchtigen Heiden Achior in Kap. 5, das an das Bekenntnis des Perserkönigs Darius in Dan 6,26–28 erinnert. Interessanter noch sind inhaltliche Parallelen, denn in beiden Büchern geht es um die Frage, wer denn wirklich die Macht habe: JHWH oder die fremden Könige (vgl. Dan 2+7). Daher ist die Entstehung des Juditbuches in der Forschung häufig kurz nach der Endredaktion des Danielbuches angesetzt worden, also ab ca. 150 v. Chr. Doch wird sich hier ein sicheres Urteil kaum erlangen lassen, da die Darstellung auch für andere historische Situationen offen ist.

Es ist strittig, ob das Buch in Palästina oder Ägypten entstanden ist und ob es ursprünglich hebräisch/aramäisch abgefasst war. Allerdings sind keine alten semitischen Textzeugen erhalten, was eher für ein griechisches Original spricht. Außerdem wird an wichtigen Stellen auf die Septuaginta-Übersetzung Bezug genommen. So verweisen etwa 9,7 und 16,2 mit „der Herr zerschlägt Kriege" auf die griechische Version des Siegesliedes in Ex 15,3; im hebräischen Text heißt es dagegen: „der Herr ist ein Kriegsmann". Wie beim Tobitbuch sind die griechischen und lateinischen Textüberlieferungen und in der Folge auch die deutschen

Übersetzungen uneinheitlich; alte Ausgaben der Lutherbibel folgten dem lateinischen Text.

## Zusätze zu Ester

Das Buch Ester existiert in unterschiedlichen Fassungen, einer kürzeren, hebräischen und einer längeren, griechischen Textform. Zu dieser gibt es zudem eine kürzere Variante, den sogenannten Alpha-Text. Die Hauptüberlieferung des griechischen Textes weist mehr als 100 zusätzliche Verse auf, die in Blöcken an verschiedenen Stellen des Buches zugefügt wurden. In der Geschichte der Bibelausgaben gibt es unterschiedliche Möglichkeiten, mit diesen Zusätzen umzugehen: In der Septuaginta werden sie an der Stelle geboten, an der sie sich nach dem Erzählzusammenhang sinnvoll in den hebräischen Text einfügen. Die einzelnen Verse erhalten dann entweder die Nummer des Verses, an den sie angeschlossen sind und werden mit Buchstaben weitergezählt. Eine andere Option ist, die Zusätze mit Buchstaben zu kennzeichnen und dann die Verse wie auch sonst üblich durchzuzählen; dieses System wenden die neueren Ausgaben an.

In Übersetzungen, die von der lateinischen Vulgata des Hieronymus abhängig sind, der sich stärker am hebräischen Text orientierte, stehen die Zusätze als 10,4–16,24 im Anschluss an den Text der hebräischen Kurzfassung. Dem ist die Lutherbibel gefolgt; hier werden die griechischen ganz von den hebräischen Texten getrennt und separat bei den Apokryphen geboten, nun mit konventioneller Kapitel- und Verszählung auf Zahlenbasis. Manche Bibelausgaben enthalten zwei getrennte Übersetzungen des hebräischen und des griechischen Esterbuches (so z.B. die Gute Nachricht oder die Bibel in gerechter Sprache). Andere haben einen Mischtext, in dem der hebräische Grundtext und die griechischen Erweiterungen zu einem fortlaufenden Text zusammengestellt werden, den es aber so nie im Altertum gegeben hat (vgl. die Einheitsübersetzung).

Die Zusätze zum Esterbuch wollen inhaltliche Defizite ausgleichen, die man offensichtlich in der kurzen Form empfand. Im hebräischen Text wurde nur in **4,14** auf Gottes Macht angespielt; die Zusätze fügen nun in Gebeten und Träumen Bezugnahmen auf Gott und seine Macht ausdrücklich ein. Die Historizität des Dargestellten soll zusätzlich durch die Zitation von offiziellen Erlassen des Königs erhöht werden.

In Zusatz **A** am Anfang des Buches wird ein Traum von Mordechai, Esters Vormund, berichtet, der an die Visionen in Dan 2+10–12 erinnert. Zudem wird berichtet, wie Mordechai von der Verschwörung gegen Xerxes erfährt, die für das spätere Geschehen wichtig wird. Die Deutung des Traumes geschieht am Ende des Buches nach Kap. 10 in Zusatz **F**, wo die im Esterbuch geschilderten Ereignisse mit den Elementen des Traums in Übereinstimmung gebracht werden. In Zusatz **B** zu 3,13 wird der Erlass des Artaxerxes zur Ausrottung aller Juden nachgetragen, in Zusatz **E** zu 8,12 der zweite Erlass des Königs, der den ersten außer Kraft setzt und die Juden unter seinen Schutz stellt. Zusatz **C** zu 4,17 ergänzt Gebete des Mordechai und der Ester, die Gott anrufen und ihr Wohl in seine Hände legen. Zusatz **D** zu 5,1 und 5,2 berichtet ausführlicher, wie Ester „in blühender Schönheit“ vor dem König erscheint. Am Buchende erklärt der Anhang **F, 11**, wie die griechische Übersetzung im Jahre 114 v. Chr. nach Alexandrien gekommen sei.

Die Erweiterungen des Esterbuches sind gewiss in einem schriftgelehrten Umfeld (in Palästina?) entstanden, in dem das heute erhaltene hebräische Buch bereits in Geltung stand. Gleichzeitig hatte man aber auch inhaltliche Standards entwickelt, denen eine solche Geschichte entsprechen sollte. So mussten die jüdischen Hauptdarsteller in ihrer Gottesfurcht und Gesetzestreue ausgezeichnet werden, die Geschichtsmächtigkeit Gottes wurde dadurch betont.

Die einzelnen Zusätze sind in ihrer sprachlichen Gestaltung nicht einheitlich, so dass verschiedene Entstehungsstadien angenommen werden müssen. Es scheint sicher zu sein, dass die beiden königlichen Erlasse ursprünglich in Griechisch formuliert wurden, die anderen Zusätze können auch einen hebräischen Ursprung haben. Zur Datierung lassen sich nur Vermutungen anstellen. Sicher ist immerhin, dass der jüdische Geschichtsschreiber Josephus im 1. Jh. n. Chr. die Zusätze kannte, teilweise stammen sie sicher aus dem 2. vorchristlichen Jahrhundert.

## Das 1. und 2. Makkabäerbuch

Von den vier in der Septuaginta überlieferten Makkabäerbüchern hat die christliche Kirche das erste und zweite als inspiriert angesehen und daher in ihren Kanon aufgenommen. Der Name der Bücher ist eine spätere Sammelbezeichnung, die erst aus christlicher Zeit belegt ist. Sie orientiert sich an dem Titelhelden Judas, der nach **1.Makk 2,4** den Beinamen *der Makkabäer* hat, was etwa „der Hammerartige“ bedeuten kann. (Daher rührt auch der Name für die ganze Aufstandsbewegung.) Der ursprüngliche Name des ersten Buches war möglicherweise „(Buch des) Fürsten des Hauses der Söhne der Mutigen“, so ist er jedenfalls bei dem Kirchenvater Origenes belegt.

Das Thema der Bücher sind die Ereignisse in der Makkabäer- und frühen Hasmonäerzeit, als unter der Herrschaft des syrisch-hellenistischen Seleukidenkönigs Antiochus IV. Epiphanes um 167 v.Chr. der Tempel in Jerusalem entweiht wurde. Darauf brach ein von Judas Makkabäus geleiteter Aufstand los, der nach langen Kämpfen zunächst zur Wiedereinweihung des Tempels und letztlich zur Souveränität des jüdischen Hasmonäerstaates führte (vgl. dazu auch das Thema-Kapitel „Nachexilische Geschichte Israels“). Das kanonische Danielbuch spielt in seiner

Endfassung auf dieselben Ereignisse um die Tempelentweihung an, betrachtet die Makkabäer aber nur als „kleine Hilfe“ (**Dan 11,34**).

# 1. Makkabäer

Das *erste Makkabäerbuch* beschreibt im Stile der Geschichtsschreibung der Richter-, Samuel- und Königsbücher die Geschehnisse vom Amtsantritt des Antiochus IV. Epiphanes (175 v.Chr.) bis zum Tode des Hohepriesters Simon (134 v.Chr.). Dabei ist das Ziel der Darstellung vor allem, die drei Anführer Judas, Jonatan und Simon als Retter- und Herrschergestalten vergleichbar mit den Helden der Heilsgeschichte Israels darzustellen. Damit soll offensichtlich die gesamte Dynastie, die bis zum Jahre 37 v.Chr. in Israel/Judäa regierte, als von Gott beauftragt legitimiert werden.

| | |
|---|---|
| 1,1–64 | Antiochus IV. Epiphanes beginnt mit der **Verfolgung toratreuer Juden** und entweiht den Tempel in Jerusalem mit dem **Gräuel der Verwüstung**. |
| 2,1–70 | Der Priester Mattatias von Modeïn und seine Söhne rufen zum **Aufstand gegen die seleukidische Macht.** |
| 3,1–9,22 | Judas Makkabäus, dem Sohn des Mattatias, gelingt nach ersten Erfolgen gegen die Seleukiden die **Wiedereinweihung des Tempels samt Einsetzung des Chanukka-Festes** (Kap. 4). Er überlebt den Tod des Antiochus IV. nur kurz und stirbt im Kampf gegen dessen Nachfolger Demetrius. |
| 9,23–12,53 | Judas' Bruder Jonatan nutzt Thronwirren der Seleukiden, um den hasmonäischen Einfluss weit auszubauen. Er erhält vom König Alexander Balas die Hohepriesterwürde (!) und wird Feldherr und Statthalter. Der abtrünnige seleukidische Feldherr Tryphon nimmt Jonatan jedoch gefangen und richtet ihn hin. |
| 13–16 | Der dritte Bruder, Simon, **befreit Jerusalem von der seleukidischen Besatzung** und erlangt die früheren Privilegien wieder. Er wird zum Hohepriester und Fürsten der Juden erklärt (14,42). Simon festigt die Macht der Hasmonäer, wird jedoch von seinem Schwiegersohn ermordet. Sein Sohn **Johan Hyrkan** wird vom Volk zum Nachfolger erklärt. |

Übersicht über das 1. Makkabäerbuch

Einen solchen Druck zur Rechtfertigung hat es gegeben, weil sich die Makkabäer nicht mit der Rückeroberung des Tempels begnügt hatten. Dies war zwar das ursprüngliche Ziel des Aufstands gewesen, doch Jonatan und Simon strebten nach einem unabhängigen Staat. So wurden sie in den Augen mancher Gegner zu hellenistischen Herrschern, die sich nicht mehr wesentlich von den einst bekämpften Seleukiden unterschieden. Gegen solche Vorwürfe will das Buch angehen und die Makkabäer eindeutig als Rechtgläubige darstellen. In **1,11** wird daher deutlich gemacht, dass es andere sind, die für das Übel verantwortlich sind, jene nämlich, die sagen: „Wir wollen hingehen und uns mit den Völkern verbrüdern. Denn seitdem wir uns von ihnen absonderten, traf uns viel Unheil.“ Die Hasmonäer hielten im Gegensatz zu diesen Assimilationsgedanken an der besonderen Rolle Israels fest.

Das erste Makkabäerbuch ist ursprünglich in hebräischer Sprache abgefasst worden, doch sind heute nur noch die Septuaginta-Version und Folgeübersetzungen erhalten. Da das Buch den Tod des Hasmonäerherrschers Johan Hyrkan voraussetzt, kann es erst nach 104 v.Chr. verfasst worden sein. Der Verfasser kam wohl aus Palästina, wie seine guten Ortskenntnisse verraten. Es ist erkennbar, dass der Autor des 1.Makk ältere Quellen benutzt hat, so eine seleukidische Königschronik und eine Biographie des Judas. Beim Lesen fallen auch die eingestreuten Lieder auf, die den pseudepigraphen Psalmen Salomos nahestehen. Durch die Verwendung älteren Materials ist das Buch die wichtigste Quelle für diesen Abschnitt der Geschichte Israels. Daher ist seine Lektüre trotz der oft verwirrenden Vielfalt von historischen und militärischen Ereignissen sehr zu empfehlen.

Die Orientierung dabei wird erleichtert, wenn man weiß, dass das Buch die Zeitrechnung der Seleukiden benutzt. Danach war das Jahr 1 das Jahr 312 v.Chr. unserer Zeitrechnung. Die Einordnung in moderne Zeittafeln lässt sich so leicht errechnen.

## 2. Makkabäer

Das *zweite Makkabäerbuch* behandelt einen deutlich kürzeren Zeitraum als das erste Buch; es beschäftigt sich nur mit Ereignissen vom Ende der Regierungszeit des Seleukos IV. (Vorgänger des Antiochus IV. Epiphanes) 187 v.Chr. bis zum Sieg der aufständischen Juden über den Seleukiden Nikanor im Jahre 161 v.Chr., kurz vor dem Tode des Judas Makkabäus. Obwohl das Interesse des zweiten Buches stärker als das des ersten auf theologische Themen gerichtet ist, sind ihm doch wichtige historische Informationen zu entnehmen. So ist der Darstellung der ersten Phasen der Auseinandersetzung um die Hellenisierung des Kults in Jerusalem zu entnehmen, dass es sich hier vor allem um eine innerjüdische Auseinandersetzung gehandelt hat. Im ersten Buch werden undifferenzierter die syrischen Seleukiden verantwortlich gemacht. Die Darstellung der handelnden Makkabäer ist ausgewogener, eine kritiklose Unterstützung der Dynastie wie im ersten Buch findet sich hier nicht. Allerdings finden auch hier Typisierungen statt, etwa die wiederholte Feststellung, dass die Sünder gerechte Strafen erhalten (vgl. 6,13 und 9,28 beim Tod des Antiochus).

Die literarische Besonderheit des 2. Makkabäerbuches besteht darin, dass es in seinen wesentlichen Teilen die Zusammenfassung des ausführlicheren, fünfbändigen Buches eines sonst unbekannten Jason von Kyrene ist, wie der Autor/Redaktor selbst in **2,23–31** angibt. Doch scheinen auch andere Quellen benutzt worden zu sein, dies ist an den beiden vorangestellten Briefen unmittelbar erkennbar. Die Echtheit des zweiten Briefes ist strittig, der erste hatte wahrscheinlich ein semitisches Original, er stammt aus der Zeit um 124 v.Chr. Der Rest des Buches ist ursprünglich in griechischer Sprache verfasst worden. Der Autor hat wohl in der ägyptischen Diaspora gelebt und wird das Werk nach dem Jahre 50 v.Chr. verfasst haben.

| | |
|---|---|
| 1,1–2,18 | **Briefe an die Juden in Ägypten**, die die Aufforderung zur Feier der Tempeleinweihung enthalten. |
| 2,19–32 | **Vorwort des Autors** und Verweis auf das Werk des Jason von Kyrene. |
| 3,1–40 | **Versuchte Beraubung des Tempels durch Heliodor**, der von einer Erscheinung vertrieben wird und sich daraufhin zu Gott bekennt. |
| 4,1–10,8 | Die Hohepriester **Jason und Menelaus führen in Jerusalem hellenistische Bräuche** ein. Danach plündert und entweiht Antiochus IV. Epiphanes den Tempel. **Judas** der Makkabäer entfesselt einen Aufstand und **kann nach dem Tod des Antiochus den Tempel neu weihen**. |
| 10,9–15,36 | Judas kämpft gegen die Nachbarvölker und kann seinen Einfluss ausweiten. Er erreicht die **offizielle Zulassung des Kults**. Als Nikanor, ein seleukidischer Feldherr, gegen den Tempel lästert, wird er von Judas und seinen Truppen getötet. |
| 15,37–39 | **Schlusswort** des Autors. |

Übersicht über das 2. Makkabäerbuch

Der Stil des 2. Makkabäerbuches ist als „pathetische Geschichtsschreibung“ bezeichnet worden. Damit soll ausgedrückt werden, dass der Autor zwar ein historisches Interesse hat, dass es ihm aber in besonderem Maße auf die Weitergabe einer bestimmten Überzeugung ankommt. Hier steht das Geschick des Jerusalemer Tempels im Mittelpunkt. Die drei

Hauptteile berichten von der Gefährdung das wahren Kults durch die Heiden Heliodor, Antiochus und Nikanor und die jeweilige Bewahrung des Heiligtums durch Gottes Hilfe. Zur Erinnerung an die Rettung des Tempels sind das Chanukkafest (10,6ff.) und der Nikanortag (15,36) zu feiern.

Daneben sind im zweiten Makkabäerbuch theologische Vorstellungen ausgesprochen worden, die für das frühe Christentum von besonderer Bedeutung werden. So findet sich in Kapitel **7** die Geschichte vom Martyrium der Mutter und ihrer sieben Kinder, die sich weigerten, Schweinefleisch zu essen. Als alle nacheinander getötet werden, bekennen sie die Hoffnung, dass alle, die so ungerecht leiden, einst auferstehen werden (Verse 9+14, vgl. auch 12,44 und 14,46). Ebenfalls im 7. Kapitel findet sich die Vorstellung, dass Gott alles „nicht aus schon Bestehendem geschaffen hat" (**7,28**), eine klassische Formulierung der *creatio ex nihilo* (vgl. dazu das Thema-Kapitel „Schöpfung"). Eine besondere Thematik des zweiten Makkabäerbuches ist auch das theologische Problem des Leidens. Diese Frage wurde angesichts der Verfolgung der toratreuen Juden durch die Seleukiden virulent. Das Volk leidet, weil es Gott durch frühere Sünden erzürnt hat (5,17f.), doch nach dem Leiden steht wieder Gottes Erbarmen (8,4f.); er setzt den Tempel zu seiner alten Herrlichkeit ein. Damit wird erstmals eine ausführliche Märtyrertheologie formuliert.

## Das Buch der Weisheit / Sapientia Salomonis

Wie das Hohelied oder das Predigerbuch wird das Buch der Weisheit dem König Salomo zugeschrieben, dessen Weisheit nach 1.Kön 10,6 weltbekannt war. Das Buch selbst erwähnt Salomo nicht mit Namen, doch Anklänge an den biblischen Bericht über ihn in 7,7 und 9,8 lassen den Schluss zu, dass jener der Verfasser sein soll. In der griechischen Übersetzung wird das Buch daher mit der Überschrift „Weisheit Salomos" betitelt (=lat. *sapientia Salomonis*), in der lateinischen Vulgata heißt es „Buch der Weisheit".

Die Sapientia Salomonis steht in der Tradition der biblischen Weisheitsliteratur, wie sie durch das Buch der Sprüche, die Reden im Hiobbuch und das ebenfalls apokryphe Sirachbuch repräsentiert wird. Wie diese möchte die Schrift zu einem Leben in Weisheit und Gottesfurcht anleiten; nur so ist eine erfüllte Existenz möglich. Und wie im Hiobbuch soll eine Antwort auf die Frage nach ungerechtem Leid versucht werden (Kap. 3–5). Doch trotz solcher Nähen steht das Buch an einem Schlusspunkt der Entwicklung der israelitischen Weisheit, denn Sprache und Denken der Sapientia sind ebensosehr griechisch-hellenistisch wie biblisch geprägt. Der Autor hat sich einer Vielzahl von Stilelementen der hellenistischen Literatur bedient, beispielsweise stehen die Kapitel 6–9

| | |
|---|---|
| 1–5 | **Gegenüberstellung des Schicksals von Weisen und Toren**, Gerechten und Gottlosen. |
| 6–9 | **Ratschläge des weisen Königs** (Salomo) an andere Könige, in Weisheit zu regieren und um diese zu bitten. |
| 10–19 | Das **Wirken der Weisheit in der Geschichte Israels** als Abbild dessen, wie die Weisheit in der Endzeit wirken wird.<br>Darin: **11,15–12,27**: Gottes unerwartete Milde gegenüber Ägypten und Kap. **13–15**: Der Unsinn des Anbetens von Gestirnen, Tieren und Götzenbildern. |

Übersicht über das Buch der Weisheit

griechischen Traktaten über die Aufgaben eines Königs nahe. Zudem ist deutlich, dass der Verfasser von den philosophischen Strömungen seiner Zeit beeinflusst ist, der Stoa und dem Mittelplatonismus. Gleichzeitig werden auch biblische Vorstellungen weiterentwickelt. Salomos Gebet um Weisheit (1.Kön 3) findet eine Wiederaufnahme in Kap. 9. Die aus Prov 8 bekannte Darstellung der personifizierten Weisheit erfährt nun eine Weiterentwicklung: Die Weisheit gilt hier als Abglanz Gottes; als Ausfluss seiner Herrlichkeit ist sie im gesamten Weltall präsent (7,22–8,1).

Auch auf Themen der apokalyptischen Literatur wird geantwortet. Die bereits formulierte Vorstellung der Auferstehung der Toten wird mit griechischen Vorstellungen weiterentwickelt: Seele und Leib gelten – anders als in der hebräischen Anthropologie – als getrennte Größen, so dass die Seele nach dem Tod wie ein Darlehen zurückgefordert und belohnt oder bestraft werden kann (15,8, vgl. 5,15). Während Gott den Menschen zur Unverweslichkeit geschaffen hat, kam der Tod durch den Neid des Teufels in die Welt (2,23f.). Diese dualistischen Vorstellungen gehen deutlich über das hinaus, was bisher in Israel gedacht (und biblisch begründet) werden konnte.

Ein wichtiges Thema des Buches ist die Abwehr von Götzendienerei und Gottlosigkeit. Es will zeigen, dass die Weisheit Gottes bereits in der Heilsgeschichte von Adam bis zum Exodus über die (ägyptischen) Götzendiener gesiegt hat. Die Heiligen Israels sollen sich demnach auch in Zukunft nach der Weisheit ausrichten, um nicht ein dem Verderben geweihtes Leben zu führen (vgl. 14,21). Damit ist deutlich, dass sich das Buch der Weisheit Salomos primär an jüdische Leser gerichtet hat. Das muss nicht ausschließen, dass auch interessierte Nichtjuden als Adressaten des Autors galten, denen die Überlegenheit der jüdischen Weisheit vorgestellt wurde. Ähnliche Gedanken finden sich bei jüdisch-hellenistischen Schriftstellern dieser Zeit.

Das Werk wird wohl im letzten vorchristlichen Jahrhundert im ägyptischen Alexandrien entstanden sein, gewiss war es auch ursprünglich in griechischer Sprache verfasst. In der christlichen Theologie hat es eine besondere Wertschätzung erfahren, weil die Aussagen über die Weisheit die spätere *Logos*-Theologie des jüdischen Philosophen Philo von Alexandrien und des Evangelisten Johannes vorbereitet haben. Zur Verdeutlichung dieses Gedankens ist es hilfreich, **Sap 7,22–8,1** parallel zum Prolog des Johannes-Evangeliums in Joh 1 zu lesen.

## Jesus Sirach / Ecclesiasticus

Unter dem Namen eines Jesus, Sohn des Sirach, überliefern die Septuaginta und Folgeübersetzungen eine ausführliche Weisheitsschrift. Zwar waren bis in das Mittelalter hinein auch hebräische Texte dieses Buches bekannt, doch erst im 19. Jh. und dann in der Mitte des 20. Jh. wurden in Kairo, Qumran und Massada Teile (ca. 70%) der ursprünglicheren Textfassungen gefunden. Nach der erhaltenen hebräischen Unterschrift lautet der Verfassername „Simon, Sohn des Jesus, Sohn des Eleasar des Sohnes des Sira“. Die spätere lateinische Überschrift „Ecclesiasticus“ orientiert sich wohl an der des Buches Kohelet (Ecclesiastes) und weist darauf hin, dass die Schrift in der Kirche verwendet wurde.

| | |
|---|---|
| | **Vorwort** des Übersetzers |
| 1,1–42,14 | **Weisheitssprüche, Lehrgedichte und Erörterungen** zu verschiedenen Themen, darin: |
| 24,1–22 | **Selbstlob der Weisheit** |
| 42,15–43,33 | Die Werke des Herrn in der **Schöpfung** |
| 44,1–49,16 | Die Werke des Herrn in der **Geschichte Israels:** Das **Lob der Väter** |
| 50 | Das **Lob des Hohepriesters Simon** und Schlussbemerkungen |
| 51 | **Anhänge**: Dankhymnus (V. 1–12) und Gedicht über die Weisheitssuche (V. 13–30) |

Übersicht über das Buch Jesus Sirach

Zu Beginn des Buches (außerhalb der Kapitel- aber mit eigener Verszählung) fällt das vorangesetzte Vorwort des Übersetzers auf, das in vielerlei Hinsicht eine Besonderheit darstellt: Zum einen gibt es bei keinem anderen biblischen Buch Hinweise auf Verfasser, Ort und Zeit der Übersetzung in das Griechische. Hier aber wird mitgeteilt, dass der Enkel des Verfassers das Buch im Jahre 132 v. Chr. in Alexandrien übersetzt habe. Zum anderen belegt das Vorwort, dass es zu dieser Zeit eine geprägte Dreiteilung des biblischen Kanons in „Gesetz“, „Propheten“ und weitere

„Schriften" gegeben hat. Interessant ist auch die übersetzungstheoretische Erörterung darüber, dass sich hebräisches Original und griechische Übersetzung notwendig voneinander unterscheiden müssen.

Die hier gegebene Gliederung trägt dem Umstand Rechnung, dass der erste Hauptteil des Sirachbuches sehr unübersichtlich ist. Ähnlich wie bei den kanonischen Weisheitsbüchern wurden aus heute nicht mehr einsichtigen Gründen Sprüche und Gedanken zu den verschiedenen Themenkomplexen zusammengestellt. Möglicherweise sollen wiederkehrende Erörterungen zum Thema „Weisheit" das Buch strukturieren. Wichtige Problemstellungen des Buches sind die Frage nach der rechten Gottesfurcht (z.B. 1,11–20) und Überlegungen zum Geschick des Menschen innerhalb der Schöpfungsordnung (z.B. 15,11–18,14), die auf die Theodizeefrage (16,22) zulaufen. Daneben finden sich auch Erörterungen zu einzelnen Themen, vgl. Kap. **13** zum Umgang mit Höhergestellten, Kap. **30** über die strenge Erziehung oder Kap. **38** über die Ärzte.

Höhepunkt des Sirachbuches ist sicher Kapitel **24**, in dem es allein um die Weisheit geht. Diese ging vor den Anfängen der Schöpfung aus dem Munde Gottes aus und hat sich dann auf dessen Befehl hin Israel erwählt. V. 23 zieht dann eine überraschende Folgerung: „Dies alles gilt vom Buch des Bundes Gottes, vom Gesetz, das Mose uns befahl." Während das bisherige Selbstlob der Weisheit griechischsprachigen Liedern auf die ägyptische Göttin Isis nahesteht, wird nun erstmals im Judentum die Weisheit mit der Tora identifiziert. Damit gilt das Gesetz, das Israel am Sinai empfangen hat, als Schöpfungsordnung der ganzen Welt.

Diese Tendenz zeigt sich auch im zweiten Hauptteil, der Darstellung der Werke des Herrn in Schöpfung und Heilsgeschichte (**42,15–49,16**). Wie Gott sich in der Schöpfung verherrlicht, so auch in den Werken der Frommen in Israel (43,33). Das *Lob der Väter* in Kap. **44–49** hebt sieben Bundesschlüsse Gottes mit Israel hervor, die die Grundlage für das kultische Leben Israels darstellen. Dies läuft auf den Preis des Hohepriesters Simon II. zu (Kap. 50), dessen segensvolles Handeln (ca. 218–192 v. Chr.) der Autor möglicherweise noch selbst erlebt hat. Ähnlich wie bei der deuteronomistischen Königsbeurteilung werden auch hier nur drei Könige wirklich positiv dargestellt: David, Hiskija und Joschija (49,4).

Das Buch ist einerseits geprägt von einer tiefen Verwurzelung in der jüdischen Tradition, wobei ein besonderes Interesse an priesterlichen Vorstellungen zu notieren ist. Andererseits zeigt es aber auch Einflüsse hellenistischer Denkart, so bei Erörterungen über die Scham (41,14ff.), oder bei den Fragen nach Arzt und Krankheit (38,1ff.). Der Verfasser des Buches wird ein gebildeter Schriftgelehrter gewesen sein. Er hat in Jerusalem nach der Wende vom 3. zum 2. vorchristlichen Jahrhundert gearbeitet. In den aufkommenden Hellenisierungsbestrebungen innerhalb des Judentums, die wenig später zu den Konflikten der Makkabäerzeit führten, hat er Stellung bezogen: Er wollte zu einer Art modernem Judentum führen, das die Traditionen der Väter in Ehren hält, weil nur sie

Aufschluss über den Kosmos und seine Ordnungen geben. Das leichtfertige Nichtbeachten der Überlieferungen, wie es die Hellenisierer taten, und die Aufgabe des Kultus wären für ihn von Grund auf sinnlos.

Seine maßvolle Stimme hat sich nicht durchgesetzt, die Hellenisierer behielten die Oberhand. Und obwohl das Buch von den Rabbinen wie von neutestamentlichen Autoren zitiert wurde, blieb ihm kanonischer Rang versagt. Die Gründe dafür sind unklar. Vielleicht hängt es aber mit seiner Vorliebe für priesterliche Gedanken zusammen, denn diese Traditionen wurden nach der Zerstörung des Tempels abgewertet. Möglich ist auch, dass das auf König Salomo zurückgeführte Koheletbuch der Weisheitsschrift des Sirach vorgezogen wurde. Doch einzelne Texte lebten in der Liturgie der Kirche weiter, so steht noch heute im evangelischen Gesangbuch im Lied 321 ein Zitat aus Sir 50,22ff.

# Das Buch Baruch

Nach Jer 36 war ein gewisser Baruch Schreiber des Propheten Jeremia. Mit seinem Namen wurden später verschiedene Schriften verbunden, vor allem Apokalypsen. Die älteste dieser Schriften ist das Buch Baruch, das der Einleitung zufolge eine in Babylon entstandene Schrift des Baruch für die Deportierten sein soll. Nach der fiktiven Notiz in 1,2 wurde sie im Jahre 582 v.Chr. am Jahrestag der Tempelzerstörung geschrieben. In der Ausgabe der Septuaginta steht Baruch direkt nach dem Jeremiabuch, in den lateinischen Bibeln erst nach den Klageliedern.

Das Buch Baruch ist keine einheitliche Schrift, sondern lässt sich anhand von Sprache und Inhalt in deutlich erkennbare Teile untergliedern:

| | |
|---|---|
| 1,1–14 | **Historische Einleitung** |
| 1,15–3,8 | **Bußgebet der Verbannten** |
| 3,9–4,4 | **Preis der Weisheit** als Buch der Gebote Gottes und ewiges Gesetz |
| 4,5–5,9 | **Klagelieder** und Hoffnung auf Rettung durch Gott |

Es scheint so, als seien die drei Hauptteile ursprünglich selbständige Schriften gewesen, die erst sekundär zusammengefügt und mit der Einleitung versehen wurden. Bei der Lektüre wirkt das Buch nicht als originärer Entwurf, sondern wie eine Sammlung von bereits andernorts niedergeschriebenen Traditionen. So erinnert das Bußgebet der Verbannten in Kap. **1–3** an das Gebet in Daniel 9; dies geht bis zu gleichlautenden Bitten (vgl. 2,19 mit Dan 9,18). Das Weisheitslied liest sich wie Sirach 24 oder Hiob 28; die Klage- und Trostlieder erinnern an Deuterojesaja und die pseudepigraphen Psalmen Salomos.

Über die Herkunft der einzelnen Teile des Buches lässt sich nichts Sicheres sagen. Sie stammen wohl nicht aus Palästina, sondern werden der Diasporasituation entsprungen sein, in der man eine von Gott gesandte Rettergestalt erwartete (4,22). Es ist jedoch nicht klar, ob das Buch oder einzelne Teile ursprünglich hebräisch geschrieben waren, noch gibt es sichere Hinweise zur Datierung. Die festgestellten Abhängigkeiten von anderen Schriften weisen auf eine Entstehungszeit nach dem späten 2. vorchristlichen Jahrhundert.

## Der Brief des Jeremia

Eine der schärfsten Götterpolemiken neben Dan 14 findet sich im Brief des Jeremia, der in der Septuaginta als eigene Schrift überliefert wird. In der lateinischen Vulgata ist er dagegen als Kapitel 6 dem Baruch-Buch angefügt. Dem folgt unter anderem auch die Lutherbibel.

Der Brief lehnt sich in der Form an Jeremias Schreiben an die Verbannten (Jer 29) an, inhaltlich steht er den Götzenpolemiken Jer 10 und Jes 44,9–20 nahe. Das Schreiben will die Verbannten vor der Verehrung babylonischer Götter warnen (V. 72), indem es ihnen in 10 Argumentationsgängen zeigt, dass diese nutzloses Menschenwerk sind. Das geht so weit, dass die Götzen V. 69f. mit einer Vogelscheuche oder einer Dornenhecke verglichen werden, da sie nichts beschützen und sich nicht einmal gegen einen Vogel erwehren können, der sich auf ihnen niederlässt. Charakteristisch für das Büchlein sind die formelhaften Zwischenstücke, die einen Argumentationsgang abschließen: „Daran könnt ihr erkennen, dass sie keine Götter sind, also fürchtet euch nicht vor ihnen" (V. 14+22, vgl. V. 28.39.44.51.56.64.68).

Der Autor der Schrift stammt wohl aus der östlichen Diaspora, wie seine Vertrautheit mit babylonischen Kulten zeigt. Der Brief war ursprünglich hebräisch geschrieben, ist aber nur in Griechisch überliefert. Die Entstehungszeit kann nicht sicher angegeben werden, denkbar ist aber das frühe 3.Jh.v.Chr., als die alten babylonischen Kulte wieder erstarkten. Dazu passt, dass 2.Makk 2,2 den Brief voraussetzt und in Qumran ein griechisches Textfragment aus dem 1. Jh.v.Chr. gefunden wurde.

## Zusätze zu Daniel

Ähnlich wie beim Esterbuch überliefert die griechische Septuaginta mitsamt ihren Folgeübersetzungen für das Danielbuch einen deutlich längeren Text, der den Umfang des hebräisch-aramäischen Teils um ca. 50% übersteigt. Von diesen Zusätzen wurden die beiden Gesänge der Männer im Feuerofen in das Kapitel 3 des kanonischen Buches eingefügt, die anderen als Kapitel 13 und 14 am Ende des Buches eingeordnet. Manche griechische Handschriften stellen auch die Susanna-Geschichte vor Daniel 1, da in ihr von Daniel als jungem Mann die Rede ist. Die Existenz der Zuwächse legt nahe, dass das stufenweise Wachstum des Danielbuches (vgl. oben) auch nach der Kanonisierung des hebräisch-aramäischen Teils weiter angehalten hat. Dies ist für apokalyptische Literatur typisch, wie sich auch an den Büchern 1.Henoch oder 4.Esra zeigen lässt.

Daniel 3 berichtet, wie die drei Freunde Daniels, Schadrach, Meschach und Abed Nego, in den Feuerofen geworfen werden, weil sie sich weigern, das goldene Standbild Nebukadnezzars anzubeten. Im kanonischen Text scheint es dabei einen Bruch zwischen den Versen 23 und 24 zu geben, da der König unvermittelt über einen vierten Mann im Ofen erschrickt. Es ist vermutet worden, dass hier eine Vorform der Gesänge der drei Männer ausgefallen ist. Diese werden als Zusatz in **3,24–90** überliefert, wobei dann Septuaginta und Vulgata den kanonischen Text als V. 91ff. weiterzählen.

Im ersten Lied, dem *Gesang des Asarja* (= Abed Nego nach 1,7 und 3,12) in **3,24–45**, klagt der Beter über sein Schicksal und bekennt die Sünden des Volkes. Es wird die Hoffnung geäußert, dass das Martyrium der drei Männer die Sünden des Volkes tilgen möge. Damit findet sich hier (neben 2.Makk 7) der älteste Beleg für die Vorstellung vom stellvertretenden Sühnetod eines Menschen, ohne den die neutestamentliche Kreuzesbotschaft nicht denkbar wäre.

Der *Hymnus der drei Männer* in **3,51–90** wurde in verschiedenen Kirchen in die Liturgie aufgenommen. Wie in älteren Psalmen (z.B. 19a und 148) die ganze Schöpfung Gott loben soll, so sollen auch hier alle Mächte und Gewalten in den Preis Gottes mit einstimmen. Dabei zeigt sich eine Nähe zur apokalyptischen Literatur insofern, als vom Vorhandensein von Engeln ausgegangen wird; die Naturgewalten werden als Mächte mit eigener Lebendigkeit und direktem Bezug zu Gott verstanden. Dies geht über die älteren Schöpfungsvorstellungen hinaus und soll wohl von der Verehrung solcher Mächte abhalten (vgl. Paulus in Gal 4,9f.), gleichzeitig aber auch die Schöpfermacht Gottes herausstellen.

Die beiden Gesänge sind wohl unabhängig vom Prosatext des Kapitels entstanden. Auch sie waren ursprünglich aramäisch formuliert, sind dann aber früh in das Griechische übersetzt und wohl zu diesem Zeitpunkt in die Erzählung von den drei Männern im Feuerofen gesetzt worden.

Die *Erzählung Susannas Rettung durch den klugen Daniel* in Kap. **13** stellt Daniel in V. 45 so vor, als sei er noch gar nicht in Erscheinung getreten. Das spricht dafür, dass es sich hier um eine ursprünglich selbständige Geschichte handelt, die erst nachträglich mit dem Danielbuch verklammert wurde. Die syrische Übersetzung führt sie als eigenes Buch. Daniel wird hier im Märchenstil als ein junger Weiser (vgl. Ez

28,3) geschildert, der in Babel die schöne und gottesfürchtige Susanna rettet. Diese wird von zwei alten, angesehenen Männern bedrängt. Als sie aber um Hilfe ruft, wird sie von den beiden wegen der angeblichen Verführung eines jungen Mannes angeklagt. Daniel tritt für sie ein und sichert damit Gültigkeit und Durchsetzung der Rechtsordnung der Tora. Die Entstehungsumstände dieser Schrift sind ungeklärt, sie ist zudem in zwei auch inhaltlich stark differierenden griechischen Versionen belegt.

Auch die Erzählungen des Kapitels **14** (*Bel und der Drache*) sind in der Exilssituation angesiedelt. Doch sie stehen inhaltlich näher an den Kapiteln 3–6 und schildern den Konflikt zwischen dem Glauben an den wahren Gott Israels und der Forderung der fremden Könige, einen Götzen anzubeten. In der ersten Erzählung, **14,1–22**, entlarvt Daniel durch eine List den Kult des *Bel zu Babel* (= Marduk) als Betrug der Priester, worauf dessen Tempel zerstört wird. In der zweiten, **14,23–42**, tötet Daniel den als Gott verehrten *Drachen*, worauf er in die Löwengrube (vgl. Kap. 6) geworfen wird. Am Ende steht das Bekenntnis des Königs zum Gott des Daniel. Für diese polemischen Texte ist eine Entstehung noch in vorchristlicher Zeit anzunehmen. Wieder sind zwei abweichende griechische Versionen erhalten, die wohl auf ein aramäisches Original zurückgehen.

## Das Gebet Manasses

Schon an den Zusätzen zu Daniel 3, aber auch an der uneinheitlichen Überlieferung der Psalmen in Qumran (s.o.) ist zu erkennen, dass die Dichtung von Psalmliedern in Israel nicht einfach abgebrochen ist. Ein Beispiel dafür ist das Gebet des Manasse (lateinisch: Oratio Manasse, abgekürzt OrMan). Es wird dem laut der Chronik nach Assyrien verschleppten König Manasse in den Mund gelegt, vgl. **2.Chr 33,11–13**. Weil Martin Luther es für ein vorbildliches Bußgebet hielt, wurde es in seine Sammlung der Apokryphen aufgenommen. In griechischen Bibelausgaben gehört es in die Sammlung der Oden (Lied 12). Es ist erst im 2.Jh.n.Chr. bezeugt, hat aber wohl einen jüdischen Entstehungshintergrund.

Das Gebet setzt mit einem Lob von Gottes Macht und Barmherzigkeit ein (V. 1–8), darauf folgt ein Bekenntnis der Sünde mit der Bitte um Vergebung (V. 9–13). Vertrauensbekenntnis und Lobpreis schließen den Psalm ab (V. 14–16), der ähnlich wie **Dan 9,18** Gottes Bereitschaft zur umfassenden Vergebung von Sünden betont.

# Einführung zu den Thema-Kapiteln

Die folgenden Kapitel sollen die Darstellungen zu den einzelnen biblischen Büchern in vielerlei Hinsicht ergänzen. Zum einen vermitteln sie Hintergrundinformationen, die das Verständnis der Bibellektüre erleichtern. Dazu gehören insbesondere die Kapitel, die die Epochen der Geschichte Israels knapp nachzeichnen und mit den wichtigsten politischen und geistigen Entwicklungen vertraut machen möchten. Andere Abschnitte stellen ein gesamtbiblisches Thema in den Mittelpunkt (z.B. „Bund", „Schöpfung"), das sich auf Texte aus verschiedenen Büchern stützt. Die gesonderte Entfaltung dieser Themen soll das Erfassen der größeren Zusammenhänge ermöglichen, das bei der sonst üblichen Konzentration auf ein biblisches Buch erschwert wird.

Eine weitere Gruppe von Kapiteln soll mit Ergebnissen und Entwicklungen der alttestamentlichen Forschung bekannt machen, die das aktuelle Bild der Wissenschaft vom Alten Testament prägen. Dazu gehört beispielsweise der Abschnitt über die Entstehung des Pentateuch. Hier scheint die Distanz zwischen Forschung und „einfachem" Bibellesen besonders groß zu sein. Doch die Abschnitte möchten zeigen, dass die in der Wissenschaft verhandelten Fragen aus der genauen Lektüre der Schrift erwachsen sind. Dies wird besonders deutlich beim Kapitel über die Reform des Königs Joschija, das mit dem Vergleich des Berichts 2.Kön 22+23 und der Forderungen des Deuteronomiums einsetzt und diese mit dem Befund der aktuellen Archäologie konfrontiert.

Bei der Abfassung der Thema-Kapitel wurde bewusst ein Zugang gewählt, der eher konservativ ist. In der Regel wird dargestellt, was als Mehrheitsmeinung der gegenwärtigen deutschsprachigen Forschung gelten kann. Dafür sprechen v.a. didaktische Gründe, denn Gegenstand der Bibelkunde sind die Vermittlung von Grundkenntnissen und die Einführung in die Problemstellungen, nicht die Diskussion von Forschungspositionen.

Die Anordnung der Thema-Kapitel orientiert sich an der Reihung der biblischen Bücher (vgl. die folgende Übersicht). So soll auf den Zusammenhang zwischen der einzelnen Schrift und den Ergebnissen der Wissenschaft hingewiesen werden. Die Kapitel sind aber in sich verständlich und erlauben so eine erste Orientierung in dem Thema. Die Kapitel zu den historischen Themen können nacheinander gelesen werden, so dass ein erster Gesamteindruck von der Geschichte Israels entsteht; vgl. dazu auch die Tabelle auf S. 198f.

Zur Weiterarbeit finden sich am Ende der einzelnen Abschnitte knappe Hinweise auf weiterführende Literatur, die eine ausführlichere Darstellung bietet. Für das Verständnis ist es jedoch von größerer Bedeutung, wenn die angegebenen Bibeltexte in Hinsicht auf das jeweilige Thema neu gelesen werden.

Zuordnung der Thema-Kapitel zu den einzelnen biblischen Büchern:
*(kursiv: historische Themen)*

| | |
|---|---|
| *Israel und seine Nachbarn* | |
| Das Werden und Wachsen des AT | |
| Theorien zur Entstehung des Pentateuch | Genesis – Deuteronomium |
| Schöpfung | Genesis/Deuterojesaja/ Psalmen |
| Bund | Genesis/Exodus/Jeremia |
| Dekalog | Exodus/Deuteronomium |
| *Exodus und Landnahme Israels* | Exodus/Josua/Richter |
| Opfer und Feste | Exodus – Deuteronomium |
| *Richterzeit und Entstehung des Königtums* | Richter/Samuel |
| *Die Zeit der Reiche Israel und Juda* | Könige/Chronik |
| Der Tempel in Jerusalem | Könige/Jesaja/ Jeremia/Psalmen |
| Joschijas Reform, das Deuteronomium und die Verehrung eines Gottes | Könige/Deuteronomium |
| *Das babylonische Exil* | Könige/Jeremia/Ezechiel/ Deuterojesaja |
| *Nachexilische Geschichte Israels* | Esra/Nehemia/späte Propheten/Apokryphen |
| Psalmengattungen | Psalmen |
| Weisheit | Proverbien/Jesus Sirach |
| Theodizee | Ijob/Prediger |
| Prophetische Kult- und Sozialkritik | Propheten |
| Messianische Texte des Alten Testaments | Propheten |
| Apokalyptik | Daniel/Apokryphen |
| Das Menschenbild des Alten Testaments | Pentateuch/Psalmen |
| Frauen im Alten Testament | Rut |
| Engel im Alten Testament | Sacharja/Daniel/Tobit |
| Qumran und das Alte Testament | |
| Der Name Gottes | |
| Ausblick: Biblische Theologie | |
| Übersetzen der Bibel als theologisches Problem | |

# Israel und seine Nachbarn

Die Geschichte Gottes mit seinem Volk Israel, von der die Hebräische Bibel Nachricht gibt, hat in einem Gebiet stattgefunden, das schon immer im Brennpunkt historischer Ereignisse lag. Grund dafür ist die besondere Lage des Landes, das in der Bibel Kanaan oder Israel genannt wird. Es wird im Westen durch das Mittelmeer, im Osten durch die Wüste begrenzt und ist damit Teil der Levante. Der Einschnitt des Jordan und das Tote Meer teilen es in das Ost- und Westjordanland. Im Süden schränkt die Negevwüste die Möglichkeiten zur Besiedelung ein, den nördlichen Abschluss bilden die Gebirgszüge Libanon und Antilibanon. Innerhalb Palästinas sind das Gebirge Juda und der Höhenzug des Karmel die beherrschenden geologischen Formationen, so dass sich leistungsfähige Verkehrswege nur in den wenigen tieferliegenden Ebenen ausbilden konnten.

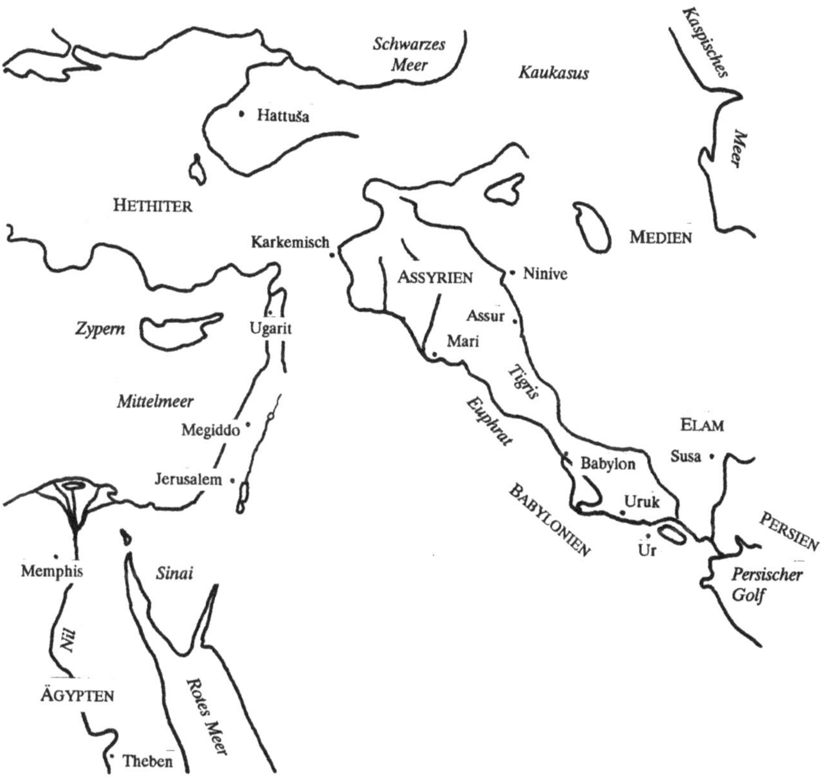


Übersichtskarte: Israel und seine Nachbarn

Betrachtet man Israel/Palästina in einem größeren geographischen Zusammenhang, so fällt auf, dass es von drei Gebieten mit dominierenden

Mächten umgeben war: Im Süden Ägypten, im Norden Kleinasien und im Nord-Osten Mesopotamien. Die Verbindungswege zwischen diesen größeren Mächten führten zwangsläufig durch kanaanäisches Gebiet, was sich zwar positiv bei Handelsbeziehungen (etwa für die phönizischen Städte an der Küste), doch auch negativ bei Kriegszügen auswirken konnte. Tatsächlich haben sich vor allem Ägypten und die wechselnden Reiche des Zweistromlandes bis in die hellenistische Zeit darum bemüht, Palästina in ihren jeweiligen politisch-militärischen Einflussbereich zu bringen.

Zum ersten Verständnis der Geschichte Israels ist das Wissen um einige politische Entwicklungen der Zeit des 2. und 1. Jt.v.Chr. nötig. Zu Beginn des 2.Jt. (Mittelbronzezeit) steht Palästina unter *ägyptischer* Oberherrschaft, die dann aber von den *Hyksos* abgelöst wird, einer Koalition wohl vorderasiatischer Stämme. Diese Zeit gilt als Umbruchszeit, in der es kriegstechnische (Festungsbau, Streitwagen) und gesellschaftliche Neuerungen (Feudalsystem) gibt. In der späten Bronzezeit vom 16.–13. Jh. erstarkt Ägypten wieder. Die Pharaonen der 18. Dynastie konnten die Hyksos zurückdrängen und ihren Einflussbereich über Syrien/Palästina hinaus bis zum Euphrat ausdehnen (Schlacht bei Megiddo, 1468). Die folgende 19. Dynastie ist wegen der Pharaonen Ramses II. und Merenptah für die Geschichte Israels von besonderem Interesse, da mit dieser Zeit der Auszug aus Ägypten und die älteste Erwähnung Israels zu verbinden sind. Die ägyptische Macht ließ nach; in das entstehende Vakuum stießen von Norden her die *Hethiter* nach. Als Grenze zwischen Ägypten und den Kleinasiaten wurde um 1280 Kadesch am Orontes in Syrien festgelegt. Im südlich gelegenen Palästina gab es damit faktisch keine Zentralgewalt mehr.

Das Hethiterreich ging um 1200 (Eisenzeit I) unter, möglicherweise wegen der Expansion einer neuen Volksgruppe, den später *Philister* genannten Seevölkern. Auch die syrische Handelsstadt Ugarit wurde durch in diese Zeit zerstört. Gleichzeitig kam es zu einer Wanderungsbewegung von *Aramäerstämmen,* die von den Wüsten her in das Kulturland einzogen und Gebiete beanspruchten, die nicht von den kanaanäischen Stadtstaaten kontrolliert wurden. In diesem historischen Zusammenhang kam es zu Beginn der Eisenzeit II um 1000 v.Chr. zur Bildung eines eigenen israelitischen Staatswesens.

Unter dem Pharao Schischak/Scheschonq (22. Dyn.) kam es wohl um 930 erneut zu einer kurzen ägyptischen Vorherrschaft über Palästina (1.Kön 14,25), dann ein letztes Mal in alttestamentlicher Zeit um 600 unter Necho (26. Dyn.) nach dem Fall der Assyrer und vor der Eroberung durch die Neubabylonier (2.Kön 23,29f.; vgl. dazu die entsprechenden Thema-Kapitel).

Mittlerweile waren die Reiche aus dem Zweistromland die dominierenden Mächte geworden. Hier ist für die geschichtliche Entwicklung der häufige Wechsel der Vorherrschaft unterschiedlicher Regionen und Völker von Bedeutung, der durch ständige Wanderungsbewegungen einzelner Völkergruppen ausgelöst wurde.

Durch Sargon I. von *Akkad* (um 2300) und Hammurabi von *Babylon* (um 1700) war es dort zu ersten zentralistischen Großreichbildungen gekommen, die das bisherige Stadtstaatensystem (Mari, Ur, Uruk u.a.) ablösten. Das babylonische Reich wurde jedoch durch die Hethiter zerstört. Mit Tiglat-Pileser I. entstand dann um 1100 das *assyrische* Großreich, das sich bis in die ehemals hethitischen Gebiete zum Mittelmeer ausdehnte und in der Folgezeit vor allem wegen seiner straffen Verwaltung und der rücksichtslosen Kriegszüge den gesamten Vorderen Orient beherrschte. So wurde auch das Gebiet des Nordreichs Israel zwischen 730 und 720 unter Salmanassar V. und Sargon II. nach und nach von den Assyrern besetzt und schließlich ganz erobert. Die Oberschichten wurden deportiert, fremde Bevölkerungsgruppen angesiedelt. Das Südreich Juda wurde politisch abhängig. Das Heer des Assyrerkönigs Sanherib stand 701 gar vor Jerusalem, ohne es jedoch erobern zu können (2.Kön 18+19). Unter seinem Sohn Asarhaddon kamen die Assyrer 671 bis nach Ägypten.

Verbündet mit den *Medern* errangen dann aber die *Neubabylonier* die Vorherrschaft; mit der gemeinsamen Eroberung Ninives im Jahr 612 war das Assyrerreich gefallen. Die Neubabylonier erreichten mit Nebukadnezzar den kurzen Höhepunkt ihrer Macht (587/6: Eroberung Jerusalems). Im Nordosten wurden schon die *Perser* unter ihrem Führer Kyrus mächtig, die zuerst die medischen Gebiete und dann 539 auch Babylon eroberten. Die persische Herrschaft, die unter Kambyses um 525 bis Ägypten ausgedehnt wurde, blieb dann bis zum Sieg des *Makedonen* Alexander (333) für die Geschichte Israels/Palästinas maßgeblich. Danach begann die wechselhafte Geschichte der hellenistischen Diadochenreiche.

📖 *K.R. Veenhof*, Geschichte des Alten Orients bis zur Zeit Alexanders des Großen, ATD Erg. 11, 2001.

*E.A. Knauf*, Die Umwelt des Alten Testaments, NSK-AT 29, 1994.

*W. Zwickel*, Einführung in die biblische Landes- und Altertumskunde, 2002.

## Das Werden und Wachsen des Alten Testaments

Die Bücher des Alten Testaments bilden einen Erzählbogen ab, der in der Genesis zunächst von der Schöpfung über die Urgeschichte der Menschheit bis zu den Erzeltern Israels reicht. Vom Buch Exodus an wird dann der Aufenthalt der Israeliten in Ägypten, ihre Flucht und ihre lange Wanderung bis zur Ansiedlung im Land östlich (so in Numeri, wiederholt im Dtn) und westlich des Jordan (im Buch Josua) berichtet. Erst jetzt werden annähernde Datierungen möglich; der Exodus kann um 1200 stattgefunden haben, danach entstanden schrittweise israelitische Siedlungen in Kanaan (vgl. das Thema-Kapitel zum Exodus).

In den Büchern Richter bis Könige lässt sich dann die Geschichte der Israeliten von den Anfängen eines Stämmebundes über die Königszeit bis zum Untergang der Staaten Israel und Juda lesen. Eine zweite, an vielen Stellen abweichende Version dieser Ereignisse wird im Buch der Chronik mitgeteilt; die davon beeinflussten Bücher Esra und Nehmia ziehen die Linie dann weiter in die Zeit nach der Rückkehr aus dem Exil. Schon daran wird deutlich, dass die Texte aus verschiedenen Epochen stammen müssen und dass in ihnen unterschiedliche Versionen der gleichen Ereignisse mitgeteilt werden.

In den beiden anderen großen Abschnitten der hebräischen Bibel finden sich Bücher, die in diesen von den Geschichtsbüchern beschriebenen zeitlichen Rahmen einzuordnen sind: Die prophetischen Schriften sollen nach ihren eigenen Datierungsangaben in der Zeit vom 8. (Amos, Hos, Jes, Mi) bis zum 5. Jahrhundert (Sach) entstanden sein. In den Psalmen und Weisheitsschriften finden sich nur gelegentlich Hinweise auf Entstehungssituationen (vgl. Ps 137) oder Verfassergruppen wie Asaf oder Korach; die meisten Texte sind nicht unmittelbar datierbar.

Für die Forschung stellt sich nun die Frage, wie man sich das Zusammenwachsen dieser disparaten Stoffe erklären kann. Welche theologischen oder politischen Interessen können hinter den Sammlungen stehen, welche Gruppen im damaligen Israel können dafür verantwortlich gewesen sein? Erschwert wird diese Frage dadurch, dass in den Texten selbst an sehr vielen Stellen Nähte und Brüche zu erkennen sind; die einzelnen Schriften sind demnach in Stufen gewachsen. Manchmal wird auch auf andere Bücher verwiesen, die uns heute nicht mehr erhalten sind; vgl. das „Buch des Redlichen“ in Jos 10,13. Und schließlich belegen antike Zeugnisse wie die ersten Übersetzungen oder die Textfunde von Qumran, dass es abweichende Textformen und parallele Ausgaben gegeben hat. Man muss also mit einem Ineinandergreifen verschiedener Entwicklungen über einen langen Zeitraum hinweg rechnen.

Einen ersten Zugang zur Problematik bietet die Frage nach den damaligen Entstehensbedingungen von Schriftstücken und Literatur. Aus dem Umfeld des AT sind umfangreiche Sammlungen von mythischen Epen bekannt, so vor allem aus dem nordsyrischen Ugarit, das um 1200 v.Chr. von den Seevölkern zerstört wurde. Hier wurde auch die Alphabetschrift mit dem Konsonantenbestand angewendet, den später das Hebräische verwendete. Etwas älter sind Keilschrifttafeln aus Jerusalem, die (nach 1400 v.Chr.) an den ägyptischen Pharao Amenophis III. gesandt wurden und um Unterstützung baten. Der damalige König Jerusalems konnte sich demnach einen des Akkadischen kundigen Schreiber leisten. Daher ist anzunehmen, dass Grundkenntnisse des kulturellen

Wissens der damaligen Zeit in Israel gegeben waren. Sie werden vor allem am Hof und am Tempel tradiert worden sein. Über die religiösen Vorstellungen im Volk kann man allerdings nur Vermutungen anstellen.

Aus Israel selbst sind nur wenige Texte (Primärquellen) bekannt, die vor das erste Jahrtausend zu datieren wären. Das hängt sicher auch mit den Schreibmaterialien zusammen, denn Papyrus und Leder verrotteten in dem zeitweise feuchten Klima der Levante schneller als im trockenen Wüstenklima Ägyptens. Daher sind vor allem beschriebene Steine oder Scherben gefunden worden. Diese können aber naturgemäß keine langen Textkompositionen enthalten. Wichtige Beispiele sind ein in Gezer gefundener Kalkstein, der ein Kalendarium enthält (10. Jh.) oder eine Bauinschrift aus Jerusalem, die an den Durchbruch des Siloah-Tunnels (8. Jh., vgl. 2.Chr 32) erinnert. Der einzige auch aus der Bibel bekannte Text, den man bei Ausgrabungen gefunden hat, ist der aaronitischen Segen aus Num 6,24–26, der auf kleine Silberstreifen geritzt ist.

Kalender von Gezer, ca. 7x11 cm

Von besonderem Interesse ist daher eine deutlich umfangreichere Wandinschrift, die in Deir Alla, einer Siedlung im Ostjordanland im heutigen Jordanien, gefunden wurde. Sie stammt aus dem 9. Jh. und enthält eine ausführliche Komposition prophetischen Inhalts, in deren Mittelpunkt der Seher Bileam steht (vgl. oben zu Num 22–24). Ebenfalls aus Jordanien stammt eine Stele mit dem Kriegsbericht des Königs Mescha von Moab (9. Jh.). Zu nennen ist auch eine in Dan im Norden Israels gefundene Stele, auf der erstmals außerbiblisch das „Haus Davids“ bezeugt ist. Man kann annehmen, dass auch Teile der israelitischen Überlieferungen anfangs als Bauinschriften oder Stelen tradiert wurden.

Die neuere Forschung hat zudem die Ikonographie als eine wichtige Informationsquelle erkannt: Zum Bestätigen von Käufen etc. wurden sogenannte Stempelsiegel verwendet, die meist mit mythologischen Szenen verziert waren und den Namen des Stempelinhabers aufwiesen. Daran lässt sich erkennen, dass im vorexilischen Israel eine große Bandbreite mythologisch-religiöser Motive bekannt gewesen ist, die vor allem aus dem syrischen Raum, aber auch aus Ägypten stammten.

Man kann demnach davon ausgehen, dass es schon in der frühen Königszeit einen Fundus an religiösen und historischen Überlieferungen gegeben hat. Diese wurden nach und nach verschriftet und bildeten den Grundstock der späteren biblischen Texte. Solche Überlieferungen können z.B. Gründungslegenden von Heiligtümern, Erinnerungen an Kriegszüge und Kämpfe und Sagen über die Richter und Könige gewesen sein.

Neben Verwaltungstexten und diplomatischer Korrespondenz gehören zu den ersten Schriften auch die Annalen der Könige, Rechtstexte und Lieder oder Rituale, die im Kultus verwendet wurden. Daraus haben sich dann umfangreichere Erzählkreise und Sammlungen von Psalmen und Gesetzen entwickelt. Wahrscheinlich wurden diese Schriften am ehesten im Umkreis des Tempels und des Königshofes tradiert, da es hier Schreiber gab und die Texte für die Ausbildung verwendet werden konnten.

Eine Besonderheit Israels war dann ab dem 8. Jh. auch die Zusammenstellung prophetischer Aussprüche unter dem Namen eines konkreten Propheten. Dies geschah wohl durch seine Anhänger, um die prophetische Botschaft zu bewahren, vgl. Jes 8,16. An diesen Schriften lässt sich auch gut erkennen, wie man sich das weitere Wachstum der Literatur vorzustellen hat: So weissagte Hosea ursprünglich nur gegen das Nordreich. Nach dessen Eroberung kamen Hoseas Sprüche in den Süden nach Jerusalem. Dort wurden sie zum einen in andere Überlieferungen aufgenommen, z.B. in die des Propheten Jeremia (vgl. Hos 4,12f. mit Jer 2,20). Zum anderen wurden die Hosea-Texte selbst erweitert und aktualisiert, damit man sie nun auch auf Juda beziehen konnte, vgl. etwa Hos 5,5, wo der Text „mit ihnen strauchelt auch Juda“ deutlich nachklappt.

Die Überlieferungen sind also nach und nach gewachsen, immer in Abhängigkeit von und als Reaktion auf bestimmte historische oder religiöse Entwicklungen. Einschneidende Ereignisse waren dabei vor allem der Untergang des Nordreiches und die Zerstörung des Tempels in Jerusalem. Diese Katastrophen mußten gedeutet und verarbeitet werden; dies schlug sich in der Literatur nieder und führte zur Erweiterung und Umgestaltung vorhandener Texte. Besonders deutlich lässt sich das an den deuteronomistischen Deutetexten in den Büchern Josua bis Könige erkennen, etwa bei Josuas Ermahnung in Jos 23 oder der Beurteilung des Nordreiches Israel nach seinem Untergang in 2.Kön 17 (vgl. oben S. 27 die Einführung zum Deuteronomistischen Geschichtswerk).

Vor allem für die Zeit des Exils und die Epoche danach ist mit einer intensiven Arbeit an den bisherigen Überlieferungen zu rechnen. So wachsen dem Kern des Jesajabuches weitere Schichten hinzu („Deuterojesaja“), die auf die theologischen Anfragen reagieren, die aus der Zerstörung des Tempels resultieren. Auch die priesterliche Schicht des Pentateuch entsteht nun und verankert wichtige Identitätsmerkmale wie den Sabbat und die Beschneidung in den alten Überlieferungen. Zudem ist nun zu regeln, wie man in der Diaspora fern des Tempels gottgefällig leben kann, darauf reagiert etwa die Josephsnovelle, die den Erzelterngeschichten der Genesis angefügt wird. Die ersten Umrisse des späteren Kanons der hebräischen Bibel entstehen in dieser Zeit.

In der gegenwärtigen Forschung ist nicht strittig, dass die biblischen Texte in dieser Weise gewachsen sind. Strittig ist aber die Frage, welche Textelemente wann entstanden sind oder zugefügt wurden. Keine Einigkeit besteht außerdem darüber, von welcher Epoche an mit schriftlichen Überlieferungen gerechnet werden kann; manche Forscher rechnen mit der frühen Königszeit, andere erst mit dem 8. Jh. Aus der Frühzeit Israels gibt es wahrscheinlich keine Texte mehr. Schließlich ist in der Exegese strittig, wie genau sich spätere Elemente in den Texten von älteren abheben und dann noch datieren lassen. Das führt zu einer erheblichen Uneinheitlichkeit der aktuellen Forschung, die gerade Studierenden die Orientierung erschwert.

*K. Smelik*, Historische Dokumente aus dem alten Israel, 1997.
*K. Schmid,* Literaturgeschichte des Alten Testaments, 2008.
*D.M. Carr,* Einführung in das Alte Testament, 2013.

## Die Entstehung des Pentateuch

Die Frage nach der Herkunft der fünf dem Mose zugeschriebenen Bücher bewegt die Bibelwissenschaft schon lange. Bereits in der Reformationszeit wurde darauf hingewiesen, dass Mose nicht ihr Verfasser sein könne, da er ja schwerlich über seinen eigenen Tod berichten konnte (Dtn 34). Während dieses Argument damals noch mit Hinweis auf die prophetische Gabe des Religionsstifters abgewehrt werden konnte (vgl. Dtn 34,10), brach sich im 18. und 19. Jahrhundert die Erkenntnis Bahn, dass der Pentateuch nicht das Werk eines Schriftstellers sein kann. Folgende Beobachtungen am Bibeltext waren der Hintergrund dieser Überlegungen:

- Zu Beginn der Genesis werden zwei verschiedene Berichte über die Schöpfung mitgeteilt, Gen 1,1–2,4a und 2,4b–3,24.
- Die Berichte unterscheiden sich nicht nur durch Stil und Sprachgebrauch, sondern vor allem durch die Verwendung zweier Gottesnamen: יְהוָה, JHWH und אֱלֹהִים, *'ᵃlohîm.*
- Auch in anderen Texten konnten deutliche Unterschiede in Stilistik und Sprachgebrauch festgestellt werden. So heißt der Gottesberg von Ex bis Num *Sinai,* im Dtn dagegen *Horeb.*
- An verschiedenen Stellen finden sich Erzählungen, die offenbar aus zwei Versionen eines ähnlichen Berichts zusammengesetzt worden sind, so vor allem beim Sintflutbericht Gen 6–9 und der Plagenerzählung Ex 7,14–11,10.

Daraus wurde geschlossen, dass der Pentateuch aus zwei Quellen, oder Urkunden, entstanden sein müsse, die miteinander zu einem Erzählstrang kombiniert worden waren (sog. [*ältere*] *Urkundenhypothese*). Die dieser These zugrundeliegende exegetische Methode ist die der *Literarkritik*, der es darum geht, von der vorliegenden Gestalt der Texte ausgehend ihre schriftlichen Vorstufen bis hin zur Erstverschriftung des ältesten Textteils zu erhellen.

An verschiedenen Stellen wurde dann festgestellt, dass Dichtungen (etwa die Stämmesprüche Gen 49) oder gesetzliche Regelungen (so das Heiligkeitsgesetz Lev 17–26) den Erzählverlauf unterbrechen; das Buch Deuteronomium wiederholt gar ganze Stücke der vorhergehenden Bücher. Daraus wurde gefolgert, dass der Pentateuch aus verschiedenen Einzelstücken, Fragmenten, entstanden sei, die als ursprünglich unabhängige Einheiten zusammengestellt wurden (sog. *Fragmentenhypothese*).

An anderen Stellen entdeckte man redaktionelle Texte, die offenbar nachfolgende Berichte theologisch interpretieren sollen, so zum Beispiel Ex 19,3–8 vor der Sinai-Offenbarung. Dies führte im Verbund mit den anderen Beobachtungen zu der Überlegung, dass nur eine vorgegebene Hauptquelle oder Grundschrift durch anderes Material ergänzt wurde (sog. *Ergänzungshypothese*).

Am Ende des 19. Jahrhunderts wurde dann als erster Konsens von Julius Wellhausen die grundlegende *neuere Urkundenhypothese* formuliert: Danach bildeten zwei wegen des verwendeten Gottesnamens *Jahwist* (J) und *Elohist* (E) genannte Quellen den Grundstock des Pentateuch. Sie seien im 9. und 8. Jh. entstanden. Kurze Zeit später sei im Zusammenhang mit Joschijas Reform im 7. Jh. der Grundstock des Deuteronomiums (D) entstanden. Diese beiden Komplexe wurden dann um 550 durch einen Redaktor verbunden. Der so aus JE und D zu einer dritten Quelle geformte Komplex JED sei dann noch später (um 400) durch einen Redaktor um die Priesterschrift (P), eine ebenfalls ursprünglich selbständige Quelle, erweitert und in die heutige Form gebracht worden. Diese Hypothese wurde gelegentlich insofern modifiziert, als man annahm, dass P vor D an JE angefügt worden sei.

Diese Hypothese wurde in der folgenden Zeit verfeinert durch die Ergebnisse der *Formgeschichte* und *Traditionsgeschichte*, die nach den vor-schriftlichen Vorstufen und Prägungen von Texten fragten. Dies führte zu dem Ergebnis, dass in den einzelnen Quellen vielfach älteres Material erhalten ist. Bei den Verfassern handelt es sich also mehr um Sammler denn um Autoren. Dabei haben diese Sammler aber durch die Einführung eigener Formulierungen das Material in je eigener Weise gedeutet. Vor allem aber habe der Jahwist durch seine Anordnung der Stoffe, die sich an alten Glaubensbekenntnissen Israels (vgl. Dtn 26,5–9) orientierte, dem Pentateuch (bei Erweiterung um das Buch Josua: Hexateuch) erst seine besondere Form gegeben.

In den letzten Jahrzehnten wurde der in dieser Theorie formulierte Konsens vor allem in der deutschsprachigen Forschung weitgehend aufgegeben. Die neueren Diskussionsbeiträge sind sich meist darin einig, dass am Anfang der Traditionsbildung nicht umfassende Quellenschriften, sondern kleinere Erzähleinheiten standen. Damit werden Beobachtungen der alten Fragmenten- oder Erzählkreishypothese wieder aufgenommen. Strittig ist dann aber, wie und wann aus diesen kleinen

Einheiten der Pentateuch oder aber noch größere Erzählbögen bis zur Landnahme oder zum Exil zusammengewachsen sind. Dabei werden vor allem folgende Fragen diskutiert:

- Das Alter des Jahwisten. Die Datierung in das 9. Jh. ist aufgegeben worden, man setzt diese Quelle jetzt vielfach kurz vor dem Exil, exilisch oder noch später an. Das Siglum „J“ wird bei E. Zenger und anderen nun für ein neu angenommenes Jerusalemer Geschichtswerk verwendet, das erstmals Väter- und Exodusüberlieferungen zusammengestellt habe und bis ins Josuabuch reichte. Manche Forscher gehen allerdings davon aus, dass es eine umfassende Quelle „J“ gar nicht gegeben hat.
- Die Existenz einer Quelle „Elohist“. Sie wird von manchen Forschern noch angenommen und als Reaktion auf den Untergang des Nordreichs verstanden. In den meisten neueren Entwürfen wird ihre Existenz aber inzwischen verneint. Die früher der Quelle E zugeschriebenen Texte weisen wohl nicht auf ein eigenes Werk hin, sondern sind eher als eine *Ergänzungsschicht* zu J aufzufassen, wobei auch hier wieder ältere Stoffe aufgenommen wurden. Die Datierung dieser Redaktionsarbeit ist damit abhängig von der Datierung der Grundschicht „J“. Verwirrend ist, dass das Siglum „E“ nun auch für eine angenommene frühe Exoduserzählung Ex 2–Jos 12* verwendet wird (so R.G. Kratz).
- Die Existenz der priesterlichen Quelle P wird meist nicht in Frage gestellt, da sehr typische sprachliche und inhaltliche Merkmale dafür sprechen. Unklar ist, wie weit P ursprünglich gereicht hat, ob sie mit der Sinaioffenbarung an ihr Ziel gekommen ist oder auch Landgabenotizen hatte. Manche Forscher nehmen nur P als eigentliche Quelle des Pentateuch an, die dann nachexilisch redaktionell erweitert wurde (E. Otto).
- Ein von R. Rendtorff und E. Blum formuliertes Modell geht davon aus, dass es keine Quellen innerhalb des Pentateuch gibt. Ähnlich der alten Fragmentenhypothese seien „größere Traditionseinheiten“ (z.B. Ur- und Vätergeschichte etc.) unabhängig voneinander gewachsen und tradiert worden. Dabei wurden gleiche Stoffe von unterschiedlichen Trägergruppen mit je eigenen Intentionen gesammelt oder neu formuliert. Erst nach dem Exil, unter dem Druck der persischen Herrschaft, die eine Art „Grundgesetz“ von jedem Volk verlangte, seien die unterschiedlichen Komplexe in Stufen zusammengefasst und überarbeitet worden.
- Andere Positionen gehen noch weiter und rechnen nicht mehr mit größeren Überlieferungseinheiten, sondern mit einer Vielzahl von Fortschreibungsprozessen (C. Berner).
- Die ursprüngliche Zusammengehörigkeit von Genesis/Vätererzählung und Exoduserzählung wird hinterfragt (R.G. Kratz, K.

Schmid, J.C. Gertz). Die beiden Überlieferungen weisen so viele inhaltliche Differenzen auf, dass sie getrennt entstanden sein müssen und erst später zu einem Erzählbogen zusammengefügt wurden. Bei der Datierung dieses Vorgangs gibt es unter den Forschern keinen Konsens.

– Diskutiert wird außerdem, ob nicht statt eines Pentateuch eher ein ursprünglicher Hexateuch anzunehmen ist, ob also die Erfüllung der Verheißungen an die Väter im Josuabuch nicht notwendiger Bestandteil der Geschichtskonzeption sein müsse.
– Schließlich wird auch überlegt, ob nicht der Pentateuch überhaupt erst nachträglich aus dem Textgefüge Gen–2.Kön isoliert worden sei (K. Schmid).

Die einzelnen Modelle können hier nicht im Detail wiedergegeben werden; das ist Aufgabe einer „Einleitung in das AT". Dass es in der gegenwärtigen Forschung keinen Konsens über die Entstehung des Pentateuch gibt, liegt daran, dass in jedem Entwurf bestimmte, durch die biblischen Texte vorgegebene Probleme, offen bleiben. Diese offenen Fragen stützen jeweils die Argumentation konkurrierender Thesen. Zudem ist auch innerhalb der Vertreterschaft einer Theorie die Abgrenzung und Zuordnung der Stoffe sehr uneinheitlich. Ein Ende der Diskussion um die Entstehung des Pentateuch ist daher nicht abzusehen. Hinzu kommt, dass in Qumran Texte gefunden wurden, die zwar Stoffe und Themen aus dem Pentateuch enthalten und ebenfalls ein hohes Alter aufweisen (etwa die Tempelrolle), aber nicht in den Pentateuch aufgenommen wurden. Offenbar sind die Probleme noch komplexer.

🕮 *H.-J. Kraus*, Geschichte der historisch-kritischen Erforschung des Alten Testaments, ⁴1988.
*E. Zenger u.a.,* Einleitung in das Alte Testament, 9., aktualisierte Auflage 2016, hg. von Chr. Frevel (Literaturnachweise!).
*W. Dietrich u.a.* (Hg.), Die Entstehung des Alten Testaments, 2014.
*K. Schmid*, Der Pentateuch und seine Theologiegeschichte, ZThK 111, 2014, S. 239–270.

# Schöpfung

Das Alte Testament setzt programmatisch mit zwei Berichten über die Erschaffung der Welt ein (Gen 1,1–2,4a; 2,4b–3,24) und bekennt damit, dass die Lebensgrundlage der Menschheit auf den planenden, gestaltenden Willen Gottes zurückzuführen ist. Diese Ur-Geschichte ist im Rahmen des Buches Genesis durch die Toledot-Formeln mit der Geschichte des Volkes Israel verbunden, letztlich ist die Entstehung Israels so als Ziel der Schöpfung verstehbar.

Die alttestamentlichen Aussagen gelten im Horizont einer gesamtbiblischen Theologie, die beide Testamente umgreift, auch für das Neue Testament mit. Hier nämlich wird keine eigene Schöpfungsvorstellung entwickelt, sondern die alttestamentlichen Vorstellungen (in ihren späteren Entwicklungsstufen) werden einfach vorausgesetzt, vgl. z.B. Hebr 11,3: „Durch Glauben erkennen wir, dass die Welt durch Gottes Wort entstanden ist.“

| | |
|---|---|
| Gen 1,1–2,4a | **Priesterschriftlicher** Schöpfungsbericht |
| Gen 2,4b–3,24 | **Nicht-Priesterlicher (J)** Schöpfungsbericht mit „Sündenfall“ |
| Hi 38+39 | Gottes Macht zeigt sich in der Schöpfung |
| Ps 8 | **Hymnus:** Lob des Schöpfergottes |
| Ps 74+89 | Der **Chaoskampf** JHWHs |
| Ps 104 | Weisheit und **Macht** des Schöpfergottes (Nähe zum Aton-Hymnus des Pharaos Echnaton!) |
| Ps 136 | Gott als Herr von **Schöpfung und Geschichte** |
| Prov 8,22–31 | Die **Weisheit** als Erstling der Schöpfung |
| Jes 40,12–31 | JHWH als Schöpfer und die **Götzen** der Völker |
| Jes 44 | JHWH hat **Israel** geschaffen wie die ganze Welt |

Alttestamentliche Texte mit Bezug zum Schöpfungsglauben

Bei der Beschäftigung mit den Schöpfungsvorstellungen ist die Erkenntnis wichtig, dass das AT sehr verschiedene Vorstellungen enthält:

- Der erste, priesterliche Schöpfungsbericht **Gen 1** schildert, dass die Welt auf Gottes Wort hin entstanden ist. Dabei wird das Verbum ברא *bārā'*, „schaffen“, verwendet, das allein Gott zum Subjekt haben kann. Ziel des 7-Tage-Werkes ist die Erschaffung des Menschen als Ebenbild Gottes, der sich die Erde untertan= urbar machen soll. Mit dem Halten des Sabbat-Tages kann der Mensch Gottes sehr gute Schöpfung anerkennen.

  Die Struktur des Schöpfungsberichtes entspricht der Darstellung vom Bau der Stiftshütte in **Ex 25–40**; Schöpfung und Tempel, Sabbat und Kult sind also aufeinander bezogen.
- Der zweite, üblicherweise dem Jahwisten zugeordnete Bericht in **Gen 2+3** entstand sicher in früherer Zeit. Er ist eher von bäuerlichem Milieu geprägt und stellt den Menschen in den Mittelpunkt, nicht so sehr den ganzen Kosmos. Ohne *Adamah* (=Erdboden) kann der *Adam* (=Mensch) nicht leben, genausowenig als *Isch* (=Mann) ohne *Ischah* (=Frau). Gleichzeitig weiß die sogenannte Sündenfallerzählung in Gen 3, dass trotz der Güte des Werkes Gottes das Böse in der Welt ist und sich die Menschen davor zu hüten haben.

Das Nebeneinander der beiden Berichte im Buch Genesis belegt, dass die Redaktoren nicht einfach *eine* Vorstellung von der Entstehung der Welt hatten, die verabsolutiert werden sollte. Man wusste also bereits damals, dass es immer nur Annäherungen an eine Erklärung geben kann, die stets abhängig sind vom Wissen der jeweiligen Zeit. Das ist auch für moderne Diskussionen um Schöpfungsglaube und Naturwissenschaft von Bedeutung.

Assyr. Rollsiegel: Kampf mit dem Chaosdrachen, daneben der Lebensbaum

Die Schöpfungsberichte der Genesis bezeugen die Vorstellungen von Gott als dem, der durch sein Wort schafft (Gen 1) oder in handwerklicher Weise bildet (Gen 2). Daneben findet sich in anderen Texten die vor allem aus Mesopotamien und Ugarit bekannte Vorstellung, dass Gott einen Kampf mit Chaosmächten zu führen hatte, um so die Ordnung der Welt zu schaffen, vgl. besonders **Ps 18** und **Jes 51,9f**. Diese Chaostiere, benannt als Leviatan, Rahab oder *Tannim* (Meerungeheuer), werden als noch immer hintergründig präsent gesehen; sie bedrohen auch weiterhin die Schöpfung. Auch nach Gen 1 ist die Urflut nicht vergangen, sondern nur gebändigt worden, „am Rande der Schöpfung lauert das Chaos“ (so Gerhard von Rad). Spätere Texte drängen diese Vorstellung zurück. Nach Ps 104,26 wurde der Leviatan von Gott gebildet, damit er mit ihm spielen könne. Eine Existenz aus eigener Macht haben diese Kräfte damit nicht mehr. Das führt letztlich in noch späteren Schriften zur Ausbildung der Vorstellung einer *creatio ex nihilo*, der Schöpfung aus dem Nichts, vgl. **2.Makk 7,28**, die dann auch im Neuen Testament präsent ist, vgl. Röm 4,17.

Die alttestamentliche Literatur beschäftigt sich vor allem in der Exilszeit (besonders Deuterojesaja!) mit dem Problem der Schöpfung. Durch den Untergang des Tempels war der Bezug auf heilsgeschichtliche Ereignisse, beispielsweise den Exodus oder die Geschichte der Davidsdynastie, fraglich geworden. Der eigene Gott schien den Göttern der Gegner unterlegen zu sein. Der Rückgriff auf JHWH als Schöpfer diente dann der Vergewisserung, dass er auch in der Geschichte mächtig ist und die Welt weiterhin erhalten kann.

Dabei ist die Beobachtung wichtig, dass man sich nicht davor scheute, Vorstellungen der Nachbarvölker aufzunehmen. So spiegeln sich in der Vorstellung vom Chaoskampf kanaanäische Mythen, wie sie etwa aus dem nordsyrischen Ugarit bekannt sind. Gen 1 bezeugt die Aufnahme mesopotamischer und ägyptischer Vorstellungen und in Psalm 104 sind gar Teile eines ägyptischen Sonnenhymnus zitiert oder verarbeitet worden.

📖 *W. Beyerlin* (Hg.), Religionsgeschichtliches Textbuch zum Alten Testament, ATD Erg. 1, [2]1985, S. 31ff., 100ff., 210ff.
*O. Keel, S. Schroer*, Schöpfung. Biblische Theologien im Kontext altorientalischer Religionen, [2]2008.
*K. Schmid* (Hg.), Schöpfung, Themen der Theologie 4, 2012.

# Bund

Die hebräische Bibel bezeichnet an theologisch zentralen Stellen das Verhältnis zwischen Gott und seinem Volk mit dem Stichwort „Bund“ (בְּרִית, *b^e^rît*). Damit wird eine Vorstellung verwendet, die in der Umwelt Israels selten auf das Verhältnis zwischen Gottheit und Mensch (vgl. den „Bundesbaʿal“ Ri 8,33), vor allem aber auf Vereinbarungen menschlicher Partner angewendet wurde: Ein Höhergestellter (König) erlegt seinen Untertanen eine bestimmte Verpflichtung auf (sog. *Vasallenvertrag*) oder schließt mit ihnen einen Schenkungsvertrag. [Hierzu gibt es reichhaltiges altorientalisches Vergleichsmaterial, vor allem aus dem hethitischen Bereich.] In keinem Fall sind die Partner gleichrangig, sondern der Bund wird stets vom Höhergestellten gewährt oder gestiftet. Er ist damit für den anderen Bundespartner unverfügbar. Dies schließt ein, dass die Verbindung für den niedriggestellten Partner ausschließlich ist, Bündnisse zu anderen (Göttern oder Mächten, vgl. Ex 34,10–17) also nicht statthaft sind. Das erste Gebot des Dekalogs folgert daher notwendig aus der Bundesvorstellung.

Der Terminus „Bund/בְּרִית“ ist offenbar erst vergleichsweise spät zu einer theologischen Prägung gekommen. Dies geschah wohl im 7. Jh. mit dem Aufkommen der dtn./dtr. Bewegung, möglicherweise beeinflusst durch neuassyrische Verträge, bei der vor Göttern eine Vereidigung (*adê*) geschworen wurde. Vorher gibt es aber auch die Verwendung von „Bund/בְּרִית“ für zwischenmenschliche Verträge, bei denen die (jeweilige) Gottheit als Garant für die Einhaltung des Bundes gilt, vgl. Gen 21 zwischen Abraham und Abimelech. Doch finden sich schon vordeu-

| | |
|---|---|
| Gen 6,18+ 9,1–17 | **Noachbund** mit dem Regenbogen als unverfügbarem Bundeszeichen und den sog. noachitischen Geboten |
| 15,7–21 | **Abrahamsbund**, (Zeremonie: einen „*Bund schneiden*“ vgl. Jer 34,18) |
| 17,1–22 | Gen 17: **Beschneidung** als Bundeszeichen |
| Ex 24,1–11 | Bundesschluss am **Sinai** |
| 34,10ff. | **Erneuerter Bund** am Sinai |
| Dtn 26,16–19 | vgl. Jer 30,22, sog. **Bundesformel**, die eine gegenseitige Zusage beinhaltet |
| Jos 24,14ff. | **„Landtag zu Sichem“**, Bundeserneuerung zwischen Gott und Israel am Ende der Einwanderung |
| 2.Kön 11,4 | **Politischer Bund** Jojadas mit seinen Hauptleuten, V. 17: Bund zwischen Gott, König und Volk |
| 2.Kön 23,1ff. | Joschijas **Bundeserneuerungsfest** |
| Hos 8,1 | Frühe Zusammenstellung von **Bund und Tora** (Datierung strittig) |
| Ps 89+132 | **Davidsbund**, vgl. 2. Sam 7 |
| Jer 31,31–34 | Ansage eines **Neuen Bundes** → 1.Kor 11,25; Lk 22,20 |
| Ez 34,23–31 | **Friedensbund** Gottes mit Israel |

Wichtige Texte zum Thema „Bund“

teronomisch Aussagen über Israel als Gottesvolk (Hos 8,1), die eine besondere Zusammengehörigkeit von Gott und Volk nahelegen und damit die späteren Aussagen vorbereiten. Ebenso ist festzuhalten, dass die im Bundesgedanken ausgedrückte Vorstellung einer speziellen Beziehung zwischen Gott und Mensch auch mit anderer Begrifflichkeit ausgedrückt werden konnte, so etwa mit dem Erwählungsgedanken oder in der Frühzeit prophetischer Verkündigung mit dem Bild von der Ehe Gottes mit seinem Volk, vgl. **Hos 2,20**.

In der Forschung umstritten ist die zutreffende Übersetzung von בְּרִית/*b*[e]*rît*; es wurde angezweifelt, ob „Bund“ den Aussagegehalt des hb. Wortes trifft (Kutsch). Dagegen sollte der Akzent mehr auf den Verpflichtungscharakter des Geschehens gelegt werden, wichtig sei besonders die *Selbstverpflichtung Gottes*; nur selten gebe es wechselseitige Verpflichtungen. Aber: Wo eine בְּרִית/*b*[e]*rît* beginnt, beginnt zwangsläufig ein Verhältnis zwischen den Partnern. Mit der Bundeszusage wendet sich Gott seinem Volk in einzigartiger Weise zu. Der Bundesschluss soll ein Verhältnis des שָׁלוֹם (*šālôm*, Heilszustand) garantieren. Inhalt des Bundes ist zunächst eine Zusage Gottes. Das Halten des Bundes auf Seiten der Menschen impliziert, dass die Gebote/Bedingungen des

Bundes gehalten werden. Doch auch wenn Israel die Gebote hält, ist die Zuwendung Gottes nicht einzuklagen (vgl. Dan 9,18).

In der deuteronomisch/deuteronomistischen Bundestheologie hat die Rede vom Bund die Funktion, das Volk vor dem Bundesbruch zu warnen. Ein solcher Bruch kann durch Abgötterei oder Verletzung der zwischenmenschlichen Aufgaben geschehen. Damit wird „Bund" zu einer umgreifenden geschichtlichen Deutekategorie: Weil Israel den am Sinai/Horeb gestifteten Bund gebrochen hat, kommt es zu den Katastrophen der Geschichte.

In der priesterlichen Theologie (P) wird dagegen ganz auf die Darstellung des Sinai-Bundes verzichtet, es werden nur Noach- und Abrahambund geschildert. P periodisiert mit diesen Bundesschlüssen die Heilsgeschichte Israels. Der Bund wird hier zur reinen *Zusage*, die von Menschen nicht in Frage zu stellen ist; in **Gen 9,17** ist der Regenbogen unverfügbares Bundeszeichen. Zwar können einzelne Menschen oder Generationen aus dem Bund fallen, doch der Bund selbst bleibt bestehen.

Die Erwartung eines neuen Bundes (**Jer 31** u.ö.) geht wie die deuteronomistische Theologie davon aus, dass der erste Bund gescheitert ist/gebrochen wurde. Der verheißene neue Bund hat nun jedoch die Erfüllbarkeit bereits in sich, das Gesetz wird in die Herzen geschrieben. Der Inhalt des Bundes, die Tora, ist aber derselbe, denn diese ist gut. Neu werden muss der Mensch. Damit ist der Weg zu einer eschatologischen Interpretation des Themas „Bund" geöffnet, wie sie im Neuen Testament geschehen ist.

📖 *E. Kutsch*, Art. Bund I. Altes Testament, TRE VII, 1981.
*U. Rüterswörden*, Art. Bund (AT), WiBiLex 2006, www.wibilex.de.
*E. Aurelius*, Bundestheologie im Alten Testament, ZThK 111, 2014, S. 357–373.

# Dekalog / Die zehn Gebote

Der Name *Dekalog* stammt aus dem griechischen Text von **Ex 34,28**, übersetzt lautet er: Zehnwort. Als Dekaloge im engeren Sinne gelten die beiden Reihungen **Ex 20,1–17** und **Dtn 5,6–21**. Daneben finden sich innerhalb des AT noch weitere Reihungen von Rechtssätzen. Der jüdischen Tradition nach gibt es insgesamt 613 Ge- und Verbote in der Tora.

Besonderes Kennzeichen der Rechtssätze ist der sogenannte *apodiktische Stil* (A. Alt) nach dem Muster „Du sollst/wirst (nicht)" als absolute Formulierung ohne Angabe eines genauen Fallbeispiels oder einer Strafandrohung. [Gegenteil: *kasuistischer Rechtssatz*, bei dem ein konkreter

| | |
|---|---|
| Ex 20,1–17 | **Dekalog I** |
| Dtn 5,6–21 | **Dekalog II** |
| Ex 23,10–19 | Vorform zum kultischen Dekalog; **Privilegrecht** JHWHs |
| Ex 34,10–26 (28) | **Kultischer Dekalog** |
| Dtn 27,15–26 | **Fluchformeln** für Verbrechen, die im Verborgenen geschehen (12 Sätze) |
| Lev 18,6–24 | **Ehe-/Reinheitsgesetze** |
| Lev 19,3–12. 13-18 | **Kultische Vorschriften** |
| Hos 4,2 und Jer 7,9 | **Vorstufen** des Dekalogs (oder Anspielungen?) |

Reihungen von Rechtssätzen im AT

*Kasus* samt Strafe geschildert wird: „…wenn einer das und das tut, dann soll ihm das und das geschehen“ (vgl. Ex 21,28–32)]. Die Anordnung von Geboten in 5er oder 10er-Reihen geschah wohl, um das Abzählen und so das Merken zu erleichtern (Mnemotechnik).

An den parallel überlieferten Reihen von anderen Rechtssätzen ist ablesbar, dass die beiden klassischen Dekaloge offensichtlich spätere Bildungen sind, die das Bestreben haben, das gesamte Verhältnis zwischen Gott und Menschen/Israel umfassend zu ordnen. Die älteren Reihen beziehen sich dagegen auf Einzelaspekte (Reinheit, Kultus etc.). Dabei können einzelne Gebote durchaus älter als die Gesamtkomposition sein. Nach Ps 50,7 und 81,9–11 wurden Dekaloge wohl bei kultischen Begehungen rezitiert. Eine Vorform der Selbstvorstellungsformel „Ich bin der Herr“ findet sich in Hos 13,4.

Abbildung der beiden Tafeln des Dekalogs mit Zitaten der ersten Worte der Gebote auf dem Schild einer Torarolle

Der Dekalog als Zusammenfassung des göttlichen Willens setzt voraus, dass Gottes Heilstat *vor* allem menschlichen Antworthandeln geschehen ist; dogmatisch gesprochen: Auf das Evangelium antwortet der Mensch mit der Einhaltung des Gesetze; er tut nur das, was dem Heilshandeln Gottes entspricht. Negativ formulierte Sätze markieren dann die Grenze, hinter der ein bundesgemäßes Leben nicht mehr möglich ist. Die Dekaloge sichern so die Ordnung des Bundes und auf diese Weise ein heilvolles Leben.

Die Doppelüberlieferung des klassischen Dekalogs in Ex 20 und Dtn 5 ist bemerkenswert, weil es zwischen den beiden Versionen ca. 20 Differenzen gibt. Dabei bietet die Dtn-Fassung 13 Erweiterungen, so dass sie wohl als die jüngere Version anzusehen ist. Insgesamt scheint das ganze Buch Deuteronomium den Dekalog auslegen zu wollen. Die einzelnen Abweichungen wie der ursprüngliche Sinn der Einzelgebote sind nicht Gegenstand der Bibelkunde, dazu vgl. die Sekundärliteratur.

| | Römisch-katholisch/Lutherisch | Jüdisch/Reformiert |
|---|---|---|
| 1. | **Selbstvorstellung** Gottes, Ex 20,2/Dtn 5,6 | Jüd: 1., Ref: 1. |
| | **Fremdgötterverbot**, Ex 20,3/Dtn 5,7 | Jüd: 2., Ref: 1. |
| | **Bilderverbot**, Ex 20,4–6/Dtn 5,8–10 | Jüd: 2., Ref: 2. |
| 2. | **Missbrauch des Gottesnamens**, Ex 20,7/Dtn 5,11 | 3. |
| 3. | **Sabbatheiligung**, Ex 20,8–11/Dtn 5,12–15 | 4. |
| 4. | **Elterngebot**, Ex 20,12/Dtn 5,16 | 5. |
| 5. | Verbot des **Tötens**, Ex 20,13/Dtn 5,17 | 6. |
| 6. | Verbot des **Ehebruchs**, Ex 20,14/Dtn 5,18 | 7. |
| 7. | Verbot des **Stehlens**, Ex 20,15/Dtn 5,19 | 8. |
| 8. | Verbot der **falschen Aussage**, Ex 20,16/Dtn 5,20 | 9. |
| 9. | Verbot des **Begehrens des Hauses**, Ex 20,17a, vgl. Dtn 5,21b | 10. |
| 10. | Verbot des **Begehrens von Frau+Sklaven**, Ex 20,17b / Dtn 5,21a | 10. |

Zählung der Einzelgebote des Dekalogs

Im Judentum gilt der erste Satz des Dekalogs nicht als eine Glaubensaussage, sondern als besonderes, erstes Gebot, an Gottes Existenz zu glauben; daher die abweichende Zählung. Die orthodoxe und reformierte Tradition begreift Fremdgötter- und Bilderverbot als getrennte Sätze. Jüdische und orthodoxe/reformierte Tradition differenzieren nicht mehr beim Gebot des Begehrens, so erreichen auch sie die Zehnzahl. Lernstoff ist in jedem Falle die Zählung der Einzelgebote, hier nach der römisch-katholischen und lutherischen Ordnung.

Nach **Dtn 5,22** werden die Gebote auf die beiden Tafeln verteilt, die Mose laut Ex 32,15f./34,1.29 auf dem Gottesberg erhalten hat. Im Exodus-Text gibt es jedoch keinen Anhalt für die Verbindung von Bundestafeln und Dekalog. Nach **1.Kön 8,9** wurden diese beiden Bundestafeln in der Lade im Tempel aufbewahrt.

📖 *F.L. Hossfeld, K. Berger*, Art. Dekalog, NBL I, 1991, S. 400–405.
*W.H. Schmidt u.a.*, Die Zehn Gebote, EdF 281, 1993.
M. Köckert, Art. Dekalog / Zehn Gebote, WiBiLex 2012, www.wibilex.de.

# Exodus und „Landnahme" Israels

Zu den grundlegenden Ereignissen der Geschichte Gottes mit seinem Volk Israel gehört, dass Israel aus dem Sklavenhaus Ägypten befreit und in das Land Kanaan, in dem Milch und Honig fließen (**Ex 3,8** u.ö.), hineingeführt wurde. Dies wird in verschiedenen Bekenntnissen zusammenfassend ausgesprochen (vgl. **Dtn 26,5–9**) und in den Büchern Exodus bis Josua breit entfaltet.

Bei Lektüre des biblischen Berichts entsteht das Bild, dass sich in Ägypten aus der kleinen Gruppe der Nachkommen Jakobs das Volk Israel gebildet habe (Ex 1). Beim Bau der Städte Ramses und Pitom wurden den Israeliten solche Fronmaßnahmen aufgebürdet, dass sie aus Ägypten flohen. Dabei war das entscheidende Ereignis die wunderbare Rettung vor den Truppen des Pharao am Schilfmeer (Ex 11–15). Nach der Offenbarung am Sinai (Ex 19–Num 10) kam es in der Wüste zu Kämpfen mit Arad, den Amoritern (Num 21) und Midianitern (Num 31), bis dann unter der Führung Josuas das Land Kanaan kriegerisch erobert wurde (vgl. Jos 12). Darauf beginnt die Zeit des Sesshaftwerdens Israels, von der das Richterbuch berichtet.

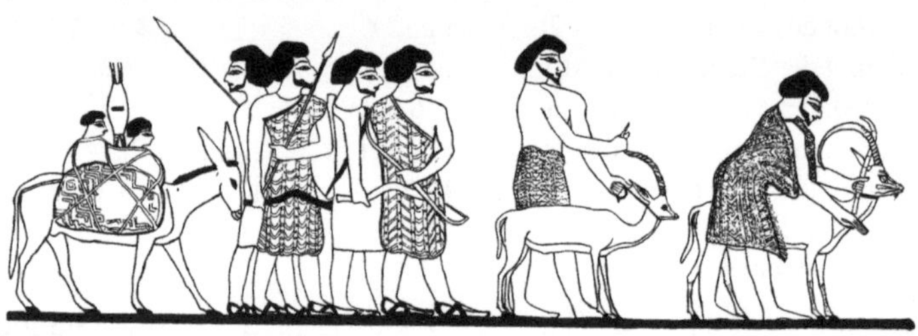

Wandmalerei aus Beni Hasan (Ägypten): Semitische Händler mit ihrem Gut

Doch dieses Bild stellt sich bereits bei genauer Lektüre der Texte als historisch nicht zutreffend heraus. So findet sich in **Ri 1** eine Liste, die aufzählt, welche Städte und Regionen Kanaans von den Stämmen Israels *nicht* erobert werden konnten. **Ri 5** berichtet ebenfalls von nur kleinen Gebieten, in denen die Israeliten siedelten. Das Josuabuch schildert in den Kapiteln 3–9 nur die Situation für den kleinen Bereich des Stammes Benjamin, über die Küstenebene und den Norden wird nichts berichtet. Die Eroberung Jerichos durch Feldgeschrei und Posaunenklang (**Jos 6**) ist erkennbar kein historischer Bericht, sondern will Gottes Macht erzählerisch verherrlichen.

Zu diesen Beobachtungen kommen Ergebnisse der modernen Archäologie. So ist festgestellt worden, dass die Städte Jericho und Ai zur Zeit der Landnahme (13./12. Jh.) gar nicht besiedelt waren. Ausgrabungen anderer Städte, die angeblich zerstört worden sein sollen, zeigen für diese Zeit keine Merkmale einer Eroberung. Auch die Vorstellung, dass ein ganzes Volk aus Ägypten durch die Wüste nach Kanaan ziehen konnte, ist historisch nicht belegbar. „Israel" als Volk ist erst im Lande Israel entstanden, vorher gab es nur den lockeren Zusammenhalt einzelner Stämme. Dies ist auch die Situation, die das Richterbuch voraussetzt.

So steht also fest, dass es eine „Landnahme Israels" in der biblisch berichteten Weise nicht gegeben haben kann.

„Israel" in Hieroglyphenschrift auf der Stele des Pharao Merenptah. Links sind zwei Menschen und drei Striche als Zeichen für „Menschengruppe/Leute" zu erkennen.

Doch die Ergebnisse von Archäologie und Ägyptologie erlauben es auch, in Umrissen ein Bild von der frühen Geschichte des späteren Israel zu beschreiben: So lässt sich verschiedenen ägyptischen Texten aus dem 13./12. Jh. entnehmen, dass mit dem Sammelbegriff „Schasu" bezeichnete Nomadengruppen sich in Zeiten der Not auf ägyptisches Gebiet vorwagten. Ähnliches gilt für „Aamu" genannte Asiaten und für Hebräer/Hapiru. Dabei wird auch das aus Ex 1 bekannte Pitom erwähnt. Ein Beleg aus der Zeit des Amenophis III. (ca. 1400 v.Chr.) verbindet eine Schasu-Gruppe mit dem Gebiet *jhw*; dies ist wohl der früheste Beleg für den Gottesnamen JHWH. Auch der Name „Israel" begegnet in Ägypten, nämlich auf der sogenannten Israel-Stele des Merenptah (ca. 1219 v. Chr.). Charakteristisch ist hier, dass der Name eine in Palästina ansässige Volksgruppe bezeichnet, nicht etwa ein Land oder Gebiet.

So ist als Zwischenergebnis erkennbar, dass ägyptische Texte die Existenz von umherziehenden (Nomaden-)Gruppen belegen, die mit den Namen Hebräer und JHWH verbunden sind. Eine Gruppe „Israel" gibt es dagegen nur im Land Palästina.

Zur Frage, wie es im Lande Kanaan zur Bildung Israels gekommen ist, gibt es konkurrierende Erklärungsmodelle. Eine ältere, besonders in den USA formulierte Vorstellung (sog. *archäologisches* Modell) möchte am Bild einer kriegerischen Landnahme festhalten, da tatsächlich in verschiedenen kanaanäischen Städten Zerstörungsspuren aus der fraglichen Zeit festzustellen sind. Dagegen geht das *territorialgeschichtliche* Modell davon aus, dass Gruppen von Halbnomaden friedlich in dünn besiedelte Zonen Palästinas eingesickert und sesshaft geworden seien. Erst später habe es begrenzte Konflikte mit der Landbevölkerung gegeben. Die dritte, *soziologische* Hypothese stellt fest, dass sich Banden von *Hapiru* (das Wort ist sprachlich mit „Hebräer" verwandt), Entrechteten der kanaanäischen Gesellschaft, unter dem Eindruck der JHWH-Religion zusammengefunden hätten. Gemeinsam wären sie dann als eine Aufstandsbewegung gegen die Stadtstaaten vorgegangen und hätten so den Stämmeverband Israel gebildet.

Der Vorgang der „Landnahme" wird vielschichtiger gewesen sein, als dass er sich mit solchen einlinigen Modellen erklären ließe. Aller Wahrscheinlichkeit nach gab es eine vom Süden, evtl. aus Ägypten her nach Kanaan einwandernde Gruppe, die auch den JHWH-Glauben als integrierendes Element mitbrachte. Dieser Gruppe ist Israels Bewusstsein zu verdanken, dass es ursprünglich ein Fremdling in Kanaan war, dass das Land gute Gabe JHWHs ist. Daneben wird es auch Sesshaftwerdungsprozesse von Nomaden wie den Schasu gegeben haben, ebenso die Aufstandsversuche von sozial deklassierten Gruppen wie den Hapiru.

„Landnahme" war also ein Prozess, der vielleicht mit dem Auszug einer kleinen Gruppe aus Ägypten begann, der dann aber über Generationen hinweg andauerte und von unterschiedlichen völkischen und sozialen Gruppen getragen wurde. Hinzu kommt: Israel entstand zwar in Kanaan, doch es entstand nicht an der Stelle von Kanaan. Manche Kanaanäer werden zu Israeliten geworden sein, andere blieben als Kanaanäer im Land. Daraus resultierten bis in die Königszeit hinein Auseinandersetzungen zwischen diesen Bevölkerungsgruppen, sowohl auf politischem, als auch auf religiösem Gebiet.

🕮 *H.N. Rösel*, Israel in Kanaan. Zum Problem der Entstehung Israels, 1992.

*V. Fritz,* Die Entstehung Israels im 12. und 11. Jahrhundert v. Chr., Biblische Enzyklopädie 2, 1996.

*I. Finkelstein, N.A. Silberman*, Keine Posaunen vor Jericho, 2002.

*Chr. Frevel*, Geschichte Israels, 2016.

# Opfer und Feste

Opfer sind Gaben der Menschen für rituelle Veranstaltungen, durch die das Verhältnis zwischen Mensch und Gottheit beeinflusst werden soll. Als solches haben sie ihren Platz im täglichen offiziellen Kult, bei besonderen Festen und in der persönlichen Frömmigkeit, etwa bei Bitten in Notlagen. Das Verständnis des Opfers ist im AT nicht einlinig: Es findet sich das Motiv der Speisung der Gottheit (so die Schaubrote im Tempel, Ex 25,23–30, polemisch in Ps 50,8–13) oder das des Verzichts auf Wertvolles. Opfer können der Gottheit huldigen, ihren Zorn stillen, Dank oder Buße ausdrücken. Hinzu kommt bei Verspeisung des Opfertieres der Communio-Gedanke einer heilvollen Mahlgemeinschaft zwischen Gott und Opfernden. Ein sekundäres Element ist das der Versorgung der Priester durch die Reste der Opfer (vgl. die polemische Ausdeutung im deuterokanonischen Stück Daniel 14, Bel und der Drache).

Vom Opfer zu unterscheiden ist die Sühne, bei der durch Handauflegen die menschliche Schuld auf das Tier übertragen wird, das dann an der Stelle des Menschen in den Tod geschickt wird. Die eigentliche Sühne wirkt dabei aber die Gottheit durch einen Priester als Bevollmächtigten.

Einen feststehenden Begriff für „Opfer“ kennt das AT nicht. Zusammenfassend gebraucht werden gelegentlich מִנְחָה (*minḥâ*, Gabe) und im priesterlichen Sprachgebrauch קָרְבָּן (*qårbān*, Darbietung). Daher wird hier nach den verschiedenen Opferarten gegliedert:

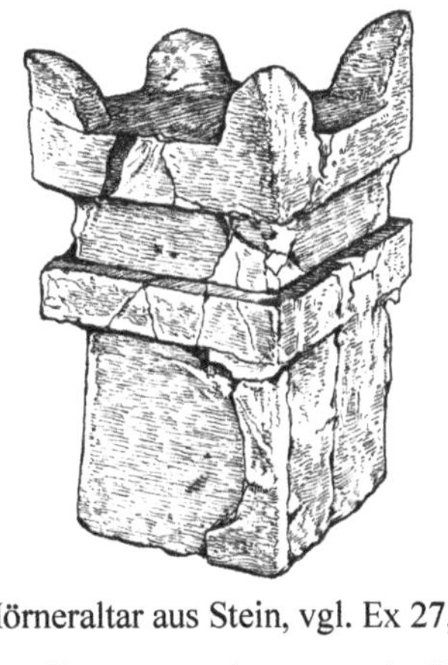

Hörneraltar aus Stein, vgl. Ex 27,2

**Speiseopfer** (מִנְחָה, *minḥâ* Lev 2+ 6,7–11): Hier steht in Israel wie auch sonst im Alten Orient der Gedanke im Hintergrund, dass die Gottheit mit Nahrung zu versorgen ist. Geopfert werden (gesalzene) Brotfladen und Ölkuchen, die vom Priester in das Feuer gegeben werden, dazu als **Trankopfer** Wein und Wasser.

**Brandopfer** (עֹלָה, *'olâ*, Lev 1+6,1–6): Als anderer Name ist auch **Ganzopfer**, כָּלִיל, *kālîl*, gebräuchlich, vgl. Dtn 33,10. Hierbei wird das ganze Tier ohne Haut und unreine Teile auf dem Altar für die Gottheit verbrannt. So wird die Macht des Gottes anerkannt, vgl. Gen 8,20. Opferbare Tiere sind Ziege, Schaf, Rind und Taube. In späterer Zeit werden Brandopfer als *Tamid-Opfer* (= festgesetztes, ständiges Opfer) täglich morgens und abends vor dem Tempel dargebracht.

**Schlachtopfer** (זֶבַח, *zæbaḥ*, vgl. Ex 18,12; Lev 17,8). Bei diesem wohl ältesten Opfer steht der Communio-Gedanke im Mittelpunkt; das Opfer wird im Rahmen eines Kultmahls ursprünglich innerhalb der Familie oder einer anderen Gruppe vollzogen (vgl. 1 Sam 9). Blut und Fett werden verbrannt, das Fleisch wird unter die Teilnehmer verteilt. Durch diesen Ritus entsteht Gemeinschaft mit Gott, die den Teilnehmern Segen vermittelt. Eine gesteigerte Form (oder ein anderer Name?) dieses Opfers ist **Heilsopfer**, שֶׁלֶם, *šælæm*, (in der Regel wird der Plural *šᵉlāmîm* verwendet, vgl. Lev 3+7,11–21). In später Zeit entfällt die Instanz eines allgemeinen Kultmahls. Der Abstand zwischen Gott und Mensch gilt nun als so groß, dass nur noch die Priester das Opfer darbringen dürfen.

**Sünd- und Schuldopfer** (חַטָּאת/אָשָׁם, *ḥaṭṭā'tʼ/āšām*, Lev 4–5,26) sind eher Riten zur Entsühnung als Opfer. Gott nimmt dem Menschen die Sünde ab und überträgt sie auf das Tier. Das Tier wird getötet, das Blut versprengt und die Überreste werden außerhalb des Lagers/Tempels verbrannt. Dieser Vorgang nimmt in späterer Zeit an Bedeutung zu, insbesondere am Versöhnungstag *Jom Kippur*, Lev 16; unter dem Eindruck der Katastrophe des Exils und der prophetisch/deuteronomistischen Interpretation weiß man, dass Israel ständiger Sündenvergebung bedarf.

**Erstlingsopfer** haben im gesamten Alten Orient eine große Bedeutung; die erste Frucht eines Baumes und der erste Wurf eines Tieres werden als Dank für die erwiesene Fruchtbarkeit und als Bitte für weiteren Segen geopfert, vgl. Ex 22,29; 34,19f. Dies geschieht im Rahmen kultischer Mahlzeiten, bei denen es in der Frühzeit keines Priesters bedarf (vgl. Gen 4); der Familienvater konnte das Opfer vollziehen. Später gelten die Erstlingsopfer vor allem der Versorgung der Priester (vgl. Num 28,26ff; Dtn 12,17f; 26,4).

**Kinderopfer** als Opfer des menschlichen Erstlings werden im AT zwar gelegentlich erwähnt, 2.Kön 3,27, oft in Zusammenhang mit dem Gott Moloch, 2.Kön 23,10. Inzwischen kann es als sicher gelten, dass es im phönizischen Bereich solche Kinderopfer gab, in Israel sind sie nicht nachgewiesen. Schon im AT gibt es Anzeichen für Ersatzhandlungen, vgl. Gen 22, oder Auslösungen, Ex 34,20.

In den späteren Schichten des AT werden die einzelnen Opferarten dem einen Gedanken der nötigen Sühne untergeordnet (Priesterschrift), daneben beginnt auch eine Spiritualisierung der Opferbegriffe, insbesondere in weisheitlich beeinflussten Schriften. Vor allem in den dem Tempel – religiös wie geographisch – fernstehenden Gruppen des Judentums kommt es zu Ersatzhandlungen wie Fasten, Almosengeben und Gebeten.

**Feste** sind ebenfalls kultische Begehungen, die am Heiligtum oder im Familienkreis gefeiert werden können. Sie haben einerseits eine identitätsstiftende Funktion, was sich in Israel auch daran zeigt, dass an ihnen Ereignisse der Heilsgeschichte vergegenwärtigt werden. Andererseits strukturieren Sie den Jahreslauf. Ursprünglich haben die meisten Feste daher einen agrarischen oder astronomischen Hintergrund. Das ist beim Mazzot- (Gerste), Wochen- (Weizen) und Laubhüttenfest (Wein) noch gut zu sehen, da hier ausdrücklich auf den *Ernteaspekt* verwiesen wird (vgl. auch oben zu den Erstlingsgaben).

Passa- und Mazzotfest wurden später vereint und mit dem Exodusereignis verbunden; es gibt unterschiedliche Anweisungen, ob das Fest in den Familien (so auch heute) oder zentral am Heiligtum (so zur Zeit Jesu, vgl. Mk 14), gefeiert wird.

**Neujahr** - *Rosch ha-Schanah,* 2-tägiges Fest am 1./2. Tischri (Sept./Okt.)
**Versöhnungstag** - *Jom Kippur*, Fastentag am 10. Tischri (Lev 16)
**Laubhüttenfest** - *Sukkot,* 8-tägiges Fest vom 15-22. Tischri (vgl. Ex 23,16; Dtn 16,13), das an die Wüstenwanderung erinnert (gelesen wird das Buch Prediger Salomo/Kohelet), am Ende wird das Fest der
**Freude an der Tora** - *Simchat Tora* gefeiert (23. Tischri): Die Lesung der Tora wird beendet und neu begonnen
**Lichterfest** - *Chanukka* - 8-tägiges Fest der Wiederweihung des Tempels, 25. Kislew-3. Tewet (Dez./Jan). Erinnert wird an die Entweihung des Tempels im Jahr 167 v. Chr und die Wiederweihe nach dem Makkabäeraufstand 164 v. Chr. Hier wird der 8armige Chanukka-Leuchter verwendet, der von der 7armigen Menora zu unterscheiden ist.
**Purim** - Fest der Erinnerung an Ester und Mordechai am 14. Adar (Feb./März), gelesen wird das Buch Ester
**Passa** - *Pessach,* 8-tägiges Fest zur Erinnerung an den Exodus vom 15.-22. Nisan (Ostertermin, März/April), gelesen wird das Hohelied. Die ungesäuerten Brote gehen auf das Mazzot-Fest zurück, vgl. Ex 23,14
**Wochenfest** - *Schawuot,* Fest zur Erinnerung an die Sinaioffenbarung am 6./7. Siwan (7 Wochen nach Pessach, Pfingsttermin), gelesen wird das Buch Rut. Vgl. Ex 23,16 als alte Belegstelle für das Fest der Weizenernte.
**Trauertag** - *Tischa beAw*, 9. Aw, (Juli/Aug.) Erinnerung an die Tempelzerstörung, gelesen werden die Klagelieder Jeremias

Übersicht über den heutigen jüdischen Festkalender (Jahresbeginn im Herbst)

Der *Jahresbeginn* war in Israel mit der Tag- und Nachtgleiche im Herbst oder im Frühjahr verbunden. Bis heute beginnt das jüdische Kalenderjahr daher im Herbst, allerdings im siebten Monat, was auf eine Verschiebung des Jahresbeginns zurückzuführen ist.

📖 *I. Willi-Plein*, Opfer und Kult im alttestamentlichen Israel, SBS 153, 1993.
*I. Müllner*, *P. Dschulnigg*, Jüdische und christliche Feste, NEB Themen 9, 2002.

*Jahrbuch für Biblische Theologie*, Bd. 18, Das Fest, 2003.
*C. Körting*, Art. Fest (AT), WiBiLex 2007, www.wibilex.de.
*Chr. Eberhart*, Art. Sühne (AT), Wibilex 2007, www.wibilex.de.
*I. Willi-Plein*, Ein Blick auf die neuere Forschung zu Opfer und Kult im Alten Testament, VuF 56, 2011, 16–33.

## Richterzeit und Entstehung des Königtums

Für eine historisch wahrscheinliche Beschreibung der in den Büchern Richter und Samuel berichteten Epoche ist die Forschung in besonderer Weise auf Hypothesen angewiesen. Hier wird – in deutlich später entstandenen Texten – die Binnenperspektive des sich formierenden Israel geschildert, wozu kaum außerbiblisches Material vorliegt. Von den neuen Entwicklungen in Kanaan haben die Großmächte wenig Notiz genommen, und aus den archäologischen Daten lassen sich die Gründe für historische Prozesse kaum ablesen.

Der biblische Bericht geht davon aus, dass sich Israel, seine zwölf Stämme über Ost- und Westjordanland verteilt, im Lande Kanaan einrichtete. Auf militärische Bedrohungen wurde so reagiert, dass ein charismatischer, von Gottes Geist erfüllter Richter den Heerbann zusammenrief und mit Gottes Hilfe die Feinde vertrieb. Nach der Abwehr der Gefahr gingen alle Kämpfer wieder zu ihren Orten zurück. Eine zentrale Führungsinstanz gab es nicht, jedoch sprachen die Richter Recht in Israel (Ri 1–16). Mit der Zeit rissen indes Zustände ein, die einen König vermissen ließen (Ri 17–21). Auch der letzte Richter Samuel (1.Sam 1–7) konnte die alte Ordnung nicht mehr aufrechterhalten, so kam es zur Entstehung von Sauls Königtum (1.Sam 9–15). Doch Saul handelte nicht nach dem Willen Gottes, so dass er verworfen wurde und das Königtum an David überging (1.Sam 16–31). Dieser baute das Reich Israel auf, das sein Sohn Salomo zu überragender Größe führte (2.Sam 1–1.Kön 11).

Diese Darstellung ist erkennbar an theologischen Interessen orientiert, was sich beispielsweise an der schematischen Darstellung der Philistergefahr (Ri 2,11–19) erkennen lässt. Zur Rekonstruktion dessen, was sich historisch tatsächlich in dieser Zeit zwischen 1200 und 1000 v.Chr. ereignet hat, wurde von M. Noth die sogenannte *Amphiktyoniehypothese* formuliert. Danach gab es bereits in dieser Zeit die Vorstellung eines aus 6 oder 12 Stämmen bestehenden Israel, das sich um ein zentrales Lade-Heiligtum sammelte, zu gemeinsamen Festen zusammenkam und ein einheitliches Recht hatte. Die Pflege dieses (apodiktischen) Rechts oblag den kleinen Richtern, während die großen Richter militärische Aufgaben hatten.

Dieses Erklärungsmodell wird inzwischen als nicht mehr tragfähig angesehen, weil festgestellt werden musste, dass es mehr als einen zentralen Kultort gab. Zudem ist das System der zwölf Stämme Israels wohl als eine spätere Konstruktion anzusehen, die von den Geschichtsschreibern in die Frühzeit zurückprojiziert wurde.

Unter dem Eindruck archäologischer und *ethnologischer* Forschungen und *soziologischer* Modelle sind neue Hypothesen formuliert worden. Danach gab es im Kanaan der frühen Eisenzeit eine Vielzahl tribaler Gesellschaften (lat. *tribus*, Stamm), die erst langsam eine ethnische und religiöse Zusammengehörigkeit entwickelten. Der Zusammenhalt wurde auch durch die Formulierung von fiktiven Familienzusammenhängen („Erzeltern") erzeugt. Diese *segmentären* Gesellschaften gelten als *akephal* (gr. ohne Haupt), sie hatten keine gemeinsame Leitungsinstanz. Die Ältesten regelten die Angelegenheiten ihrer Sippen. Bei Problemen, die diesen Horizont überstiegen, entschied ein Kollegium der Ältesten; die Stämme unterstützten sich bei militärischen Aktionen untereinander. Nur einzelne „Richter" konnten kurzfristig ihren Einfluss ausbauen (vgl. Abimelech in **Ri 9**) und sicherten so möglicherweise den Zusammenhalt des gesamten Systems.

Das Grundproblem dieser Überlegungen ist, dass unbeantwortet bleibt, auf welche Weise Israel zur Ausbildung eines Einheitsgedankens kam. Ebenso ist ungeklärt, wie sich der vom Süden herkommende Gott JHWH bei den unterschiedlichen Segmenten der Gesellschaft durchsetzen konnte.

Die Gründe für die Ausbildung eines Königtums in Israel werden implizit bereits in den biblischen Berichten angedeutet: In der südlichen Küstenebene hatten sich zu Beginn des 12. Jh. nach dem Niedergang der ägyptischen Vorherrschaft die *Philister* festgesetzt. Sie bauten stetig die wirtschaftliche und militärische Macht ihres Fünfstädtebundes (Gat, Gaza, Aschkelon, Aschdod, Ekron) aus. Gegen diese Gefahr hatten sich die Stämme zu wehren. Wahrscheinlich war Saul, der erste so bezeichnete König Israels, Führer einer vergleichsweise kleinen Widerstandsgruppe gegen die Philister. Seine Herrschaft reichte kaum über Mittelpalästina hinaus. Sie war noch nicht auf eine zentrale Organisation gestützt, sondern eine Weiterentwicklung des charismatischen Führertums aus der Richterzeit.

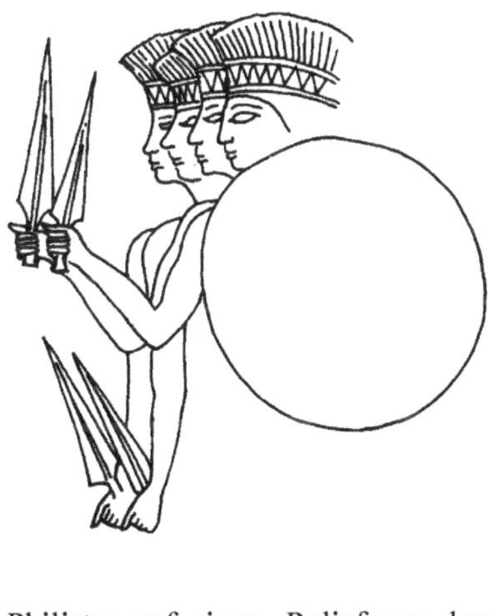

Philister auf einem Relief aus dem Tempel Ramses III. in Medinet Habu

Nachdem Saul und sein Sohn Ischbaals gestorben waren, wurde Sauls Gefolgsmann David König. Allerdings handelte David ursprünglich im Auftrag der Philister, für die er das palästinische Bergland besetzen sollte. Es gelang ihm, sich aus dem Einflussbereich der fremden Fürsten zu befreien und das Gebiet des Stammes Juda und den Stadtstaat Jerusalem in seine Herrschaft einzubeziehen. Später wurde auch mit Israel im Norden ein Herrschaftsvertrag geschlossen (2.Sam 5,3). So entstand ein kurzlebiges Staatsgebilde, das nach dem Tod von Davids Sohn Salomo wieder auseinanderbrach. Nach der Formierung des einheitlichen Reiches Israel konnte David die Herrschaft bis ins Gebiet östlich des Jordan ausdehnen, doch diese Erweiterung war nicht lange zu halten.

Die besondere Bedeutung des Königtums Davids lag vor allem darin, dass er nach Sauls Anfängen ein monarchisches Staatswesen in Israel eingeführt hatte. Zur Ausbildung eines organisierten „Staates" kam es aber erst deutlich später im 9. Jahrhundert. Wichtig ist auch, dass mit der Einbeziehung der früher unabhängigen Stadt Jerusalem ein geographischer und kultischer Mittelpunkt für Israel geschaffen wurde. Dies wurde noch dadurch verstärkt, dass die Lade nach Jerusalem überführt wurde (**2.Sam 6**); möglicherweise hatte damit David erstmals ein zentrales Heiligtum geschaffen. In der Folge dieser Entwicklung kam es dann auch zu einer religiösen Prägung der Königsvorstellung, wie sie aus **Ps 2** und **89** spricht. Das Königtum wurde nun an die Gottesvorstellung gebunden, was die Legitimation des Herrschers unterstützte. Gleichzeitig wurde der Dynastiegründer David idealisiert, was das biblische Geschichtsbild beeinflusste und später zu einer der Wurzeln der Messiaserwartung wurde.

Doch scheint es so, als hätten bestimmte Überzeugungen der vorstaatlichen Zeit die Entwicklung überdauert. Die Stämmegesellschaft war ohne zentrale Machtinstanz ausgekommen; und dieses Bild blieb im Gegenüber zum neuen Staat lebendig und war später möglicherweise grundlegend für die Kritik der Propheten am Königtum oder einzelnen Herrschern (vgl. **Hos 8,4**).

📖 *M. Noth*, Das System der zwölf Stämme Israels, 1930.
*M. Weippert/B. Janowski*, Art. Königtum, NBL 2, 1995, 513–520.
*W. Dietrich*, Die frühe Königszeit in Israel. 10. Jahrhundert v. Chr., Biblische Enzyklopädie 3, 1997.

## Die Zeit der Reiche Israel und Juda

Wie bei den vorangehenden Abschnitten über die Anfänge des Staates Israel ist auch hier wieder zu beachten, dass die Berichte in den beiden Königsbüchern keine *Geschichts*schreibung im heutigen Sinn sind. Sie wollen später, deutlich nach den Ereignissen, *Geschichten* über Gottes Handeln an Israel erzählen. Dabei wird nicht nach historischen Ursache-Wirkungs-Zusammenhängen gefragt, sondern die leitenden Kategorien sind die Stellung eines Königs zu den Geboten der Tora – selbst wenn diese zu jener Zeit noch gar nicht in Kraft gesetzt worden waren.

| Juda | | Israel | |
|---|---|---|---|
| | **Saul** | um 1010 | |
| | **Ischbaal** | | |
| | **David** | um 1004 | |
| | **Salomo** | bis 926 | |
| **Rehabeam** | 926–910 | **Jerobeam I.** | 926–907 |
| **Abija** | 910–908 | | |
| **Asa** | 908–868 | **Nadab** | 907–906 |
| | | **Bascha** | 906–883 |
| | | **Ela** | 883–882 |
| | | **Simri** | 882 |
| | | **Omri** | 882–871 |
| **Joschafat** | 868–851 | **Ahab** | 871–852 |
| | | **Ahasja** | 852–851 |
| **Joram** | 851–845 | **Joram** | 851–845 |
| **Ahasja** | 845/4 | | |
| **Atalja** | 845/4–840 | **Jehu** | 845–818 |
| **Joasch** | 840–801 | **Joahas** | 818–802 |
| **Amazja** | 801–773 | **Joasch** | 802–787 |
| **Asarja/Usija** | 773–735 | **Jerobeam II.** | 787–747 |
| **Jotam** | 757–742, | **Sacharja** | 747 |
| | (Mitregent) | **Schallum** | 747/6 |
| **Ahas** | 742–726/5 | **Menahem** | 747/6–737 |
| | | **Pekachja** | 737–735 |
| | | **Pekach** | 735–732 |
| | | **Hoschea** | 732–724/3 |
| **Hiskija** | 725–697 | | |
| **Manasse** | 696–642 | | |
| **Amon** | 641–640 | | |
| **Joschija** | 639–609 | | |
| **Joahas** | 609 | | |
| **Jojakim** | 608–598 | | |
| **Jojachin** | 598/7 | | |
| **Zidkija** | 597–587/6 | | |

Die Könige Judas und Israels (Zeitangaben dienen der ersten Orientierung)

Im Rahmen dieses Kapitels kann nur ein sehr knapper Überblick zur ersten Orientierung geboten werden, für Details muss auf eine Geschichte Israels verwiesen werden. Die hier gegebene Übersichtstabelle über die Könige Judas und Israels verwendet zur historischen Orientierung die herkömmlichen Datierungen. Die Chronologie der Königszeit ist aber mit so vielen Problemen behaftet, dass eine exaktere Darstellung nicht gegeben werden kann.

Nachdem sich Salomo in den Thronwirren als Nachfolger Davids durchgesetzt hatte (**1.Kön 1f.**), begann in Israel eine Phase des Friedens und des inneren Ausbaus. So wurde der Tempel in Jerusalem nach seinem Neu- oder Umbau als Staatsheiligtum eingesetzt. Damit hatte das junge Reich einen kultischen Mittelpunkt erhalten, der allerdings die vorhandenen Heiligtümer in den Regionen nicht ersetzte. Besonders im Gebiet des späteren Nordreichs wurden langsam erste, übergreifende Verwaltungsinstanzen aufgebaut, im Süden hielten sich dagegen weiterhin die vorhandenen Strukturen des Stammes Juda. Die Bautätigkeit Salomos machte vielleicht auch die Einführung von Arbeitsverpflichtungen der Bevölkerung notwendig, obgleich strittig ist, wie umfangreich sein Bauprogramm wirklich war.

Über die Frage dieser Zwangsarbeit scheint es unter Salomos Nachfolger Rehabeam zum Bruch zwischen den Stämmen im Norden und dem Süden gekommen zu sein. Seit ca. 926 v.Chr. gab es damit zwei unabhängige Staaten, die aber tiefgreifende Differenzen in Verfassung und Organisation aufwiesen. Das Südreich Juda lag etwas abgeschieden von den internationalen Handels- und Verkehrswegen und war daher von den Kriegsgeschehnissen wenig gefährdet. Dominierend im Inneren blieb vor allem der Stamm Juda, deshalb kam es nicht zu größeren Machtkonflikten. Die Dynastie Davids konnte ihre Macht bis zum Untergang behaupten.

Das Nordreich dagegen wurde allein durch seine geographische Lage in die Auseinandersetzungen um die Expansionsversuche der assyrischen Könige hineingezogen. Hinzu kam eine Instabilität im Inneren, die daher rührte, dass die Interessen der einzelnen Stämme oft nicht ausgeglichen wurden. So wurde erst durch Omri mit Samaria eine endgültige Hauptstadt bestimmt (**1.Kön 16,24**), nachdem vorher verschiedene Orte Residenz waren. Ein planvoller staatlicher Ausbau innerhalb des Nordreiches Israel lässt sich erst in der Regierungszeit der Dynastie des Omri erkennen, die um 845 durch einen Militärputsch des Jehu abgesetzt wurde (**2. Kön 10**). Jehu allerdings wurde wenig später den Assyrern tributpflichtig, was auf dem sogenannten „Schwarzen Obelisken" des Salmanassar III., nicht aber im AT selbst festgehalten wurde.

Einen wichtigen Einschnitt auf dem kultisch-religiösen Gebiet stellte offenbar die Einrichtung von zwei Staatsheiligtümern in Dan und Bet-El dar (**1.Kön 12,26ff.**, vgl. **Am 7,10–17**). Damit sollte die israelitische Bevölkerung davon abgebracht werden, sich weiterhin zu bestimmten Wallfahrtsfesten nach Jerusalem zu begeben. In den Heiligtümern standen Stierbilder, die an den Gott des Auszugs erinnern sollten. Die spätere judäische Geschichtsdeutung hat, vom Deuteronomium geprägt,in der Einrichtung dieser Kultorte den Abfall des Nordreichs von Gott gesehen (vgl. oben zu 1.Kön 12). Offensichtlich hatten aber schon vorher

Jehu von Israel (oder sein Gesandter) vor Salmanassar III.

Propheten wie Amos und Hosea die dortigen Kultpraktiken bekämpft (vgl. **Am 5,21ff.**), weil in ihnen kanaanäische und israelitische Bestandteile vermengt wurden.

Das Nordreich Israel erlebte eine letzte Blütezeit unter Jerobeam II., nachdem es in den Jahren davor dauernde Auseinandersetzungen mit den angrenzenden Aramäern (und mit Juda im Süden) gegeben hatte. Doch die assyrische Expansion, die zum Machtverlust der Aramäer geführt hatte, griff dann auch auf Israel-Palästina über, was letztlich zum Untergang des Nordreiches führte (vgl. das Thema-Kapitel „Exil“).

Der assyrischen Bedrohung wollte König Hiskija im Südreich Juda durch Bündnisse mit Nachbarstaaten und mit den Ägyptern entgehen, doch die Opposition brach unter dem Druck der angreifenden Assyrer schnell zusammen. Jerusalem wurde belagert, offenbar aber nicht erobert (**2.Kön 18**). Wie später Joschija (vgl. das Thema-Kapitel) unternahm Hiskija wohl eine Konzentration des Jerusalemer Kults auf die Alleinverehrung JHWHs (**2. Kön 18,4**), dies wohl vor allem unter dem Einfluss von nordisraelitischem Gedankengut, das Flüchtlinge mit in den Süden gebracht hatten.

Unter der Herrschaft von Hiskijas Nachfolger Manasse kam es wohl zu einer neuen Abhängigkeit von den Assyrern, die erst wieder abgeschüttelt werden konnte, als im Osten die Meder und Neubabylonier erstarkten. Durch das so entstandene Machtvakuum gelang es während der Regierungszeit des Joschija noch einmal, Juda zur Selbständigkeit zurückzuführen. Doch bei dem Versuch, den Vormarsch des Pharaos Necho zu stoppen, wurde Joschija dem biblischen Bericht zufolge bei Megiddo getötet.

Nachdem die Neubabylonier 605 bei Karkemisch den ägyptischen Vorstoß abwehrten, geriet Juda in ein neues Vasallenverhältnis. Bei den Versuchen, die neubabylonische Oberherrschaft abzuschütteln, kam es zur Katastrophe der Zerstörung des Tempels und der Exilierung der Oberschicht Judas.

📖 Jede Geschichte Israels, dazu die Artikel zu den einzelnen Königen in einem Bibellexikon.

# Der Tempel in Jerusalem

Der salomonische Tempel in Jerusalem wurde nach dem biblischen Bericht um 950 v.Chr. gemeinsam mit den Palastanlagen des Königs errichtet; er galt als königliches Heiligtum (vgl. schon 2.Sam 24,24: David kauft die Tenne des Jebusiters Arauna). Der Tempel stand auf dem nördlichen Teil der „Ofel" oder „Zion" genannten Anhöhe, der Eingang war nach Osten gerichtet. (Vgl. dazu die Karte Jerusalems am Ende jeder Bibelausgabe.) Es ist umstritten, ob sich das Allerheiligste dort befand, wo heute der heilige Fels unter der Kuppel des moslemischen Felsendoms gezeigt wird, von wo aus Mohammed in den Himmel aufgefahren sein soll. Möglicherweise war diese Stelle aber auch der Standort des Brandopferaltars im Vorhof des Tempels. Bei beiden Lösungen bleiben jedoch Unsicherheiten bezüglich der überlieferten Maßangaben und wegen der Geländeverhältnisse.

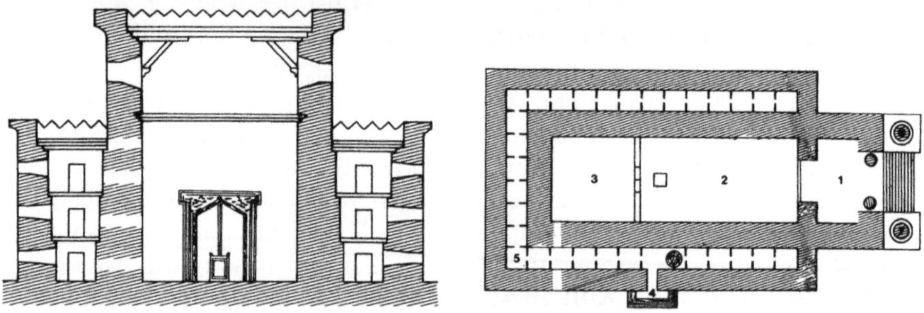


Querschnitt und Grundriss des salomonischen Tempels

Da archäologische Grabungen an diesem heiligen Ort der Moslems nicht möglich sind, ist man bei der Rekonstruktion des salomonischen Tempels auf die Angaben in **1.Kön 6+7** angewiesen. Danach war der Tempel nach dem Modell syrischer Tempelanlagen der Spätbronzezeit ein *gegliederter Langhaustempel*; auch die Verbindung mit dem König Hiram von Tyrus 1.Kön 5,15ff. bestätigt den „Import" der Architektur.

Der Tempel bestand aus drei nacheinander angeordneten Räumen, einer Vorhalle, אוּלָם (*'ûlām*, Nr. 1 in der Skizze), 5x10x15m, einem Hauptraum, הֵיכָל (*hêkāl*, Nr. 2), 20x10x15m und dem Allerheiligsten, דְּבִיר (*d$^e$bîr*, Nr. 3), 10x10x10m. Heiliges und Allerheiligstes waren durch eine hölzerne Zwischenwand getrennt, zwischen Vorhalle und Hauptraum gab es Türen. Nebenräume, die möglicherweise später angebaut wurden, haben in drei Stockwerken diesen eigentlichen Tempelbau umgeben. (Eine Elle wurde mit 0,50 m gerechnet, der Tempel hatte demnach eine Länge von ca. 35m, das ist 5m kürzer als ein Handballfeld.)

Das *Allerheiligste* war wohl ein kastenartiger Einbau (es wird in der Höhe um 5m geringer angegeben als die anderen Räume), wobei unklar ist, ob es auf einem Podest oder ebenerdig stand. Im Allerheiligsten stand unter den Flügeln zweier grosser Kerubim die Lade. Im Hauptraum standen der Räucheraltar, der Schaubrottisch und 2x5 Leuchter. Die Innenwände waren mit Zedernholz verkleidet und mit goldüberzogenen Schnitzereien verziert. Vor dem Vorraum standen zwei eherne Säulen, Jachin und Boas genannt. Im inneren Hof standen der Altar, das eiserne Meer (ein großes Wasserbecken) und die für Reinigungen notwendigen Kesselwagen.

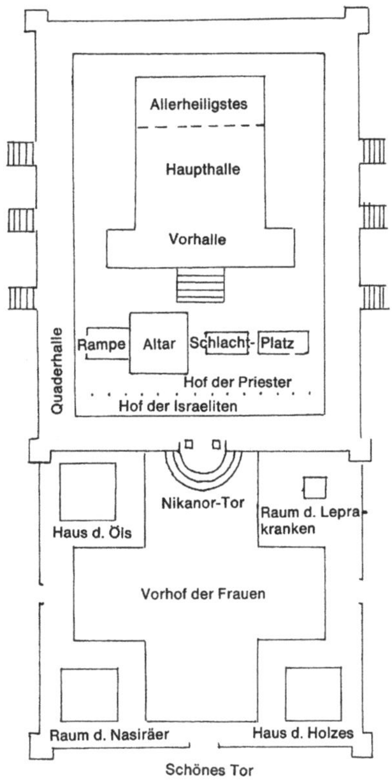


Grundriss des herodianischen Tempels

In den letzten Jahren ist kontrovers diskutiert worden, ob es im Jerusalemer Tempel (oder auch in Samaria) ein *Kultbild* des Gottes JHWH gegeben habe, oder ob der Kult *anikonisch*, d.h. ohne Bild war. So vermutete man, dass Ps. **68,25f.** auf eine Götterprozession anspiele. Wegen der zunehmend deutlicher werdenden Parallelen Israels mit den Religionen der Nachbarn müsse man annehmen, dass es auch in Jerusalem und Samaria entsprechende Statuen gegeben habe. Eindeutige Belege fehlen jedoch, so dass die Mehrzahl der Forscher weiterhin den bildlosen Kult annimmt.

Der salomonische Tempel wurde 587/6 durch die Neubabylonier zerstört, sein Wiederaufbau begann erst nach der Heimkehr von Exulanten 520 v.Chr. In 5 Jahren war dieser Bau vollendet. Aus dem ersten Tempel sind wohl keine Überreste erhalten.

Der nachexilische Tempel hatte keine Lade mehr im Allerheiligsten, der Raum blieb leer und war zudem durch einen Vorhang von der Haupthalle abgetrennt. Statt der fünf Leuchter auf jeder Seite des Hauptraumes gab es nur noch einen siebenarmigen Leuchter, die Menora. Auch die beiden Säulen fehlten jetzt. Im Zuge der Auseinandersetzung mit den Seleukiden in der Makkabäerzeit wurde der Tempel im Jahre 167 v.Chr. entweiht (wohl durch einen Aufsatz auf den Brandopferaltar). Im Jahr

164 v.Chr. geschah nach dem Sieg der Makkabäer die Neueinweihung. Daran erinnert das jüdische Chanukka-Fest.

Herodes der Große begann dann im Jahr 20/19 v.Chr. mit dem Umbau des Tempels, der eher einem Neubau gleichkam. Er wirkte in seiner Pracht auf zeitgenössische Betrachter wie eines der Weltwunder. Die Plattform des Tempelberges wurde aufgeschüttet und auf diese Weise künstlich vergrößert. Die Grundflächen von Heiligem und Allerheiligstem wurden zwar beibehalten, doch wurde das Gebäude deutlich höher (25m) und prächtiger erbaut, hinzu kam als Schaufassade eine erhebliche Vergrößerung der Vorhalle auf 50x50m. Vor dem Tempel war der Priestervorhof mit dem Altar, davor der Hof für die Israeliten, noch davor der Hof für die Frauen. Nichtjuden durften nur den Bereich eines äußeren Vorhofes betreten. Verbotsschilder, von denen einige erhalten sind, drohten bei Zuwiderhandlung die Todesstrafe an. Dieser Tempel wurde im Jahre 70 n.Chr. durch die Römer unter Titus zerstört, versehentlich, wie es im Bericht des jüdischen Geschichtsschreibers Josephus heißt. Auf dem Titusbogen in Rom ist der Triumphzug nach dem Sieg über Jerusalem abgebildet, bei dem die eroberte Menora gezeigt wurde. Der römische Kaiser Julian Apostata erlaubte zwar um 362 den Neubau des Tempels, doch das Vorhaben wurde aus nicht ganz klaren Gründen wieder eingestellt.

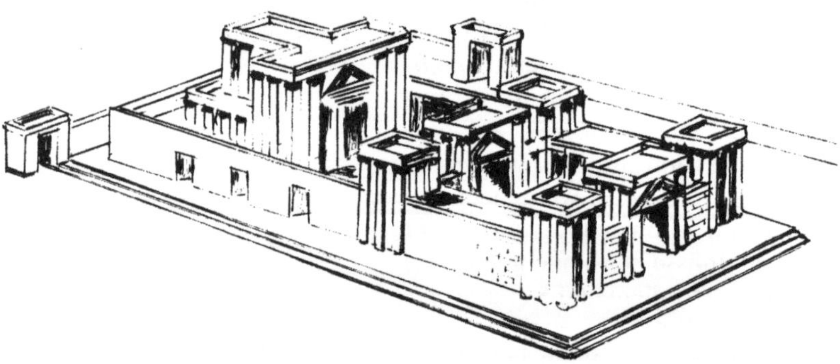

Rekonstruktion des herodianischen Tempels

Über die historischen und architektonischen Gegebenheiten hinaus ist der Tempel von besonderem theologischen Interesse. Dies ist der Ort, an dem JHWH seinen Namen wohnen lässt (**Dtn 12,5**), hier, auf dem Zion, hat er seinen Thron (**Ps 9,12**). Um den Zion rankt sich ein eigener Traditionszusammenhang, der die besondere Würde dieses Orts belegt. Der Zion ist nicht einfach Ort des Wohnens JHWHs, er ist auch die Stätte seines heilvollen Handelns für Israel. Hier residiert Gott als König (**Jes 24,23**), herrscht über seine Feinde (**Ps 110,2**). Zion gilt als von Gott erwählt (**Ps 132,13**), von ihm gegründet (**Jes 14,32**). Nach **Jes 28,16** liegt in Zion der Eckstein der Schöpfung. Auf diesem Berg wird JHWH von Israel kultisch verehrt (**Ps 132,7**); Zion selbst wird zum Mittelpunkt des allumfassenden Friedensreiches werden (**Jes 2,2–4**).

Dieser Traditionszusammenhang findet sich nur in wenigen Schriften des Alten Testaments. In den **Psalmen** (46; 48; 110, dazu 84; 87+122) spricht sich die Verherrlichung des Zion aus, in den **Klageliedern** die Trauer über seinen Verlust nach der Zerstörung des Tempels. Nach **Jesaja** sagt zwar JHWH Zion seinen Schutz zu – soweit in Übereinstimmung mit der klassischen Erwartung –, doch dies gilt nur, wenn die Bewohner Recht und Gesetz üben (1,27), sonst wird Zion zum Ort des Gerichts über sie. Bei **Micha** findet sich eine eindeutig negative Vorstellung: Zion ist mit Blut gebaut und wird entvölkert werden (3,10ff.). Ähnliches gilt für **Jeremia**, der ebenfalls den Zion als Ort des Gerichts sieht. Hier werden die Völker im Auftrag JHWHs Israel für die Sünden strafen (4,5ff.); dem Propheten bleibt nur die Trauer, dass JHWH Zion verworfen hat (14,19).

An die alten Heilszusagen an den Zion wird dann bei **Deuterojesaja** wieder angeknüpft: JHWH schafft hier seinem Volk neues Recht (46,13), am Zion werden sich die Verbannten nach ihrer Heimkehr sammeln (51,11). Diese Erwartung wird in der nachexilischen Literatur aufgenommen und als Zukunftserwartung entfaltet: Am Zion wird JHWH endgültig seine Königsherrschaft antreten (Sach 9,9ff.) und sich gegen alle Feinde des Gottesvolkes durchsetzen.

Verbunden mit der Messiaserwartung wirkt die Zionstradition weiter bis in christliche Adventslieder hinein (EG 13: „Tochter Zion, freue dich").

📖 *T.A. Busink*, Der Tempel von Jerusalem von Salomo bis Herodes, I+II, 1970+1980.
*W. Zwickel,* Der Salomonische Tempel, 1999.
*O. Keel, E.A. Knauf, Th. Staubli*, Salomons Tempel, 2004.
*M. Küchler*, Jerusalem, 2007, 125–277.
*S. Paganini, A. Giercke-Ungermann,* Art. Zion/Zionstheologie, WiBiLex 2013, www.wibilex.de

## Joschijas Reform, das Deuteronomium und die Verehrung eines Gottes

In **2.Kön 22+23** wird berichtet, dass der König Joschija (639–609) von Juda im Jahre 622 eine Kultreform durchführte, veranlasst durch den Fund eines in Vergessenheit geratenen Gesetzbuches („Bundesbuch", 22,8; 23,2) während Umbauarbeiten im Jerusalemer Tempel. Die Satzungen dieses Buches seien nicht beachtet worden, weshalb der Zorn Gottes über die Väter gekommen sei.

Joschija lässt daraufhin, so beschreibt es der Bericht, den Jerusalemer Tempel von allen Anzeichen eines Fremdkultes reinigen. Zudem schafft er auch Höhenkulte, Wahrsager, Magier etc. in allen anderen Orten ab (dies sogar im nordisraelitischen Bet-El). Am Ende wird ein Passa gefeiert, wohl mit dem Zweck der Bundeserneuerung. Die von Joschija berichteten Maßnahmen stimmen in auffälliger Weise überein mit bestimmten Vorschriften, die im Deuteronomium gefordert sind (vgl. die Übersicht).

| **Maßnahme** | **2.Kön 22+23** | **Dtn** |
|---|---|---|
| Kultzentralisierung | 23,4-15 | 12 u.ö. |
| zentrale Passafeier | 23,21-23 | 16,1ff. |
| Maßnahmen gegen Wahrsager etc. | 23,24 | 18,10f. |
| Angst Joschijas/Flüche im Dtn | 22,13 | 27f. |
| Name: „Buch der Tora/des Bundes“ | 22,8.11; 23,2 | 28,58.69 |

Übereinstimmungen zwischen Joschijas Reform und dem Deuteronomium

In der Forschung wurde gefolgert, dass das, was im Deuteronomium gefordert wurde, von Joschija umgesetzt wurde. Hintergrund dessen war die assyrische Besetzung Judas durch Sanherib 701. Joschija konnte sich von der assyrischen Oberherrschaft lösen und das judäische Einflussgebiet bis nach Samaria ausdehnen. Die fremde Herrschaft hatte auch Folgen im religiösen/kultischen Bereich, so wurden offenbar astrale Gottheiten im Jerusalemer Tempel verehrt. Dabei ist aber umstritten, ob die Maßnahmen auf Druck der Assyrer erfolgten, durch Anbiederung an die Oberherrschaft oder die allgemeine religiöse Situation verursacht waren. Joschija emanzipierte sich in einer Phase der assyrischen Schwäche sowohl militärisch wie kultisch von Assur und führte außerdem wohl eine Zentralisierung des Kultes in Jerusalem durch. Damit ging seine Reform weiter und war erfolgreicher als die seines Vorgängers Hiskija im Jahre 705 (vgl. **2.Kön 18,3–7**).

Der historische Quellenwert der Darstellung 2.Kön 22+23 ist aber außerordentlich umstritten. Es ist deutlich, dass der Bericht aus zumindest zwei Teilen, einem Fund- und einem Bundbericht, zusammengesetzt ist und zudem erweitert wurde. Man wird aber wohl einen Grundbestand an tatsächlich erfolgten Reformen annehmen können, vor allem die Tempelreinigung und die Zentrierung des Kultes auf JHWH und Jerusalem. Doch es gibt auch Stimmen, die dem Text keinen historischen Quellenwert zumessen; eine umgreifende „Reform“ habe es nicht gegeben.

Durch verschiedene Funde ist in der Zwischenzeit das Bild der Religion Israels in der Königszeit deutlicher geworden. Danach ist die Darstellung der Königsbücher historisch nicht korrekt, dass die alleinige Verehrung JHWHs in Jerusalem seit David und Salomo selbstverständlich war, einige Könige jedoch abgefallen seien. Neben dem Einfluss von Fremdkulten durch die jeweilige politische Obermacht gab es auch innerhalb der israelitischen Gesellschaft einen religiösen Pluralismus.

Erst im Gefolge der prophetischen Kultkritik (ibs. bei Hosea) kam es zur Ausbildung von *monolatrischen* Tendenzen (= Allein*verehrung* eines Gottes bei gleichzeitigem Akzeptieren, dass es andere Götter gibt), die aber nur für bestimmte Gruppen verständlich waren. Andere Gruppen verehrten am Tempel assyrische Götter oder begriffen in ihrem privaten oder halboffiziellen Kultus abseits Jerusalems JHWH nach dem Muster kanaanäischer Gottheiten. Sie verehrten Baʿalim oder El-Gottheiten und stellten JHWH eine *Aschera* zur Seite, wobei inzwischen kaum noch strittig ist, dass es sich bei ihr um eine Göttin, nicht nur um ein Kultsymbol handelt. Die prophetische Kritik an diesen und den unhaltbaren sozialen Zuständen floss wohl in die Formulierung der ältesten Stücke des Deuteronomiums ein und beeinflusste die Reformaktivitäten Joschijas. Das Gesetz wurde „im Schatten der Profetie" gegeben (K. Koch, Die Profeten II., [2]1988, S. 9). Zu einer Formulierung wirklich *monotheistischer* Gedanken (= Es gibt nur einen Gott) kam es erst im Exil seit Deuterojesaja.

Krug A aus Kuntillet Adjrud

Die hier wiedergegebene Abbildung zeigt einen bemalten Krug aus Kuntillet Adjrud, einer wohl nordisraelitisch besiedelten Karawanenstation im Negeb (8. Jh.). Das Bild zeigt zwei Bes-Gestalten (M+N; Ägyptischer Fruchtbarkeits- und Schwangerschaftsgott) im Vordergrund, davor eine Kuh mit saugendem Kalb (J), ebenfalls ein Fruchtbarkeitsmotiv. Im Hintergrund eine Leierspielerin (O). Über die Abbildung wurde eine Inschrift mit folgendem Wortlaut geschrieben, wobei aber der Zusammenhang von Inschrift und Abbildungen noch nicht zufriedenstellend geklärt ist:

*Ich will euch segnen durch JHWH von Samaria und durch seine Aschera.*

Der Text belegt zum einen, dass es auch in Samaria ein JHWH-Heiligtum gegeben haben muss, wovon die Bibel nichts berichtet. Ähnliche Zusammenstellungen von JHWH und Aschera finden sich zudem auch in anderen Inschriften aus vorexilischer Zeit. In **2.Kön 23,4+7** wird etwa berichtet, dass es im Jerusalemer Tempel eine Aschera-Verehrung gegeben habe. In **Ez 8** sieht der Prophet Ezechiel visionär die Götzenverehrung am Tempel, und in **Jer 44,17ff.** wird das Volk kritisiert, dass es die „Königin des Himmels" verehre, womit wohl auch die Aschera gemeint ist. Die Inschriftenfunde und die biblischen Texte zeigen alsobeispielhaft, dass das vorexilische Israel nicht strikt monotheistisch dachte, sondern die Verehrung JHWHs mit der anderer Gottheiten verbinden konnte. Zum ausformulierten Monotheismus ist es erst in der Exilszeit gekommen, dies vor allem in den Schriften Deuterojesajas (vgl. das Thema-Kapitel „Exil").

🕮 *Chr. Uehlinger*, Gab es eine joschijanische Kultreform? in: *W. Groß* (Hg.), Jeremia und die „deuteronomistische" Bewegung, 1995, S. 57–89.

*K. Koch*, Der Gott Israels und die Götter des Orients, FRLANT 216, 2007; S. 9–85.

*O. Keel*, Jerusalem und der eine Gott. Eine Religionsgeschichte, 2011.

*Th. Römer*, Die Erfindung Gottes. Eine Reise zu den Quellen des Monotheismus, 2018.

## Das babylonische Exil

Das Exil der judäischen Oberschicht in Babylon (hebr. גּוֹלָה, *gôlâ*, Wegführung) mit der Erfahrung der Zerstörung Jerusalems und des Tempels ist wohl der wichtigste Einschnitt in der Geschichte der Religion Israels überhaupt. Bei der Erarbeitung dieser Thematik sind zunächst die historischen von den inhaltlich-theologischen Fragen zu trennen.

Die Verbannung der Oberschicht eines besiegten Landes und die Ansiedelung einer neuen, loyalen Führungsschicht waren normale Maßnahmen der Assyrer, die auf diese Weise Aufstände in den neuen Provinzen ihres Großreiches verhindern und das Reich vereinheitlichen wollten. Erstmals widerfuhr dem Nordreich Israel eine solche Maßnahme unter seinem König Pekach im Jahre 733, als der Assyrerkönig Tiglat-Pileser III. im sogenannten syrisch-efraimitischen Krieg den Großteil des Nordreiches eroberte (2.Kön 15,29, vgl. Jes 7). Nachdem Tiglat-Pileser 727 gestorben war, setzte der israelitische König Hoschea 724 die Tributzahlungen aus, was dazu führte, dass die Assyrer unter Salmanassar

V. sofort gegen Israel zogen. Es ist unklar, ob Salmanassar oder aber sein Nachfolger Sargon II. Samaria im Jahr 722 bzw. 720 eroberten und das Ende des Nordreiches Israel herbeiführten. Die Oberschicht wurde deportiert und ging in den Völkern des assyrischen Reiches auf, Flüchtlinge kamen auch nach Juda und Jerusalem (**2.Kön 17**).

Relief Sargons II.: Plünderung eines Tempels durch Soldaten

Nach dem Untergang des assyrischen Reichs (612: Fall Ninives durch die Meder unter Kyaxares), kam das verbliebene Südreich Juda kurz unter die Vorherrschaft der Ägypter unter dem Pharao Necho (2.Kön 23,28–30). Dann aber errangen die Neubabylonier unter ihrem König Nebukadnezzar die Vorherrschaft über Syrien/Palästina (605: Schlacht bei Karkemisch). Der judäische König Jojakim kündigte nach kurzer Zeit (um 601) das Vasallenverhältnis auf, was 598/7 zu einem Gegenschlag der Neubabylonier führte, nachdem Jojakim gestorben und sein Sohn Jojachin an die Macht gekommen war. Im Jahre 597 kapitulierte Jerusalem (**2.Kön 24,10ff.**). Jojachin wurde samt Familie und Oberschicht deportiert (Jer 52,28: 3023 Personen), die sogenannte erste Wegführung. Ein neuer König namens Mattanja/Zidkija wurde eingesetzt, Juda war nun Vasallenstaat der Neubabylonier.

Zidkija kündigte aber (trotz Jeremias Warnung, Kap. 27ff.) das Vasallenverhältnis auf. Daraufhin begann Nebukadnezzar einen Feldzug gegen Juda der 587/6 zur Eroberung und Zerstörung Jerusalems und so zum Ende des Staates Juda führte (**2. Kön 25**). Erneut wurde eine Oberschicht deportiert, doch konnte diese Gruppe in geschlossenen Ortschaften (zum Beispiel Tel-Aviv in Babylonien, Ez 3,15) siedeln. Da in Jerusalem, abweichend vom assyrischen Brauch, keine fremde Oberschicht angesiedelt wurde, konnte der nationale und religiöse Zusammenhalt der Judäer gewahrt werden. Obwohl der Tempel zerstört war, wurde ein Opferkult in bescheidenem Umfang weitergeführt.

Das Exil endete mit dem sogenannten *Kyrus-Edikt* im Jahre 538 (**Esra 6,3–5**). Nachdem der Perserkönig Kyrus 539 den letzten babylonischen König Nabonid besiegt hatte, kam Syrien/Palästina unter persische Oberhoheit. Die Perser behandelten die ihnen unterworfenen Völker wesentlich toleranter als alle Vorgängerreiche, um so die Stabilität ihres Staates zu erhöhen. Daher erlaubte Kyrus in dem nach ihm benannten Edikt die Rückkehr der Verbannten nach Juda und den Wiederaufbau des Tempels, was aber erst später geschah.

Neben allen Problemen, die solche Kriegs- und Leiderfahrungen verursachten, stellten der Untergang des Tempels und die Deportation nach Babylon die Judäer vor besondere kultische und theologische Schwierigkeiten. Zum einen war es nicht möglich, im unreinen Land Babylon nach den Weisungen Gottes zu leben und zu opfern. Daher bildeten sich unter den Exulanten die Observanz des Sabbat und die Beschneidung als auch im Ausland durchzuhaltende Zeichen des Bundes heraus, mit denen man sich zugleich von der andersgläubigen Umwelt unterschied.

Wesentlicher waren aber die theologischen Probleme. JHWH hatte dem Volk Israel/Juda seinen ewigen Beistand versichert, hatte Jerusalem und den Zion als Ort seiner Präsenz auserwählt. Musste nicht der Untergang des Tempels als Zeichen dafür gewertet werden, dass der Gott Israels in Wirklichkeit unterlegen war, dass sich die assyrisch-babylonischen Hauptgötter Assur und Marduk als die wahren Götter erwiesen hatten? Solche Überlegungen konnten den inneren Zusammenhalt einer Religion aufs Äußerste gefährden. Doch für die Israeliten führten sie zu wesentlichen theologischen Einsichten: Das Exil wurde, in Analogie zu dem, was die Propheten angesagt hatten, als gerechte Strafe für das frevelhafte Verhalten des Volkes gesehen. Der ursprünglich weisheitliche Tun-Ergehen-Zusammenhang (vgl. das Thema-Kapitel „Theodizee") erwies sich als leistungsfähiges Instrument zur Geschichtsdeutung: Das Leiden Israels galt also als Beweis für Gottes Macht. Die Tatsache, dass die Propheten die Katastrophe vorhergesagt hatten, galt als zusätzlicher Beleg, vgl. **Jes 44,7**: „Wer hat vorzeiten kundgetan das Künftige? Sie (gemeint sind die fremden Götter) sollen uns verkündigen, was kommen wird!" (Das können sie natürlich nicht). In der Niederlage Israels hatte sich JHWH also als der eigentliche Sieger erwiesen. Die anderen Völker und deren Götter galten somit nur als seine Werkzeuge (so auch das deuteronomistische Geschichtswerk).

Die wichtigste Entwicklung war dann aber, dass ausgehend von diesen Überlegungen vor allem bei Deuterojesaja das Gottesbild zu einer monotheistischen Konzeption ausgebaut wurde. Letztlich gebe es gar keine anderen Götter, die Völker, derer sich JHWH ja offensichtlich bedienen konnte, beten nur von Menschen gemachte Götzen an. Programmatisch ist etwa Jes **44,6**: „Ich bin der Erste und bin der Letzte, und außer mir gibt es keinen Gott", vgl. auch die Götterbildpolemik in **Jes 44,9–20**. Daraus erwuchs dann aber auch Hoffnung auf neues Heil, denn nach der gerechten Strafe musste ja die Begnadigung kommen. So konnte Deuterojesaja einen neuen Exodus weissagen, diesmal aus Babylon (**Jes 40**).

In der Konsequenz dessen wurde auch die Überzeugung formuliert, JHWH als Schöpfergott zu begreifen. In der Schöpfung erwies sich Gott mehr noch als in der für Israel wechselhaften Geschichte als Herr über alles (so DtJes, Priesterschrift: Gen 1; 6–9*). Gleichzeitig entwickelte man zudem Modelle künftigen Zusammenlebens in Israel, die verhindern sollten, dass Israel erneut straffällig würde, so beispielsweise in der Priesterschrift und im Verfassungsentwurf des Ezechiel.


📖 *H. Donner*, Geschichte Israels und seiner Nachbarn in Grundzügen, ATD Erg. 4/2, ²1995.

R. Albertz, Die Exilszeit. 6. Jh.v.Chr., Bibl. Enzyklopädie 7, 2001.

*O. Keel*, Die Geschichte Jerusalems und die Entstehung des Monotheismus, 2007, Kap. 9+10.


# Nachexilische Geschichte Israels

Im Jahre 539 hatten die persischen Truppen unter Kyrus Babylon eingenommen und sich damit alle Gebiete des früheren babylonischen Großreiches untertan gemacht. Für die Israeliten im Lande wie in der babylonischen Gola (Verbannung) hatte dieser Herrschaftswechsel einschneidende Folgen, denn die Perser behandelten im Gegensatz zu den früheren Weltreichen die ihnen untertanen Völker mit größerer Toleranz. Die Kulte dieser Völker wurden nicht nur geduldet, sondern sogar vom Staat finanziell unterstützt, damit überall für das Wohl des Königs gebetet werde (vgl. Esr 6,10). So ist das sogenannte Kyrusedikt (**Esr 6,3–5**) verständlich, in dem der Perserkönig den Tempelwiederbau in Jerusalem erlaubte und die Rückgabe der von Nebukadnezzar geraubten Schätze verfügte. Der Judäer Scheschbazzar wurde nach **Esr 1,7–11** mit der Rückführung der Tempelgeräte beauftragt.

Ein Teil der Verbannten kehrte nach dem Machtwechsel nach Judäa zurück, eine große Gruppe blieb jedoch in Babylonien, da man sich dort eingelebt hatte und zudem die Verhältnisse im Lande Israel selbst ärmlich und unsicher waren. Diese Armut verhinderte dann auch den umgehenden Beginn des Neubaus des Tempels (Hag 1). Doch nach dem Tod des Königs Kambyses im Jahre 522 kam es im persischen Reich zu Unruhen, bis Darius I. im gleichen Jahr die Nachfolge antrat. In Israel regten sich messianische Hoffnungen; man wertete die Ereignisse als Vorboten der Wende zur endgültigen Heilszeit. Darauf müsse man sich durch den Bau des Tempels vorbereiten, so die Botschaft der Propheten Haggai und Sacharja. Der Bau wurde dann im Jahr 520 begonnen, 515 wurde der Zweite Tempel eingeweiht; der Bau stand unter dem Schutz des Darius (**Esr 5+6**). Da es keinen Staat „Israel" mehr gab, bezeichnete sich nun die Kultgemeinde als Israel, dies schloss auch die Diaspora in Babylon mit ein. [Der aus dem Griechischen stammende Begriff „Diaspora" bedeutet „Verstreutheit", er bezeichnet ursprünglich jüdische Siedlungen in fremden Ländern, insbesondere in Babylon, Syrien und Ägypten.]

In der Folgezeit kam es offenbar mehrfach zu Rückwanderungsbewegungen, wobei von den Heimkehrern, die ja zumeist einer gebildeten Oberschicht angehörten, starke religiöse wie politische Impulse ausgingen. Beispiele dafür sind die Konflikte um die Befestigung Jerusalems durch eine Mauer (Esr 4), die von dem Statthalter Samarias mit Sorge gesehen und an den Perserkönig Artaxerxes I. (465–425) gemeldet wurden. Anlass war in den Jahren 445–433 die Mission des *Nehemia*, der als judäischer Mundschenk am königlichen Hofe nach Jerusalem ge-

Felsrelief aus Behistun: Triumph des Darius I., der anbetend vor Ahuramazda steht

sandt worden war, um die Stadt aufzubauen und das religiöse Leben zu reorganisieren. Er verkündete einen allgemeinen Schuldenerlass (Neh 5), siedelte Landbewohner in Jerusalem an (Neh 7), setzte die Sabbatobservanz durch und ging gegen Mischehen vor (Neh 13). Unter seiner Verantwortung wurde Juda zur eigenständigen Provinz und damit der Zuständigkeit Samarias entzogen. Beide Provinzen waren Teil der Satrapie Abar Nahara („jenseits des Flusses" [Euphrat]).

Umstritten ist die Frage, wann *Esra*, ebenfalls in persischem Auftrag, nach Jerusalem kam (vgl. Esr 7–10+Neh 8–10). Seine Mission fand entweder unter Artaxerxes I. (also um 458) oder unter Artaxerxes II. (um 398) statt. Esra galt als Schreiber oder Schriftgelehrter, kundig im Gesetz des Mose (Esr 7,6). Sein Auftrag bestand darin, mit hohepriesterlicher Autorität ein verbindliches Gesetz des Himmelsgottes für die Kultgemeinde und Provinz einzuführen. Nach **Neh 8** wurde dieses Gesetz in einem feierlichen Neujahrsfest vom Volk allgemein akzeptiert. Der Bestand dieser Urkunde ist unklar, doch es ist sehr wahrscheinlich, dass sie ein Kern der späteren Tora gewesen sein muss. Im Judentum gilt Esra daher als zweiter Mose.

Dass das Judentum dieser Zeit nicht einheitlich war, belegen die Funde auf der Nilinsel *Elephantine*, nahe bei Assuan. Dort gab es eine jüdische Militärkolonie, die offenbar ganz unproblematisch neben JHWH Gottheiten wie Anat-Bethel oder Anat-Jahu anbeten konnte, sich aber dennoch dem Jerusalemer Tempel zugehörig fühlte.

Nach dem Sieg Alexanders des Großen über Darius III. 333 v. Chr. bei Issos kam Palästina mit dem gesamten Vorderen Orient unter griechische Herrschaft. Doch das Großreich Alexanders zerfiel nach seinem Tod im Jahr 323 v. Chr., es kam zu den sogenannten Diadochenkämpfen. Die syrischen Seleukiden und die ägyptischen Ptolemäer erhoben Anspruch auf Palästina, das 301 v. Chr. an die Ptolemäer fiel. Doch zwischen jenen beiden Mächten blieb die Zugehörigkeit Israels bis zu Beginn der Römerherrschaft immer strittig. Diese sogenannte *hellenistische* Zeit ist auch daher von besonderer Bedeutung, als es erstmals eine umfassende, griechisch geprägte Kultur gab, die sich langsam im gesamten Mittelmeerraum ausbreitete. In Ägypten, insbesondere im neugegründeten Alexandrien, entstand eine große jüdische Diaspora-Gemeinde, die eine eigenständige Theologie und Kultur entfaltete, dennoch der Tempelgemeinde verbunden blieb.

Eines der einschneidendsten Ereignisse der frühen hellenistischen Zeit ist die Trennung der Samaritaner vom Tempel in Jerusalem („Samaritanisches Schisma"); man gründete auf dem Berg Garizim ein eigenes Heiligtum. Dieser Entscheidung, die nicht sicher zu datieren ist, waren wohl lange Konflikte seit den ersten Rückwanderungswellen aus dem Exil vorausgegangen, vgl. Esr 4. Als Heilige Schrift akzeptierten die Samaritaner nur die fünf Bücher des Mose, den heute so genannten Samaritanischen Pentateuch.

Vom Jahr 200 v. Chr. an kam Palästina unter seleukidische Herrschaft und wurde danach zum Ziel einer systematischen Hellenisierungspolitik. Die syrisch-griechischen Herrscher verfolgten das Ziel, einen einheitlichen Kult in ihrem Herrschaftsgebiet zu installieren. Diesen Interessen konnten sich auch einige Gruppen innerhalb der Jerusalemer Gemeinde nicht entziehen, und so kam es zu zunächst internen Auseinandersetzungen. Diese gipfelten darin, dass unter dem Seleukidenkönig Antiochus IV. Epiphanes ein Aufsatz auf dem Brandopferaltar im Jerusalemer Tempel angebracht wurde, der dem *Ba'al Schamem* (Himmelsmeister) genannten Hauptgott des Antiochus IV. geweiht war (167 v.Chr.). Es kam zum Aufstand der Makkabäer (so genannt nach dem Anführer Judas Makkabäus), die im Jahr 164 zur Neuweihung des Tempels führte. An dieses Ereignis erinnert heute im Judentum das Chanukka-Fest.

Die Makkabäer setzten ihren Kampf gegen die Seleukiden dann aber so erfolgreich fort, dass es im Jahr 141 unter dem Hohepriester Simon zur Bildung eines weitgehend eigenständigen hasmonäischen Staates kam, der nach 129 (Tod des Antiochus VII.) durch Johannes Hyrkan autonom regiert werden konnte. Im Jahre 64 v.Chr. fiel das seleukidische Reich an die Römer, 63 v.Chr. erstürmte deren Feldherr Pompejus den Jerusalemer Tempel und beendete die autonome hasmonäisch-makkabäische Herrschaft.

Die Ereignisse jener Zeit spiegeln sich im Danielbuch, der jüngsten Schrift der hebräischen Bibel (vgl. **Dan 10+11**), und in den deuterokanonischen Makkabäerbüchern wider. Theologisch wichtig ist in dieser Phase das Zunehmen apokalyptischen Gedankenguts. Angesichts der umfassenden Schlechtigkeit der Welt erwartet man deren Ende und die Rettung der Gerechten in einem neuen Weltzeitalter.

In der Zeit der frühen hasmonäischen Herrschaft ist es unter Leitung des *Lehrers der Gerechtigkeit* zur Abtrennung der Gruppe gekommen, deren Schriften man in Qumran gefunden hat. Dies geschah wohl aus Protest dagegen, dass die hasmonäische Herrschaft ihrerseits die hellenistische Kultur förderte, die sie zuvor bekämpft hatte (vgl. das Thema-Kapitel „Qumran und das AT“).

🕮 *J. Maier*, Zwischen den Testamenten. Geschichte und Religion in der Zeit des zweiten Tempels, NEB At-Erg. 3, 1990.

*E. Haag*, Das hellenistische Zeitalter, Bibl. Enzyklopädie 9, 2003.

*M. Sasse*, Geschichte Israels in der Zeit des zweiten Tempels, 2004.

*E. Gerstenberger*, Israel in der Perserzeit, Bibl. Enzyklopädie 8, 2005.

## Psalmengattungen

Im Anschluss an Hermann Gunkels *formgeschichtliche* Untersuchungen unterscheidet man die Psalmen nicht mehr allein nach (oft willkürlich gewählten) inhaltlichen, sondern auch nach formalen Kriterien, den einzelnen *Gattungen*. Diese Methodik geht davon aus, dass zu bestimmten Anlässen eine je besondere Art von Psalmen gesungen wurde. Weiter gefasst: Der Anlass oder der Inhalt eines Textes bedürfen einer bestimmten und allgemein bekannten Form von Rede oder Text, in der sie erst ihre

Aussagekraft entfalten können (modernes Beispiel: Beerdigungsanzeigen, Hochzeitsreden). Diese feste Prägung von Gattungen und ihre wiederholte Verwendung war in altertümlichen Kulturen noch selbstverständlicher als es uns heute erscheint, dies gilt besonders für den kultischen Bereich (offiziell oder privat). In der Exegese hat sich die Einteilung folgender Psalmengattungen eingebürgert:

Die erste Hauptgruppe ist die der **Hymnen**, hb. תְּהִלָּה, *tᵉhillâ*, (ca. 30x), die ein festes Aufbauschema haben: 1. Aufgesang/Einleitung, 2. Begründung und Hauptstück: Entfaltung des Gotteslobes, 3. Schluss, oft Wiederholung des Eingangsteils. Dieses Schema kann variiert werden. Ältestes und kürzestes Zeugnis für einen solchen Hymnus ist das Mirjamlied Ex 15,21, das später erweitert wurde: „(1.) Singet dem Herrn, (2.) denn hoch erhaben ist er, Ross und Reiter warf er ins Meer", vgl. auch Ps 100: „Jauchzet dem Herrn alle Welt…" Charakteristischer Einsatz solcher Hymnen ist הַלְלוּ־יָהּ, das *Halleluja* (Ps 135,1). Wichtige Hymnen sind die Psalmen 8; 33; 100; 104; 136; 148–150.

Ebenfalls Hymnen, aber durch ihren Inhalt klar zu unterscheiden, sind die sogenannten **Thronbesteigungslieder**, auch יְהוָה מָלָךְ, *JHWH mālak*-Lieder genannt (Ps 47; 93; 96–99) und die **Zionslieder** Ps 46; 48; 110 (dazu Ps 84; 87+122), die JHWHs Verherrlichung am Zion zum Thema haben.

Die weitaus häufigsten Psalmen sind die **Klagelieder des Einzelnen** (KE, ca. 50x), hebräisch תְּחִנָּה, *tᵉḥinnâ*. Sie stammen ebenfalls vor allem aus dem offiziellen Kultus, doch ist hier die Nähe zum privaten Bereich erheblich größer. Auch ihr Aufbau ist geprägt: 1. Anrufung („Hilf mir, o Gott", Ps 69,2a), 2. Klage/Schilderung der Not/Bitte („denn die Wasser gehen mir an die Kehle/Seele", Ps 69,2b), 3. Vertrauensbekenntnis („denn der Herr erhört die Armen, und die Gefangenen verachtet er nicht", Ps 69,34). Daran angefügt finden sich oft weitere Bitten und Lobversprechen. Der Wechsel von der ausgedrückten Gottverlassenheit zur Rettungsgewissheit ist oft so auffällig, dass vermutet worden ist, zwischen diesen Teilen sei vom Priester ein Erhörungsorakel gesprochen worden. Möglich ist jedoch auch, in den Vertrauensteilen eigene, später zugefügte Psalmen zu sehen. Wichtigste Psalmen dieser Gattung sind die Konfessionen Jeremias (s. dort), Ps 6; 13; 22; 130. Das Motiv der Rettungsgewissheit konnte sich zum **Vertrauenslied** (des Einzelnen) verselbständigen, bekanntestes Zeugnis dafür ist Ps 23 neben Ps 4; 11+16. Ps 125 und 129 sind **Vertrauenslieder des Volkes**.

Ähnlich aufgebaut, aber ganz sicher an den Kultus gebunden sind die **Klagelieder des Volkes** (KV), die bei besonderen Notlagen gesungen wurden, vgl. dazu das Threni-/Klagelieder-Buch. Wichtige Beispiele sind Ps 44; 60; 74; 79+80. Inhaltliches Element ist, oft im Unterschied zu den KE, der Rückgriff auf frühere Heilstaten Gottes in der Geschichte Israels, damit soll wohl der Gemeinde Mut gemacht werden und Gott zugleich an seine Erwählung erinnert werden.

Ebenfalls kultischer Verwendung entstammt das **Danklied** תּוֹדָה, *tôdâ*, das von Einzelnen oder dem Volk (beim Opfer?) gesungen werden konnte. Diese Psalmen wurden wohl nach der Wende zum Besseren gesungen, auch ihr Aufbau ist klar gegliedert: 1. hymnischer Aufgesang („Danket dem Herrn, denn er ist freundlich", Ps 107,1). Darauf folgt 2. der Rückblick auf das frühere Geschehen, die Schilderung der abgewendeten Not, wobei in Ps 30 sogar die frühere Klage angeführt wird, die ähnlich in Ps 88,11f. erhalten ist. 3. Der Schluss wiederholt das Gotteslob und die Aufforderung zum Dank. Danklieder sind Ps 9; 30+32; 107.

Stärker an inhaltlichen Gesichtspunkten orientiert sich die Aussonderung von **Königsliedern**, wichtig sind hier besonders Ps 2; 20+132, ebenso **Lehrgedichte/Weisheitspsalmen**, Ps 37; 49; 73, und **Geschichtspsalmen**, vgl. Ps 78; 105; 106, und die **Wallfahrtslieder** Ps 120–134.

Eine eigene Gattung sind sicher noch die **Liturgien**, die ihrerseits in die Königs- und Wallfahrtslieder eingeordnet wurden. Charakteristisch ist, dass hier Wechselgesänge erhalten sind, die kultischen Ursprungs sind, vgl. Ps 15+24 als **Torliturgien** und Ps 20; 115+118.

Weitere inhaltlich begründete Zusammenstellungen von Psalmengruppen sind die **Tora-Psalmen** 1, 19,8–15; 119, das große und kleine **Hallel**, Ps 111–118+146–150, und die **sieben kirchlichen Bußpsalmen** 6; 32; 38; 51; 102; 130; 143.

Über die Kenntnis der Gattungen hinaus ist auch das Wissen um den *Parallelismus membrorum* von Bedeutung. Er stellt das wesentliche Grundelement der hebräischen Poesie dar, das auch außerhalb der Psalmen anzutreffen ist. Danach ist der Aussagegehalt der einzelnen Glieder des Verses entweder gleich und wird durch Synonyma ausgedrückt, oder das erste Glied der Sinnzeile wird durch das zweite weitergeführt *(synonymer* Parallelismus):

(A) „Denn im Tod gedenkt man deiner nicht,
(B) wer wird in der Unterwelt dich preisen?" (Ps 6,6)

Die Satzteile können auch Gegensätze ausdrücken, um den Eindruck zu vertiefen (*antithetischer* Parallelismus):

(A) „Denn der Herr kennt den Weg der Gerechten,
(B) aber der Gottlosen Weg führt ins Verderben." (Ps 1,6)

Zusätzlich können die Aussagen der einzelnen Sätze auch in vertauschter Reihenfolge angeordnet sein, man spricht dann von einem *chiastischen* Parallelismus (nach dem griechischen Buchstaben *chi*, bei dem die Linien über Kreuz geführt werden):

(A: x+y) „Verblendete dürfen nicht vor deine Augen hintreten;
(B: y+x) du hassest alle, die Frevel tun." (Ps 5,6)

Die Weiterführung oder Ergänzung der Aussage des ersten Satzes durch den zweiten geschieht im sog. *synthetischen* Parallelismus:

(A) „Der ist wie ein Baum,
(B) gepflanzt an Wasserbächen." (Ps 1,3).

Die Kennzeichnung eines solchen synthetischen Parallelismus ist aber oft nur hypothetisch möglich, da man die im Text erhaltene Zweierstruktur zwar erkennt, deren ursprünglichen Sinn aber nur vermuten kann.

Bei manchen Forschern finden sich auch Versuche, das Metrum der Lieder (Wechsel zwischen Betonung und Unbetonung) zu bestimmen, ähnlich wie dies bei griechischer oder lateinischer Poesie möglich ist. Zwar wird es ein solches System im alten Israel gegeben haben, doch sind dessen Gesetze nicht mehr ganz einsichtig und zudem durch die masoretische Vokalisation verdeckt worden. Daher hat sich keines der vorgeschlagenen Systeme durchsetzen können; sicher ist nur, dass jeweils zwei Vershälften die gleiche Zahl betonter Silben aufweisen. Davon weicht aber die Totenklage ab.

📖 Alle Einleitungen in das Alte Testament.
*F. Hartenstein, B. Janowski*, Art. Psalmen/Psalter. I–III, RGG⁴, Bd. 6, 2003, Sp. 1761–1777.
*B. Weber*, Werkbuch Psalmen I–III, 2001–2010.
*J. Schnocks*, Psalmen. Grundwissen Theologie, UTB 3473, 2014.

# Weisheit

„Weisheit" benennt im Alten Testament wie im gesamten Alten Orient das Bemühen, die die Menschen umgebende Wirklichkeit zu ordnen, zu erfassen und zu erklären und sich so in der Welt geborgen zu wissen. Es geht um die Regeln, nach denen das Leben in allen seinen Beziehungen abläuft. Das schließt die Beziehung zu Gott ein. Wer diese Regeln kennt und beachtet, dem ist gelingendes Leben sicher. Weisheit bewegt sich dabei immer im Horizont der Schöpfung, ist also, selbst wenn dies nicht explizit angesprochen wird, stets theologisch verortet. Grundüberzeugung der Weisheit Israels ist die, dass sich die eigenen Taten und das Schicksal entsprechen, der sogenannte Tun-Ergehen-Zusammenhang (vgl. das Thema-Kapitel „Theodizee"). Diese Überzeugung ist in der weisheitlichen Literatur des AT stets präsent, entweder in vorausgesetzter Zustimmung oder, in den Zeugnissen der Krise der Weisheit, kritischer Hinterfragung oder Ablehnung.

Ägyptischer Schreiber

Die Weisheit hat eigene Literaturgattungen ausgebildet, die einerseits der Erarbeitung der Regeln der Wirklichkeit dienen, andererseits aber auch die Erkenntnisse zu Bildungszwecken weitergeben. Der ursprüngliche Sitz im Leben der Weisheit ist wohl vor allem die Erziehung Jugendlicher (vielleicht auch in den einzelnen Sippen) oder die Erziehung zu besonderen Funktionen, beispielsweise am Königshof. Dem Bildungsziel dient auch die oft poetische Sprache der Weisheitssprüche, insbesondere die Verwendung des *Parallelismus membrorum*, die das Einprägen erleichtern sollte (vgl. das Thema-Kapitel „Psalmengattungen“). Von dieser Funktion wie auch von den Inhalten her gibt es oft keinen Unterschied zwischen israelitischer und ägyptischer oder mesopotamischer Weisheit. Im Proverbienbuch sind nachweislich ägyptische Texte verarbeitet worden.

Weisheitliches Arbeiten konnte sich in vorwissenschaftlicher Weise zum Beispiel durch die Anfertigung von Listen ausdrücken, vgl. 1.Kön 5,13, wo Salomo zugesprochen wird, dass er die Arten der Tiere, Vögel und Fische kennt. In diesen Bereich gehört auch die Anfertigung von Gebietsverzeichnissen (Richter 1), Genealogien, Annalen und Chroniken. Kennzeichnend ist hier, dass die Listen in Prosa abgefaßt sind, nicht in poetischem Stil.

Wesentlich bedeutsamer und häufiger sind die (Volks-)Sprichworte (מָשָׁל, *māšāl*), die auch in erzählenden Texten des AT vorkommen, vgl. Ri 8,21: „Wie der Mann, so seine Kraft“, oder, als Antithese formuliert, 1.Sam 16,7: „Der Mensch sieht auf den äußeren Schein, der Herr aber sieht auf das Herz“. Diese Sprichworte wollen eine Erfahrung standardisieren, zur Allgemeingültigkeit erheben und so eine Orientierungsmöglichkeit in vergleichbaren Situationen geben. Sprichwörter können aber auch zwei Verhaltensweisen gegenüberstellen, von denen die eine nachzuahmen, die andere zu meiden ist, vgl. Prov 10,5: „Wer im Sommer einsammelt, handelt klug, wer aber schläft in der Ernte, handelt schändlich“.

In den Sprichworten werden verschiedene Argumentationsstrukturen dargestellt, etwa die **Analogie**, Prov 26,14: „Wie die Tür in der Angel sich dreht, so der Faule auf seinem Lager“. Daneben findet man **Antithesen**, Prov 10,17: „Wer Zucht bewahrt, geht den Weg zum Leben, wer aber Rüge missachtet, der geht in die Irre“, und **Paradoxien**, Prov 11,24: „Mancher gibt viel und wird doch noch reicher, mancher ist geizig über Gebühr und wird nur ärmer“. Ein Sonderfall sind die **Makarismen/Seligpreisungen**, die ein bestimmtes Verhalten als besonders preiswürdig herausstellen, vgl. Ps 1,1: „Wohl dem Mann, der nicht wandelt im Rat der Frevler…“.

Oftmals sprechen diese Sprüche auch eine Mahnung oder Warnung aus, vgl. Prov 16,3 „Befiehl dem Herrn deine Wege, so werden deine Pläne gelingen“ (vgl. EG 361). Hier ist das ursprünglich einzeilige Sprichwort bereits durch eine zweite Zeile ergänzt. Neben solchen Zweizeilern gibt es auch Mehrzeiler, vgl. Prov 24,1ff. oder die Beschreibung des Trinkers in Prov 23,29–35. Die ein- oder zweizeiligen Sprüche konnten dann auch, wahrscheinlich aus lerntechnischen Gründen, zu thematisch geordneten Gruppen zusammengestellt werden, vgl. Prov. 26,1ff. über den Toren.

In einer weiteren Entwicklungsphase wurden dann ganze **Lehrgedichte** oder **Weisheitsreden** abgefasst, wie sie sich etwa in Prov 1–9 oder Hi 28 finden, aber auch aus der Umwelt Israels bekannt sind. Sie wollen das Wissen über die Wirklichkeit bündeln und so umfassend Geborgenheit im Kosmos vermitteln. Die späteren Weisen in Israel bildeten darüber hinaus noch andere Gattungen zur Vermittlung ihres Wissens aus, etwa Beispielerzählungen (Dan 1, das Tobit-Buch), oder Lehrbriefe (Aristeasbrief).

Die Überzeugung von der Geltung des Tun-Ergehen-Zusammenhangs geriet in der exilisch-nachexilischen Zeit in eine Krise, so dass der optimistische Grundzug, die Wirklichkeit denkerisch bewältigen zu können, vergeht. Statt dessen kommt es zu einer gewissen Resignation, die Wirklichkeit lässt sich eben nicht in der eigenen Erfahrung oder Lehre vollgültig erfassen (Hiob, Prediger). Daneben tritt aber auch der Zug, die Weisheit mit der Tora zusammenzudenken. Gottes Gesetz wird zur alleingültigen Weisung, der Fromme und der Weise sind jetzt identisch. Programmatisch deutlich wird dies an der Vorordnung des weisheitlichen Tora-Psalms 1 vor den Psalter. Im späteren Buch Jesus Sirach (Kap. 24) ist die Weisheit die Botin Gottes, die den Menschen das Gesetz bringt.

📖 *Jahrbuch für Biblische Theologie,* Bd. 17, Gottes Kinder, 2002, besonders: *H. Delkurt*, Erziehung nach dem AT, 227–253.

*B. Ego, H. Merkel* (Hg.), Religiöses Lernen in der biblischen, frühjüdischen und frühchristlichen Überlieferung, WUNT 180, 2005.

*M. Saur*, Einführung in die alttestamentliche Weisheitsliteratur, 2012.

# Theodizee

Der Begriff Theodizee benennt das Problem der Rechtfertigung Gottes angesichts einer gegen ihn vorgetragenen Anschuldigung wegen des in der Welt begegnenden Übels. Er stammt, nach Röm 3,5 gebildet, von Gottfried Wilhelm Leibniz, der mit ihm seine „Abhandlungen zur Rechtfertigung (*Théodicée*) Gottes, über die Güte Gottes, die Freiheit des Menschen und den Ursprung des Übels" überschrieben hatte. Damit ist zunächst deutlich, dass der Begriff Theodizee kein biblischer ist, dass man also nur implizite Hinweise auf diese Problematik erwarten kann.

Im AT ist in den älteren Schichten die Anschauung belegt, dass sich Tun und Ergehen eines Menschen entsprechen. Wer nicht gerecht/

gemeinschaftstreu handelt, sammelt um sich eine unsichtbare Unheilssphäre, die einst auf diesen Übeltäter negativ zurückwirken wird. Dementsprechend ist jemand, der Gutes tut, auch mit einer guten Heilssphäre ausgestattet (Tun-Ergehen-Zusammenhang). Damit wird das Leiden als notwendige Folge eigener Schuld verstanden, die sich sogar ohne besonderes Zutun Gottes negativ auswirken kann. Dieses Verständnis erreichte dann seinen Höhepunkt mit der Deutung der Zerstörung Jerusalems und des Exils als „gerechte“ Strafe für Israels Abfall – so vor allem im deuteronomistischen Geschichtswerk.

Bis in die exilische Zeit hinein gab es folglich wenig Zweifel daran, dass Gott gerecht handeln würde. Wenn es auch in Israel wie in anderen Kulturen (Zweistromland: Sumerischer Hiob, babylonische Theodizee; Ägypten: Mahnworte des Ipuwer, Harfnerlieder) das Thema des leidenden Gerechten gab, so konnte man das Problem doch anfänglich damit lösen, dass man generationenübergreifend dachte: Das dem Gerechten fehlende Wohlergehen werde seinen Nachkommen eignen (vgl. **Dtn 5,9f**: Gott sucht Schuld bis in das dritte und vierte Geschlecht heim, übt aber Gnade bis in das 1000. Geschlecht).

Doch immer mehr brach sich die Erkenntnis Bahn, dass einerseits sich Tun und Ergehen nicht immer wirklich entsprechen und andererseits das Verschieben auf spätere Generationen keine Lösung sein konnte. Texte wie **Jer 12,1–6** (in der ersten Konfession), **Ps 49** und **73** formulieren, dass es dem Sünder gut, dem Gerechten aber dagegen schlecht geht, und begehren gegen Gott auf. Ezechiel versucht gegen solche Kritik einen individuellen Tun-Ergehen-Zusammenhang plausibel zu machen, vgl. **Ez 18**. Spätere Propheten erwarten die Aufrichtung des Tun-Ergehen-Zusammenhangs für den Tag JHWHs, so **Mal 3,18**: „Dann werdet ihr wieder den Unterschied zwischen dem Gerechten und dem Gottlosen sehen, zwischen dem, der ihm dient und dem, der ihm nicht dient.“

Der wichtigste Versuch zur Bewältigung dieser Problematik findet sich in den Dichtungen des Hiobbuches, in denen die Anklagen gegen Gott in bis dahin nicht gehörter Schärfe formuliert werden. Doch zu einer Lösung kommt es auch hier nicht. Gott redet zweimal mit Hiob (**Kap. 38f.+40f.**), er verweist auf seine Majestät und die Schönheit der Schöpfung; er, Gott, dämmt allein das Chaos ein. Doch auf Hiobs Anklagen und die Herausforderungen geht er nicht ein. Dennoch unterwirft Hiob sich Gott und bekennt, ohnmächtig und unwissend zu sein. Die Lösung des Hiobbuches wird man so verstehen müssen, dass Gott dem Bösen einen Raum in der Schöpfung zugestanden hat, auch wenn er letztlich der allen Überlegene ist. Warum das so ist, weshalb Gott das Leiden der Menschen in Kauf nimmt, darauf wird offenbar keine Antwort gegeben oder es liegt außerhalb des Horizontes der Dichtung.

Eine etwas andere Antwort findet Kohelet, der Prediger Salomo. Für ihn ist alles „eitel“, besonders der Versuch der Menschen, im Weltenlauf Sinn entdecken zu wollen. Fromme und Gottlose haben dasselbe Geschick (**8,9–17**), Gottes Wollen ist nicht zu erkennen. Als einzige Lösung bietet Kohelet an, „fröhlich zu sein bei seinem Tun, das ist sein Teil, denn wer will ihn dazu bringen, sich zu freuen über das, was nach ihm kommt" (3,22), vgl. 9,7ff.: „Geh, iss mit Freuden dein Brot und trink deinen Wein mit fröhlichem Herzen, denn längst hat Gott dein Tun gebilligt ... denn in der Unterwelt, wohin du gehst, gibt es kein Schaffen oder Planen, keine Erkenntnis oder Weisheit." Die Perspektive des Predigers ist demnach allein auf das Diesseits ausgerichtet.

In der Apokalyptik wurde demgegenüber die Vorstellung entworfen, dass die Gerechten einen Schatz im Himmel erwerben (vgl. SapSal 3,1–4), der sich bei der Auferstehung mit ihnen vereinigen und sie verklären werde. Gott setzt sich also noch nach dem Tode der Glaubenden durch, verhilft ihnen dann zu ihrem Recht (**Dan 12,1–3**; **2.Makk 7**).

Im Neuen Testament wurde die Theodizeefrage durch Paulus insofern gelöst, als er Gott nach **1.Kor 1,18ff**. am Kreuz, also in der Gestalt des Gekreuzigten sieht. Dies ist für die ganze Weisheit der Welt eine Torheit, schlechthin absurd. Damit werden Vorstellungen wieder aufgenommen, die beim unschuldig-stellvertretenden Leiden des Gottesknechts in **Jes 53** bereits angeklungen waren.

🕮 *H.P. Müller*, Das Hiobproblem, EdF 84, [3]1995.
*M. Rösel*, Art. Tun-Ergehen-Zusammenhang, NBL 3, 2001, S. 931–934.
*M. Oeming, K. Schmid*, Hiobs Weg. Stationen von Menschen im Leid, BThSt 45, 2001.
*Jahrbuch für Biblische Theologie*, Bd. 19: Leben trotz Tod, 2004.

# Prophetische Kult- und Sozialkritik

Mit dem Propheten Amos tritt erstmals historisch sicher greifbar um 750 v. Chr. ein Prophet auf, dessen Botschaft ganz überwiegend von Kritik an den bestehenden sozialen und kultischen Zuständen gekennzeichnet ist. Diese Kritik wird zur Begründung des kommenden Gerichts Gottes verwendet, das oft als „Tag JHWHs" bezeichnet wird. Mit diesem Tag JHWHs hatten die Israeliten offenkundig eine Wende zum Heil erwartet. Seit Amos wird diese Vorstellung aber umgeprägt und als Gerichtstag verstanden, vgl. Am 5,18: „Wehe euch, die ihr den Tag JHWHs herbeisehnt. Was soll euch denn der Tag JHWHs? Er ist Finsternis und nicht Licht!" (Hier in einem Weheruf, der das „Wehe" [הוֹי, *hôj*] der Totenklage aufnimmt. Die Angesprochenen werden so als bereits der Todessphäre zugehörig bezeichnet.)

Die Unheilsprophezeiungen der Propheten gehen alle davon aus, dass Israel/Juda in einer besonderen Stellung vor Gott steht. Aus dieser Beziehung hat ein bestimmtes Verhalten Israels zu resultieren, vgl. Am

3,2: „Euch allein habe ich erwählt von allen Geschlechtern der Erde, darum suche ich an euch heim all eure Schuld". Implizit ist damit der Erwählungs- und Bundesgedanke angesprochen, auch wenn er im 8. Jahrhundert noch nicht voll ausformuliert gewesen sein mag (vgl. das Thema-Kapitel „Bund").

Die Frage, weshalb eine so massive Kritik (besonders bei Amos, Hosea, Micha und Jesaja) gerade zu dieser Zeit aufbricht, ist nicht geklärt. Jesaja und Amos waren offensichtlich vermögende und hochgebildete Menschen, die nicht als direkt von Armut Betroffene für die Armen Partei ergriffen haben. Unter dem Eindruck der kanonischen Ordnung der biblischen Bücher hatte man früher angenommen, dass die Propheten die israelitische Gesellschaft am Maßstab der am Sinai offenbarten Gesetze messen und daher verdammen. Mit der Erkenntnis, dass die Gesetzeskorpora erst relativ späte Bildungen sind, schwenkte die Forschung seit *Julius Wellhausen* um und sah die Propheten als die wahren Träger der reinen israelitischen Religion an. Dieser sei dann durch das später, im Exil, gebildete Gesetz die „Physiognomie verdorben" worden (so Wellhausen). Mit der Kanonisierung des Gesetzes sei die prophetische Religion gestorben, das Judentum habe begonnen. [Erst das Christentum habe an das Wesen der wahren israelitischen Religion angeknüpft.]

Richtig ist an dieser Sichtweise, dass die vorexilischen Propheten keinen ausdrücklichen Bezug auf Gesetzesvorschriften erkennen lassen. Die oft angeführten Belege Hos 4,2 und Jer 7,9 sind ganz vereinzelte Stimmen. Doch den Propheten schwebte sicher ein bestimmtes Gesellschaftsideal vor, an dem sie ihre Gegenwart maßen, auch wenn dieses Ideal nicht in Rechtssätzen kodifiziert war. Hintergrund sind möglicherweise die sogenannten *Tempeleinlassliturgien*, wie sie etwa in Psalm 15 und 24 erhalten sind. Ps 15,1: „Wer darf Gast sein in deinem Zelte, wer darf weilen auf deinem heiligen Berge? (Antwort:) Der unsträflich wandelt und Gerechtigkeit (צֶדֶק, *ṣädäq*) übt."

Die Teilnahme am Kult ist demnach nur möglich, wenn der Einzelne auch sittlich richtig (gemeinschaftstreu) gehandelt hat, denn nur dann ist er auch kultisch rein. Wichtig ist in diesem Zusammenhang das Tun von „Recht und Gerechtigkeit", hebräisch מִשְׁפָּט und צְדָקָה (*mišpāt* und *ṣ*[e]*dāqâ*). Offenkundig haben nun die Propheten diesen „Zusammenhang von Tun und Ergehen" in der Weise auf ihre Gesellschaft gedeutet, dass das Volk durch das soziale Unrecht und das Luxusleben als Ganzes unrein geworden ist.

Ein wichtiger Hinweis für die Richtigkeit dieser Überlegung ist das gehäufte Auftauchen der Begriffe מִשְׁפָּט und צְדָקָה (*mišpāt* und *ṣ*[e]*dāqâ*) in den prophetischen Büchern dieser Epoche; normalerweise werden sie im Deutschen mit „Recht und Gerechtigkeit" wiedergegeben. Schlüsseltext für die entsprechende Verwendung ist das Weinberglied aus Jesaja 5, wo es am Ende in V. 7 heißt: „Er hoffte auf Gut-Regiment (מִשְׁפָּט)/doch siehe da: Blutregiment. Auf Gemeinschaftstreu (צְדָקָה)/doch siehe da:

Hilfeschrei (*K. Koch*, Die Profeten I, 207). Letztlich geht es demnach darum, dass wegen der Frevel der Menschen kein wahrer Kult mehr möglich ist, Gott sich zurückzieht und das Volk dem Gericht überlässt (Vgl. dazu auch das Thema-Kapitel „Menschenbild").

Sozialkritik und Kultkritik sind daher zwei Seiten einer Sache. Der rechte Verkehr mit der Gottheit ist gestört, sei es durch das soziale Unrecht oder durch sinnentleerten Kult, mit dem kein entsprechendes Handeln verbunden ist. Bei Hosea kommt noch hinzu, dass im Nordreich ein Kult begangen wird, der JHWH mit Riten feiert, die offenkundig aus dem kanaanäischen Umfeld übernommen worden sind. JHWH scheint so zu einem Baʿal zu werden, austauschbar mit den Göttern der Umwelt. Dagegen muss Hosea JHWH als den zu Gehör bringen, der Israel in der Wüste erwählt und der es in sein Land geführt hat.

Die einzelnen Propheten haben ihre Kritik in charakteristischer Weise pointiert. Während sich bei Hosea vor allem Kultkritik findet, bei Amos und Micha überwiegend Sozialkritik, hat Jesaja beides miteinander verbunden. Wahrscheinlich haben die einzelnen Propheten das angeprangert, was ihnen persönlich als besonders schändlich erschienen ist; sie hatten insofern einen individuellen Zugang zur Angelegenheit. Deutlich ist in jedem Fall, dass es in dieser Zeit zu einer Erschütterung der Staatswesen kam, bedingt auch durch die Kriege mit den Aramäern und die Bruderkriege zwischen Israel und Juda. Zugleich entwickelte sich auch eine Latifundienwirtschaft (Großgrundbesitz) derer, die an den Kriegen verdient hatten. So drohte die Solidarität der Gesellschaft zu zerbrechen, worauf die Propheten reagiert haben.

Den frühen Propheten der assyrischen Zeit ist gemeinsam, dass sie das Kommen des Unheils als unabänderlich ansehen. Zwar kann man danach auf so etwas wie einen neuen Bund oder eine messianische Heilszeit mit einem gerechten Herrscher hoffen, doch primäres Ziel ist die Ansage des Gerichts. In der Forschung ist umstritten, inwieweit die einzelnen Propheten bei diesen Weissagungen das Volk noch zur Umkehr aufrufen wollten, oder ob sie keine Hoffnung mehr hatten. Die Aufforderung zur Umkehr findet sich sicher bei den etwas späteren Propheten, vgl. etwa Ezechiels Wächteramt (Ez 3) oder Ez 18.

Sowohl der Untergang des Nordreiches 722 wie auch der Fall Jerusalems 587/6 haben die prophetischen Gerichtsansagen nachträglich bestätigt und damit die entsprechende Geschichtsinterpretation als richtig und angemessen erkennen lassen. Damit wurde die Unheilsprophetie zum Schlüssel für die theologische Bewältigung der Katastrophe des Exils. Gleichzeitig versuchte man dann, für das Zusammenleben nach dem Ende der Verbannung einen Regelkanon für ein gottgefälliges Leben aufzubauen. Dass auch diese Bemühungen nicht immer erfolgreich waren, zeigt das Wiederaufflammen der Sozialkritik bei Tritojesaja, der seine Umwelt erneut zu gemeinschaftstreuem Verhalten aufrufen musste, wieder gegen sinnentleerten Gottesdienst, vgl. Jes 58.

🕮 *K. Koch*, Die Profeten I. Assyrische Zeit, 3. Aufl. 1995; II. Babylonisch-persische Zeit, 2. Aufl. 1988.
*R. Albertz*, Religionsgeschichte Israels in alttestamentlicher Zeit. ATD Erg. 8/1+2, 2. Aufl. 1996/1997.
*R.G. Kratz*, Die Propheten Israels, 2003.

# Messianische Texte des Alten Testaments

| | |
|---|---|
| Gen 49,8–12 | Spruch über **Juda**: Das Kommen einer Gestalt, der die Völker gehorchen |
| 2.Sam 7 | **Natansverheißung** eines ewig dauernden davidischen Königshauses |
| Jes 9,1–6 | Der **Friedefürst** („Das Volk, das in der Finsternis wandelt…“) |
| 11,1–9 | Das **Friedensreich** („Ein Reis wird hervorgehen aus der Wurzel Isais [= Vater Davids]…“) |
| Jer 23,5 | Der Herr erweckt dem David einen **gerechten Spross** |
| Ez 34,23–31 | David wird zum **Hirten** im ewigen Friedensbund bestellt |
| 37,24–28 | David wird als **König** über die zukünftig wieder vereinten Reiche herrschen |
| Am 9,11–15 | Die **Aufrichtung der verfallenen Hütte Davids** (wohl später an das Amosbuch angefügt) |
| Mi 5,1–5 | „Und du, Bethlehem Efrata…“ , vgl. Mt 2,6 |
| Sach 4,1–14 | Erwartung von **zwei Messiasgestalten**, Priester und Davidide, vgl. die Erwartung in Qumran |
| 9,9f | „Frohlocke, Tochter Zion…“, vgl. Mt 21,5 |

Ausgewählte messianische Texte des AT (in kanonischer Anordnung)

Der Titel „Messias“ ist die gräzisierte Form des aramäischen מְשִׁיחָא (*m*$^e$*šiḥā*), das hebräisches מָשִׁיחַ (*māši*$^a$*ḥ*) übersetzt. Der Titel „Christus/Χριστός“ ist die wörtliche Übersetzung in das Griechische. Übereinstimmend bedeuten die Titel: der Gesalbte. Die Bezeichnung rührt daher, dass in Israel zunächst die Könige, dann auch der Hohepriester (und später Priester generell) gesalbt wurden, vgl. dazu etwa Ri 9,8; 1.Sam 16,13; Ex 29; Lev 4,3. Der Titel *Maschiach* bezeichnete zunächst Saul und David, dann den jeweils regierenden israelitischen König, vgl. Ps 2+72; 1.Sam 24,7. Bei Deuterojesaja kann aber auch der persische König Kyrus als Messias benannt werden, doch soll damit der König des fremden Volkes als Werkzeug des Gottes Israels herausgestellt werden. Der Titel ist also zunächst ein politischer, der im AT nicht auf den kommenden Heilskönig angewandt wurde. Dies geschah erst in der sogenannten zwischentestamentlichen Literatur. Folglich muss für das Alte Testament festgehalten werden, dass es im strengen Sinne keine Messiaserwartung gibt, statt dessen wird vom Herrscher (**Mi 5,1**), gerechten Spross (**Jer 23,5**) oder König (**Ez 37,24**) gesprochen, den man zukünftig erwartet.

Doch finden sich an herausragenden Stellen Texte, die die Hoffnung auf einen kommenden Heilskönig aussprechen, der nach dem Vorbild des idealisierten Königs David vorgestellt wird. David ist diejenige Gestalt der hebräischen Bibel, die in besonderer Weise als Messias bezeichnet wurde (vgl. 1.Sam 26,9). Der kommende Heilsbringer muss folglich ein Spross seiner Dynastie, ein Davidide, sein.

Im Neuen Testament werden über diese Texte hinaus noch andere Stellen als Messiasverheißung gewertet, beispielsweise **Jes 7,14** (Jungfrauengeburt) oder **Gen 14,18–20** (Christus als Hohepriester nach der Weise Melchisedeks). Auch wurden im NT andere Titel zur Prädikation Jesu bedeutsam, allen voran der Menschensohntitel, der aus **Dan 7,13** abgeleitet wurde.

Die alttestamentliche Messiaserwartung hat als ihre wesentliche Voraussetzung die altorientalische Königsideologie im Hintergrund. Der König gilt in besonderer Weise als zwischen Gott und Menschen stehende Person, als Mittler. Er wurde durch Gottes Geist begabt (1.Sam 9+11), galt als unverletzlich (2.Sam 1,14.16) und als Repräsentant Gottes. Zur Ausstattung des Hofzeremoniells wurde vielfach auf Vorstellungen anderer Völker zurückgegriffen, vgl. **Ps 2+110** und besonders die vier Namen des kommenden Herrschers in **Jes 9**, die wohl die Thronnamen des ägyptischen Pharao widerspiegeln.

Die Erwartung einer besonders ausgezeichneten Herrschergestalt rührt sicher von einer negativen Einstellung zu den gegenwärtigen Verhältnissen her, wie sie besonders in der Prophetie üblich war. Dem gegenwärtigen Regenten wird das glorifizierte Bild des Königs David entgegengestellt. Eine Herrschaft in der Weise Davids wird für die Zukunft neu erwartet, dann, wenn sich Israel wieder einem gemeinschaftstreuen, an der Tora ausgerichteten Leben zugewandt hat. Das bedeutet in der Konsequenz, dass die Messiaserwartung immer auch ein Kritikpotential innehat, dass sie auch Gericht neben dem Heil ansagt. Noch bei Sacharja in der frühnachexilischen Zeit ist diese Erwartung jedoch rein innergeschichtlich, vgl. 6,9–15, wo Sacharja den Davididen Serubbabel (oder Jeschua?) als neuen Herrscher erwartet.

Erst später geschieht die *Eschatologisierung* der Vorstellung, so wie sie im NT entgegentritt: Der Messias zeigt die Zeitenwende an. Unter dem Eindruck der unerfüllten Hoffnungen nach dem Bau des Zweiten Tempels und, noch später, durch Vermittlung der apokalyptischen Bewegungen wird formuliert, dass mit dem Kommen des Messias eine grundsätzliche Wende der Weltläufe eintreten muss. Dafür steht beispielsweise im Danielbuch die Vorstellung vom Kommen des Menschensohns, dem alle Macht übertragen wird (**Dan 7**).

Allen Stufen der Entwicklung innerhalb des AT ist jedoch gemeinsam, dass der Messias/Spross/Herrscher bloßer Repräsentant Gottes ist, dass er keine eigene Heilsmacht hat. Eine „Christologie", nach der der Messias selbst Gott ist, wird also nicht formuliert.

📖 *H. Seebass*, Herrscherverheißungen im Alten Testament, BThSt 19, 1992.
*Jahrbuch für Biblische Theologie*, Band 8, Der Messias, 1993.
*H.J. Fabry*, *K. Scholtissek*, Der Messias, NEB Themen 5, 2002.

# Apokalyptik

Der Begriff „Apokalyptik" leitet sich von der Überschrift der neutestamentlichen Offenbarung des Johannes ab. Dort heißt es in 1,1, dass Gott dem Johannes durch seinen Engel mitgeteilt habe, was in Kürze geschehen soll. Das griechische Verbum ἀποκαλύπτω, *apokalyptō*, bedeutet dabei „offenbaren"; es geht um noch unsichtbare Dinge, die am Ende der Geschichte geschehen werden.

Innerhalb des AT findet sich apokalyptisches Gedankengut vor allem in der jüngsten Schrift, dem Buch **Daniel**. Auch die Kapitel **Jes 24–27** sind als Apokalypse bezeichnet worden; in **Sach 9–14** finden sich ebenfalls Vorstellungen, die als früh-apokalyptisch gelten können. Besonders in der zwischentestamentlichen Literatur wird apokalyptisches Gedankengut sehr häufig formuliert, die Hauptzeugen dafür sind die Bücher 1. Henoch, 4. Esra und syrischer Baruch. Auch in neutestamentlicher und frühchristlicher Zeit hält dieser Traditionsstrom an, kanonische Zeugnisse dafür sind die sogenannte synoptische Apokalypse **Mk 13** (mit Parallelen) und die Apokalypse des Johannes.

Apokalyptische Texte unterscheiden sich von anderen vor allem durch zwei Merkmale: Zum einen werden die Apokalypsen einem bekannten Verfasser zugeschrieben, der aber nicht Autor des Buches sein kann (z.B. Henoch, Esra). Es handelt sich demnach um *pseudepigraphe* (= falsche Verfasserangabe) Schriften. Zudem werden oft fiktive Prophezeiungen berichtet, die erkennbar erst nach dem Eintreffen des geweissagten Ereignisses abgefaßt wurden. Diese *vaticinia ex eventu* wie auch die Pseudonymität sollen einerseits die Autorität der Schrift erhöhen. Zum anderen binden sie die Aussagen an wichtige Stationen der bisherigen Geschichte Israels, deuten diese also im Rückblick.

Die Geschichte, ihr Verlauf und ihr bevorstehendes Ende, ist das eigentliche Thema der apokalyptischen Literatur. Dabei weiß man zwar, dass der Geschichtsverlauf unwiderruflich auf sein Ende zuläuft. Oft wird sogar versucht, durch Kombination bestimmter Zahlen den genauen

Termin der Endzeitereignisse zu errechnen (vgl. Dan 12,11f.). Doch im Gegensatz zu landläufigem Verständnis liegt darin nicht das primäre Interesse der apokalyptischen Denker. Ihnen geht es viel eher darum, zu erweisen, weshalb sich die menschliche Geschichte von der Schöpfung an in ihren Lebensbedingungen für die Frommen immer mehr verschlimmert. Gerade die Verschlechterung beweist aber, dass die Kehre zu einem neuen, unvergleichlich besseren und gerechteren Weltalter bevorsteht, die Wende zum neuen Äon. Im Danielbuch (Kap. **2+7**) führt dieser Denkansatz zur Darstellung eines Schemas von vier Monarchien, die sich einander ablösen. Babylonier, Meder, Perser und Griechen entfernen sich sukzessive immer mehr vom Ideal jeder menschlichen Herrschaft, dem goldenen Zeitalter, bis schließlich am Ende dem vierten Reich und seinem völlig verderbten Herrscher alle Macht genommen wird. Sie wird nach Dan 7 dem Menschensohn übertragen, der dann mit den Heiligen Höchsten eine ewige, gerechte Herrschaft ausüben wird. Der irdisch-menschlichen Geschichte entspricht dabei eine übergeschichtliche Ebene innerhalb der himmlischen Hierarchie. Die Kämpfe, die die einzelnen Völker zu führen haben, werden im Himmel durch die jeweiligen Völkerengel ebenso geführt und letztlich entschieden.

Dieses Denken geht im Unterschied zu vielen anderen Texten des AT von einem zweifelsfrei monotheistischen Gottesbild aus. Doch der eine Gott wird dabei so transzendent gedacht, dass es der Ausbildung einer Engellehre bedarf. Engel werden nötig, um die vielfältigen Verflechtungen zwischen göttlichem Geschichtsplan und irdischer Realgeschichte verstehen zu können. Hinzu kommt, dass apokalyptisches Denken grundsätzlich *universalistisch* ist. Die anderen Völker spielen in der Weltgeschichte eine eigenständige Rolle, sind nicht einfach nur Randerscheinungen oder Werkzeuge. Auch die Einschätzung Israels hat sich geändert. „Israel“ als Volk, das sich in besonderer Nähe zu Gott weiß, sind nun nur noch die Frommen, die am Bunde festhalten. Sie werden, das ist im Danielbuch gut erkennbar, zur Zeit der Abfassung verfolgt. Ihnen gibt aber die Perspektive Trost, dass die Heftigkeit der Verfolgungen die Nähe der endzeitlichen Wende belegt. Diese Heilsaussicht gilt auch über den Tod hinaus. Nach Dan 12 wird es am Ende der Zeiten eine allgemeine Auferstehung geben, die für die einen zu ewiger Verdammnis, für die anderen zu ewigem Leben führt.

Eine Besonderheit der apokalyptischen Literatur ist auch, dass sie die Existenz von autoritativen Schriften voraussetzt. Diese werden angesichts der nahenden Endzeit ausgelegt und nach dem Verständnis der Apokalyptiker erstmals verdeutlicht. So widmet sich **Dan 9** der Auslegung der Zahl von 70 Jahren, die nach Jeremia 25,11f. als Dauer der Herrschaft Babylons über Israel verhängt sind. Im 1.Henochbuch wird breit das Thema der gefallenen Engel aus Gen 6,1–4 entfaltet.

Die Frage nach dem Hintergrund dieser Gedankenwelt lässt sich kaum beantworten. Zwar weiß man, dass es im persischen Bereich ähnliche

Vorstellungen (so von der Abfolge der vier Herrschaften) gab, auch die Idee der Auferstehung wurde wohl zuerst in Persien formuliert. Doch die israelitische Apokalyptik wird auch aus eigenen Traditionen gespeist. So finden sich in den Texten Fortentwicklungen prophetischer Sprachmuster wie auch aus der Weisheit stammende Themen; die Autoren selbst haben sich als „Weise" bezeichnet (Dan 12,3). Hinzu kommt sicher die Erfahrung der Brutalität und Übermacht der griechischen Herrschaft, als Israel im 3. und 2. Jahrhundert Spielball zwischen den ägyptischen Ptolemäern und syrischen Seleukiden war. Unter dem Seleukiden Antiochus IV. Epiphanes war gar der Tempel in Jerusalem entweiht und zu einem Baʿal-Zeus-Heiligtum umgewidmet worden. Dabei wurde der König von Judäern unterstützt, die ihre Religion für hellenische Einflüsse öffnen wollten. Dies rief Opposition hervor. Während die Makkabäer mit Waffen für die Erhaltung des Bundes kämpften, kombinierten apokalyptische Kreise vorhandenes Gedankengut und eigene Überlegungen über Wesen und Begrenzung von Herrschaft so, dass die bedrängten Gruppen Trost fanden, um die dunklen Zeiten zu überstehen. Die dabei gefundenen Antworten waren offenkundig so überzeugend, dass bis ins 3. nachchristliche Jahrhundert Apokalypsen formuliert wurden. Ohne die hier geprägten Gedanken von einer kommenden Königsherrschaft Gottes, einem endzeitlichen Kampf mit einem widerwärtigen Herrscher („Antichrist") und dem Kommen des Menschensohns ist die Entstehung vieler neutestamentlicher Gedanken kaum vorstellbar.

Das rabbinische Judentum wie auch die christliche Großkirche lehnten später jedoch die Apokalyptik ab, so dass einzig das Danielbuch als alttestamentliche Apokalypse erhalten ist. Die anderen bekannten apokalyptischen Bücher wurden in der äthiopischen oder syrischen Kirche überliefert, auch in Qumran wurden bis dahin unbekannte apokalyptische Schriften gefunden.

📖 *K. Koch, J.M. Schmidt*, Apokalyptik, 1982.

*B.U. Schipper, G. Plasger* (Hg.), Apokalyptik und kein Ende? Biblisch-theologische Schwerpunkte 29, 2007.

*M. Tilly*, Apokalyptik, UTB 3651, 2012.

## Das Menschenbild des Alten Testaments

„Was ist der Mensch, dass du seiner gedenkest, und des Menschen Kind, dass du dich seiner annimmst?" Das Zitat aus **Ps 8,5** verdeutlicht, dass im Alten Testament vom Menschen nur in Relation zu Gott gesprochen werden kann. Dies gilt umso mehr, wenn man die Fortsetzung des Textes in V. 6 berücksichtigt: „Du hast ihn wenig geringer gemacht als Gott, mit Ehre und Herrlichkeit hast du ihn gekrönt." Menschen sind zum einen von Gott geschaffen, zum anderen sind sie als Höhepunkt der

Schöpfung insgesamt zu sehen. Damit ist Ps 8 inhaltlich direkt mit dem priesterlichen Schöpfungsbericht in **Gen 1** zu vergleichen, wo Mann und Frau als Ebenbild Gottes bezeichnet werden. Die Aussage von der Gottebenbildlichkeit der Menschen muss man in Analogie zu altorientalischen Parallelen als *funktional* verstehen: Stellvertretend üben sie die Macht Gottes über die Schöpfung aus.

Auch im zweiten, nichtpriesterlichen Schöpfungsbericht **Gen 2+3** gilt der Mensch als Krone der Schöpfung, was dadurch ausgedrückt wird, dass die Erschaffung von Mann und Frau die Schöpfung einrahmten. Doch ist hier das Menschenbild skeptischer: Das Leben der Menschen ist von Mühsal und Arbeit geprägt, bei der Geburt ihrer Kinder erleben Frauen Schmerzen, das Leben im Garten Eden und die Möglichkeit, vom Baum des Lebens zu genießen, sind verwehrt. Damit ist zugleich die prinzipielle Todesverfallenheit der Menschheit angesprochen. Erst in sehr späten Texten des AT gibt es etwas wie die Perspektive eines Lebens nach dem Tode (vgl. das Thema-Kapitel „Theodizee").

Den Schöpfungsberichten ist auch zu entnehmen, dass die Menschen zur Erde bzw. zur ganzen Schöpfung gehören, vgl. **Gen 3,19:** „Denn Staub bist du, und zum Staub sollst du zurückkehren." Alle Menschen, aber auch die Tiere, sind aus Fleisch gebildet; „Fleisch" kann daher als Sammelbegriff für die Menschheit und zugleich als Ausdruck für Vergänglichkeit verwendet werden. Durch das Einhauchen von „Lebensatem" wird der Mensch zu einem lebendigen Wesen, so **Gen 2,7**; gemeint ist damit vielleicht das Sprachvermögen, das Mensch von Tier unterscheidet. An anderen Stellen ist davon die Rede, dass Gottes Geist (רוּחַ, *ruaḥ*) oder der Geist des Lebens in die Menschen (und Tiere) gegeben sind (Gen 7,15). Wichtig ist dabei aber, dass es keine gedankliche Trennung von „Leib" und „Seele" (*Dichotomie*) oder von „Leib", „Seele" und „Geist" (*Trichotomie*) wie im abendländischen Denken gibt. Der einzelne Mensch wird prinzipiell als Einheit verstanden.

Dieses ganzheitliche Verständnis erschwert an manchen Stellen das Verständnis der Texte. Zum einen kann ein Körperteil für den gesamten Menschen stehen, vgl. Ps 139,13: „Du bildetest meine Nieren." Gemeint ist aber der ganze Körper; ein dem Deutschen „Leib/Körper" entsprechendes Wort gibt es im Hebräischen nicht. Demgegenüber ist unser heutiges Denken von einer Organismus-Vorstellung geprägt, in der aus der Fülle der für sich allein nutzlosen Organe die Einheit des Menschen entsteht. Im AT werden die Glieder und Organe eigenständiger gedacht; die Person besteht aus der Summe der einzelnen Aspekte.

Diese psychosomatische Einheit des Menschen beinhaltet dann aber auch, dass verschiedene Ebenen der Person differenziert werden können. So kann die körperliche Dimension unterschieden werden von der emotionalen, hinzu kommt die noetische Schicht (das Erkennen) und die voluntative (das Wollen). Gleichzeitig können alle Dimensionen in einem hebräischen Wort präsent sein. So bedeutet etwa das Wort לֵב, *leb* „Herz" sowohl das Organ, als auch die Brust im Ganzen, dazu auch die Emotion (vgl. „Herzklopfen"), Wunsch und Wille („sich ein Herz fassen") und das Denken (etwas „beherzigen"). Das Gehirn spielt im hebräischen Menschenbild keine besondere Rolle, wie es auch in Ägypten nicht mumifiziert, sondern einfach entfernt wurde.

Auch bei anderen Organen lässt sich dieses Phänomen feststellen. So kann אַף, *'ap* „Nase" (Gen 2,7), auch für ein zorniges Schnauben und den Zorn schlechthin verwendet werden (Gen 30,2), ähnlich bezeichnet רֶחֶם, *räḥam* den „Mutterleib" und im Plural sogar das mütterliche/menschliche Erbarmen. Besonders vielfältig ist das Bedeutungsspektrum von נֶפֶשׁ, *näfäš*. Es bezeichnet ursprünglich die Kehle oder den Hals (Jona 2,6: „Wasser umfingen mich bis zum Hals") und ebenso seine Funktion, die Atmung. Mit dieser Körperfunktion hängt der Aspekt „Verlangen" zusammen. Das wiederum kann sowohl körperlich-vegetativ („Hunger") als auch geistig („Gier, Sehnsucht") gemeint sein. Im umfassenden Sinne kann נֶפֶשׁ, *näfäš*, auch für Lebenskraft oder -energie stehen; diese stirbt zusammen mit dem Körper. Die oft verwendete deutsche Übersetzung „Seele" trifft auch daher den Bedeutungsgehalt des hebräischen Wortes nicht.

Wie in anderen Kulturen des Alten Orients auch spielen im Leben der Menschen des AT Reinheits- und Tabu-Regeln eine besondere Rolle. Das betrifft besonders das Blut, das als Sitz der Lebenskraft verstanden wird. Daher ist Blutgenuss verboten (**Gen 9,4**); beim Schlachten von Opfertieren wird das Blut an den Altar gesprengt (**Ex 29,12**) oder von der Erde geschluckt und so symbolisch Gott zurück gegeben. Blut kann aber auch zur Entsühnung verwendet werden, vgl. v.a. das Ritual zum Versöhnungstag in **Lev 16**. Menstruierende Frauen und Wöchnerinnen hatten besondere Reinheitsregeln zu beachten (**Lev 15+12**). Menschenblut darf – von Strafen und Kriegen abgesehen – nicht vergossen werden. Wenn das doch geschieht, muss das Blut des Täters ebenfalls vergossen werden (**Gen 9,6**). Ungesühntes Blut schreit zum Himmel (Gen 4,10), es bildet sich um den Täter und seine Umwelt eine Unheilssphäre.

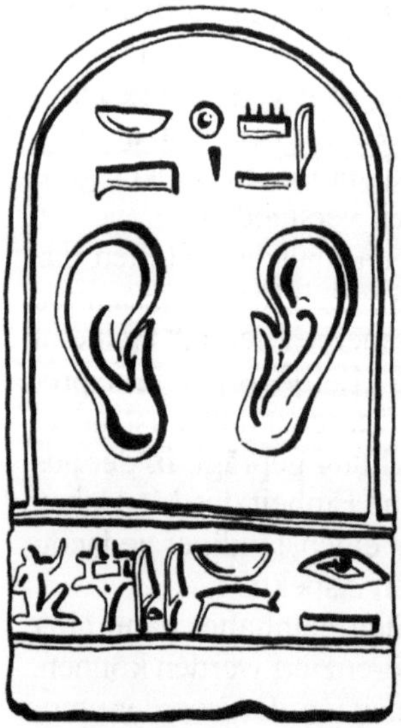

Ägyptische Stele; die Ohren symbolisieren den Dank für die Gebetserhörung

Damit ist zugleich deutlich, dass neben der Gottesbeziehung für die Menschen des AT immer auch die Beziehung zur sozialen Gemeinschaft grundlegend ist. Ihre Taten können nicht abstrakt anhand einer Rechtsnorm bewertet werden, sondern daran, ob sie der Gemeinschaft dienen oder nicht. Die Fähigkeit zu solchem gemeinschaftstreuen Verhalten wird im Kultus vermittelt und wirkt von dort auf das ganze Land (**Ps 24,5**; **72**). Gleichzeitig steht im Kultus der einzelne Mensch in besonderer Weise vor Gott. Dort kann er seine existenziellen Nöte wie Anfeindungen, Vereinzelung oder Krankheit klagend vor Gott bringen, dort kann er auch sein Vertrauen oder seine Lebensfreude hymnisch äußern und Gott preisen. Dies zeigt sich vor allem in den Psalmen des Alten Testaments, die daher in besonderer Weise zu anthropologisch relevanten Texten werden.

📖 *Jahrbuch für Biblische Theologie*, Bd. 15, Menschenwürde, 2000.
*Chr. Frevel, O. Wischmeyer*, Menschsein, NEB Themen 11, 2003.
*S. Schroer, T. Staubli*, Die Körpersymbolik der Bibel, [2]2005.
*B. Janowski*, Konfliktgespräche mit Gott. Eine Anthropologie der Psalmen, [2]2006.

## Frauen im Alten Testament

Die biblische Literatur wurde, soweit wir wissen, vor allem von Männern verfasst und überliefert. Nur in wenigen Texten stehen Frauengestalten im Mittelpunkt. Doch weil die Aussageintention dieser Stücke meist anderen Erzählzielen dient, muss aus den vorhandenen Angaben rekonstruiert werden, was mutmaßlich über die Lebensumstände von Frauen im alten Israel gesagt werden kann. Solche Rekonstruktionsversuche sind immer abhängig von den Urteilen und Wertungen derjenigen, die diese Überlegungen anstellen. Zusätzlich ist zu bedenken, dass die fraglichen Texte aus ganz unterschiedlichen Entstehungszeiten stammen und verschiedene Lebenssituationen schildern können (etwa städtische oder bäuerliche Kultur). Daher wird im Folgenden nur ein einigermaßen gesichertes Maß an bibelkundlichen Informationen gegeben.

| | |
|---|---|
| Gen 2–3 | **Eva**: Mutter aller Lebenden |
| Gen 11–23 | **Sara** (und **Hagar**): Gefährdung der Verheißung |
| Gen 38 | **Tamar**: „Sie ist im Recht“ |
| Ex 15, Num 12 | **Mirjam**: Prophetin und Anklägerin |
| Ri 4+5 | **Debora**: Richterin Israels |
| **Rut** | Die moabitische Großmutter Davids |
| 1.Sam 1+2 | **Hanna**: Ein Prophet wird erbeten |
| 1.Sam 28 | Die **Beschwörerin von En-Dor** |
| 2.Kön 11 | **Atalja**: Königin Judas |
| 2.Kön 22 | Die Prophetin **Hulda** |
| **Ester** u. **Judit** | Retterinnen ihres Volkes |

Wichtige Frauengestalten des AT

Den Rechtstexten des Pentateuch wie den Erzählungen sind einige Hinweise auf die grundsätzliche Gesellschaftsordnung zu entnehmen. Es herrscht der Familienvater (*Patriarchat*), geheiratet wird vornehmlich innerhalb der Sippe (*Endogamie*), vgl. Gen 28,2. Die Erbfolge ist *patrilinear*, folgt also der väterlichen Linie. Erst in späterer Zeit gibt es offenbar Ausnahmen: Nach Num 27 können Frauen erben, um die Lücke zu überbrücken, bis es wieder männliche Erben gibt. Die verheirateten Frauen wohnen bei dem Ehemann (*Patrilokalität*), vgl. Gen 24, der seinerseits mehrere Frauen haben kann (*Polygynie*), vgl. Gen 29. Alle Frauen eines Mannes sind von ihm gleichermaßen mit allem Notwendigen zu versorgen (Ex 21,10).

Die Rechte der Frauen hängen besonders von ihrem jeweiligen Familienstand ab. Eine unverheiratete Frau untersteht dem Vater (Ex 22,16), der sie z.B. als Sklavin verkaufen kann (Ex 21,7). Mit der Heirat geht die Frau in die Verfügungsgewalt ihres Mannes über; der Ehemann gilt als בַּעַל, *ba'al* „Besitzer“ seiner Frau. Eine stärkere Rechtsposition erhalten Frauen nach der Geburt eines Kindes; bei Rechtssatzungen über Eltern wird nicht nach Mann und Frau differenziert (Lev 20,9). Die Namensgebung der Kinder wird sowohl von Frauen (Gen 29,32) als auch von Männern (Gen 21,3) überliefert.

Witwen gilt der besondere Schutz des Gesetzes (Ex 22,21f., vgl. Jes 1,17). Um der patrilinearen Erbfolge willen gibt es die Institution der Leviratsehe (lat. *levir* = Schwager): Eine kinderlose Witwe heiratet den ältesten Bruder oder nächsten Verwandten des Verstorbenen, damit so Erben entstehen (Dtn 25,5–10, vgl. Gen 38). Männer konnten ihren Frauen Scheidebriefe geben (Dtn 24,1–4), hatten also das Recht zur Ehescheidung. Dieser Brauch wird in nachexilischer Zeit mit Hinweis auf Gottes gute Schöpfung kritisiert (Mal 2,10–16).

Umstritten ist, ob sich den biblischen Texten noch Spuren älterer matriarchalischer Stufen der (vorstaatlichen?) Gesellschaft entnehmen lassen. Als Argumente dafür werden etwa die Namensgebung durch Frauen (Gen 29,32; 30,6) und Simsons Umzug zu seiner Frau (Ri 14) gesehen, auch die Differenzierung der Stämme Israels nach den Lea- und Rahel-Stämmen.

Deutlich ist jedenfalls, dass sich in einigen Texten eine vergleichsweise selbständige Position von Frauen zeigt. Das gilt besonders für kultische Zusammenhänge. So können Rahel in Gen 31,34ff. oder Michal in 1.Sam 19,13ff. mit dem Gottesbild (Teraphim) umgehen. Archäologische Funde haben zudem eine größere Zahl von weiblichen Figurinen ans Licht gebracht, die offenbar ebenfalls als Zeichen für eine spezifisch weibliche, auf Fruchtbarkeit zielende Religiosität im privaten Bereich zu werten sind. Als sicher kann mittlerweile gelten, dass es auch die Verehrung von Göttinnen (v.a. Aschera) in Israel gegeben hat; diese wurde aber wohl unter dem Eindruck der monolatrischen JHWH-allein-Bewegung verdrängt (vgl. das Thema-Kapitel zu Joschijas Reform).

Es gibt gelegentliche Hinweise auf eine besondere Funktion von Frauen an offiziellen Heiligtümern. In Ex 38,8 ist vom Dienst mit Spiegeln die Rede; in 1.Sam 2,22 dienen Frauen am Eingang des Zeltes in Silo. Nach 2.Kön 23,7 webten Frauen am Jerusalemer Tempel Gewänder für die Aschera. Welche rituellen Bräuche im Einzelnen hinter diesen Notizen stehen, lässt sich heute nicht mehr klären. Umstritten ist auch, ob es Kultprostituierte gegeben hat (vgl. Hos 4,13f.).

Eisenzeitliche Figurine

Deutlich ist eine spezielle Beziehung von Frauen zu kultischen Liedern, wie etwa das Mirjamlied in Ex 15, das Deboralied in Ri 5 oder die Klagen der Frauen in Ri 11,40 zeigen. Einzelne Frauen werden in besonderen Positionen gezeigt, so etwa die Totenbeschwörerin von En-Dor (1.Sam 28) oder die Prophetin Hulda (2.Kön 22). In späterer Zeit werden Frauen offenbar wegen der zunehmenden Gewichtung der kultischen Reinheit an den Rand des offiziellen Kults gedrängt. In der weisheitlichen Literatur gibt es überdies den Topos der Warnung vor der fremden, verführerischen Frau, vgl. Koh 7,26; Prov 23,27.

Andere Texte aus der Spätzeit zeigen aber auch das Schwinden der bisherigen Rollenfestlegungen. So wird im Hohenlied die Frau als ebenbürtige Partnerin dargestellt, die eigene sexuelle Initiative ergreift. Frauen wie Judit oder Ester retten Israel aus der Not und treten damit in die Tradition kriegerischer Heldinnen wie Debora und Jaël (Ri 4+5) ein. Das Buch Rut zeigt, dass selbst eine Ausländerin als gemeinschaftstreu handelndes Vorbild gelten kann; damit wird wohl gegen nachexilische Vorbehalte gegen Ehen mit ausländischen Frauen vorgegangen. Der priesterliche Schöpfungsbericht konstatiert in Gen 1,27, dass Mann und Frau nach dem Bilde Gottes geschaffen sind. So ist letztlich die Geschlechtsdifferenzierung im monotheistischen Gottesbild denkerisch überwunden worden; die Glaubens- und Lebenspraxis hat damit allerdings nicht Schritt gehalten.

📖 *L. Schottroff, M.-T. Wacker u.a.* (Hg.), Kompendium Feministische Bibelauslegung, [2]1998.
*W. Zwickel*, Frauenalltag im biblischen Israel, 2005.
*U. Sals*, Art. Frau (AT), WiBiLex 2006, http://www.wibilex.de.
*I. Fischer u. a.* (Hg.), Die Bibel und die Frauen;
Band 1.1, Tora, 2010;
Band 1.3, Schriften und spätere Weisheitsbücher, 2013.

# Engel im Alten Testament

Der deutsche Begriff „Engel“ kommt vom griechischen ἄγγελος, *angelos*, her, das hebräisches מַלְאָךְ, *mal'āk* übersetzt. Das zugehörige Verbum לאך, *lā'ak* (ugaritisch belegt) bedeutet „schicken, senden“, und so benennt מַלְאָךְ zunächst einen Boten schlechthin, beispielsweise als Gesandten eines Königs (2.Kön 1,2). Etwa die Hälfte aller Vorkommen des Begriffes in der Bibel ist nicht auf einen göttlichen Boten bezogen, sondern auf politische oder militärische Gesandte.

Wie menschliche Boten auch hat der Engel JHWHs zunächst Botschaften an Menschen zu überbringen. Dabei wird er als menschengestaltig vorgestellt und redet oft mit dem Ich Gottes, vgl. Ri 6,11–24 oder Gen 18. Da der hebräische Terminus *Engel JHWHs* determiniert ist, es also um *den*, nicht um *einen* Engel Gottes geht, kann man fragen, ob es sich bei allen Begegnungen mit Engeln um denselben *einen* Engel Gottes handelt. Unklar ist, ob der Engel als momentane Erscheinungsform oder Verhüllung Gottes anzusehen ist, oder ob er als von JHWH zu unterscheidendes Wesen vorzustellen ist. Daneben steht die These, dass der Engel eine ursprünglich selbständige Lokalgottheit war, die in JHWH aufgegangen ist oder depotenziert wurde, vielleicht ist die Engelvorstellung auch vom Dämonenglauben in Nachbarkulturen her beeinflusst worden. Eine ausgefeilte Angelologie (Engellehre), in der alle Aussagen zu einem System geordnet sind, bietet das Alte Testament nicht, sondern in verschiedenen Zeiten gab es unterschiedliche Konzepte, wie man sich Gottes Wirken durch einen oder mehrere Engel vorstellte.

Geflügelter Genius aus Pasargadae (Persien)

Neben der Rede von dem einen Engel JHWHs finden sich im AT auch mehrere Stellen, die von einer Mehrzahl himmlischer Wesen sprechen, vgl. die Engel auf der Leiter (**Gen 28,12**). Zudem findet man die damit verbundene Vorstellung von einem himmlischen *Hofstaat* (**Ps 82**), die vielleicht aus kanaanäischer Theologie übernommen worden ist. Dazu werden die *Gottessöhne* (vgl. **Gen 6,1–4**, Hi 1,6+38,7), der als Person vorgestellte Geist (1.Kön 22,19ff.), Kerubim (1.Sam 4,4) und Serafim (**Jes 6**) und das Heer des Himmels (vgl. Jos 5,14) gezählt. Erst in späterer, nachexilischer Zeit werden alle diese Wesen mit dem einen Begriff „Engel“ benannt und man geht davon aus, dass es eine himmlische Ordnung gibt, der die irdische in gewisser Weise entspricht.

Engel bringen den Menschen Botschaften, wohl daher, weil Gott selbst unanschaulich ist. Sie sind aber keine eigenständigen Botengötter, wie etwa Hermes in der griechischen Mythologie, sondern bleiben ganz an JHWHs Willen gebunden. Engel sind nicht Gegenstand eigener Verehrung, sondern bloßes Instrument Gottes. Sie schützen und retten Gottes Auserwählten (**Gen 22**) oder das ganze Gottesvolk (Ri 2, vgl. auch den Engel in Num 22). Dies kann dann auch dazu führen, dass der Würgeengel das gegnerische Volk schlägt, vgl. Ex 12,22f.

Wirkungsgeschichtlich besonders bedeutsam wurden die Engelvorstellungen der nachexilischen Zeit. Der himmlische Hofstaat lobt und preist Gott und ist damit Vor- oder Urbild des irdischen Tempelgottesdienstes. Dazu sind beispielsweise aus Qumran (spätere) Hymnen und Anweisungen für diesen himmlischen Gottesdienst der Heiligen im Himmel erhalten, die sog. Sabbatlieder. In besonderer Nähe zu Gott stehen vier oder sieben Erzengel (vgl. Tobit 12,15), deren Namen wechseln können. Der Name *Erzengel* ist erst im griechischen Henochbuch belegt, die Zahlen 4 und 7 orientieren sich wohl an den Thronseiten nach Ez 1–3 und an den 7 damals bekannten Planeten. Durchgängig (und bereits im AT) verwendet werden *Michael*, *Rafael* und *Gabriel*. Nach dem Danielbuch stehen unter diesen Engeln weitere Engelwesen, die je einem bestimmten Volk zugeteilt sind. Ihre Auseinandersetzungen entsprechen den Kämpfen der Völker untereinander, vgl. Dan 10,11–14. Michael, der Engelsfürst, ist nach Dan 10,13 und 12,1 in ausgezeichneter Weise für den Schutz Israels zuständig, er wird auch die endzeitliche Verherrlichung der Gerechten in Israel bringen. In Qumran weiß man sich der Hilfe der Engel im endzeitlichen Kampf des Bösen gegen die Gemeinde der Gerechten sicher (1QM 12).

Die den Erzengeln untergeordneten Engel haben zudem noch die Aufgabe, von Gott gesandte Visionen zu verdeutlichen, sie werden dann als Deuteengel, *angelus interpres*, bezeichnet. In dieser Funktion sind sie im Danielbuch und besonders bei Sacharja belegt. Doch schon der „Mann" in Ez 40 hat eine vergleichbare Funktion. Dieser Deuteengel ist kennzeichnend für die späten Stadien der israelitischen Prophetie, die in die Apokalyptik hinüberweist. Dort ist kein Gesicht mehr ohne Hilfe aus der göttlichen Sphäre zu verstehen.

In der zwischentestamentlichen Zeit weiten sich die Engelspekulationen aus, es kommt zu immer weiter ausgefeilten Vorstellungen vom Wesen und Wirken der Engel. So gelten Engel als geschlechtslos (Mk 12,25), heilig, unsterblich (Lk 20,36), mit göttlichem Wissen begabt und geflügelt. Daneben tritt auch die aus Gen 6,1–4 abgeleitete Vorstellung vom Fall der Engel (mit Vermittlung von Geheimwissen an die Menschen), die etwa im Henochbuch weit ausgebaut wurde.

Ein besonderer Aspekt innerhalb der Vorstellung vom himmlischen Hofstaat ist die möglicherweise alte Gestalt des *Satan*, שָׂטָן, der nach Sach 3,1 und **Hiob 1** als Feind der Menschen Mitglied des Hofstaates ist.

Ursprünglich wurde mit diesem Begriff nur ein militärischer oder politischer Widersacher bezeichnet, vgl. 1.Kön 5,18. Die Aufgabe der späteren Satansgestalt ist es, die Menschen vor Gott anzuklagen, auf ihre Rechtschaffenheit zu achten. Diese Vorstellung wurde in zwischentestamentlicher Zeit in Richtung auf einen Dualismus erweitert; Satan gilt als böses Prinzip, als selbständiger Widersacher Gottes, vgl. dazu Mt 4 über die Versuchung Jesu. Die griechische Übersetzung hat *Satan* mit διάβολος, *diabolos* „Verwirrer", übersetzt, wovon das deutsche Wort „Teufel" abgeleitet wurde.

Die Herkunft der Engelvorstellung ist unklar und umstritten. Doch für ihre Ausweitung in exilisch-nachexilischer Zeit lassen sich Gründe anführen: Mit der zunehmenden Transzendierung des Gottesbildes in dieser Zeit bestand die Gefahr, dass die Zuwendung Gottes zu den Menschen, zu seinem auserwählten Volk, nicht mehr deutlich aussagbar war. Diese Lücke füllte die Rede von den Engeln, durch die Gott wirken kann, dann aus.

📖 *M. Mach*, Entwicklungsstadien des jüdischen Engelglaubens in vorrabbinischer Zeit, TSAJ 34, 1992.

*K. Koch*, Monotheismus und Angelologie, in: *W. Dietrich, M. A. Klopfenstein*, Ein Gott allein?, 1994, S. 565–581.

*A. Lange* (Hg.), Die Dämonen. Die Dämonologie der israelitisch-jüdischen und frühchristlichen Literatur im Kontext ihrer Umwelt, 2003.

## Qumran und das Alte Testament

Am westlichen Ufer des Toten Meeres liegt südlich von Jericho und nördlich von En-Gedi eine Chirbe (Ruinenhügel), die von den Beduinen dieser Gegend Qumran genannt wird. Der Überlieferung nach fand in einer Höhle nahe bei Qumran um 1947 ein Beduinenjunge mehrere Leder-Schriftrollen, die auf Umwegen in den Antikenhandel und dann in die Hände israelischer Forscher gelangten. Sehr bald wurde deutlich, dass es sich um Texte von außerordentlich hohem Alter handeln musste. Von 1951 bis 1958 gab es (neben der anhaltenden Suche der Beduinen) mehrere wissenschaftliche Untersuchungen im Gebiet von Qumran, bei denen in insgesamt 11 Höhlen die zeitweise stark umstrittenen Texte und Fragmente geborgen wurden.

Insgesamt wurden im Gebiet um Qumran ca. 900 Handschriften gefunden, die aber in sehr unterschiedlicher Weise erhalten sind. Manche Schriftrollen sind in so gutem Zustand, dass sie als nahezu vollständig gelten können; von anderen haben nur briefmarkengroße Fragmente überlebt. Ausschlaggebend für den unterschiedlichen Erhaltungsstand war das Material der Handschrift (Leder oder Papyrus), der Lagerort und teilweise die Verpackung (Tonkrug, Stoffsäckchen). In der modernen Forschung hat sich ein eigenes Referenzsystem zur Benennung der Rollen eingebürgert: Zunächst wird die Höhle genannt, aus der die Handschrift stammt, darauf folgt ein ‚Q' für Qumran als Fundlage, darauf eine Kurzangabe des Inhalts oder die Fundnummer. Eine römische Zahl kann dann die Kolumne, eine arabische Zahl die Zeile bezeichnen. 1QpHab VIII,1 verweist also auf die 1. Zeile der 8. Kolumne der aus Höhle **1** stammenden Schrift ***p**äschär **Hab**akuk* (= Kommentar zum Buch Habakuk).

Habakuk-Kommentar aus Höhle 1, Kol. 8 (1QpHab VIII)

Die Mehrzahl der großen, gut erhaltenen Schriftrollen wurde in sehr kurzer Zeit nach Fund, Entzifferung und Bearbeitung veröffentlicht. Dafür war ein international besetztes Forscherteam zuständig; eine eigene Publikationsreihe, *Discoveries in the Judaean Desert* (DJD), wurde gegründet. In den Folgejahren geriet der Publikationsprozess jedoch ins Stocken. Dafür waren verschiedene Faktoren verantwortlich: Schwierigkeiten bei der Entzifferung und Zuordnung der Fragmente, die schwindende finanzielle Förderung des Projekts und persönliche Probleme der Forscher, keinesfalls jedoch ein wie auch immer gearteter Einfluss der römischen Kirche. Nach weltweiten Protesten wurde zu Beginn der 90er Jahre das gesamte Publikationsverfahren neu organisiert, so dass die offizielle Publikation in den DJD-Bänden inzwischen abgeschlossen ist.

In Qumran wurden hebräische, aramäische und griechische Texte gefunden, die aus der Zeit des 2. Jh. v. Chr. bis ca. 68 n. Chr. stammen. Einige Texte sind möglicherweise noch älter. Für die Sammlung dieser Texte war nach gegenwärtiger Mehrheitsmeinung eine Gruppe verantwortlich, die sich wohl um 150 v.Chr. von der Tempelgemeinde in Jerusalem abgesondert hatte. Es ist wahrscheinlich, dass diese Gruppe bei verschiedenen antiken Autoren, vor allem Plinius und Josephus, unter dem Namen *Essener* erwähnt wird.

Gegenwärtig wird aber auch die These intensiv diskutiert, dass die Ruinen in Qumran nichts mit den in der Nähe gefundenen Rollen zu tun haben. So sei die Siedlung etwa zur Parfümherstellung oder als Landgut genutzt worden. Die Schriften stammten dagegen aus Jerusalem und wurden in der Zeit des jüdischen Aufstands gegen die Römer in den Höhlen am Toten Meer versteckt. Allerdings lässt diese These so viele Fragen offen, dass die bisherige Überlegung plausibler ist, wonach die Schriftrollen von den in Qumran lebenden Menschen aufbewahrt und zum Teil auch geschrieben worden sind. Recht eindeutig ist demgegenüber der archäologische Befund, wonach die Siedlung in Qumran um ca. 100 v.Chr. gebaut und dann im Jahre 68 n. durch die Römer zerstört wurde.

Die erhaltenen Schriften weisen einen sehr unterschiedlichen Charakter auf. Die für die alttestamentliche Wissenschaft zunächst wichtigste Gruppe ist die der *Bibelhandschriften*. Von allen biblischen Büchern (Ausnahme ist möglicherweise Ester) finden sich Exemplare oder Fragmente. Damit stehen der Forschung Texte zur Verfügung, die um 1000 Jahre älter sind als die bisher grundlegenden hebräischen Bibelhandschriften der Masoreten. Das durch diese Handschriften gewonnene Bild ist überraschend: Einerseits finden sich Texte, die praktisch dieselbe Textform aufweisen wie der jüngere Masoretische Text. Dies zeigt, wie genau die jüdischen Texttradenten im Mittelalter gearbeitet haben. Andererseits finden sich aber auch Textformen, die der griechischen Übersetzung, der Septuaginta, nahestehen. So belegen Texte aus Qumran den sonst nur in der LXX erhaltenen kürzeren Text des Jeremiabuches. Andere biblische Texte stehen der samaritanischen Tradition nahe oder haben kein erkennbares Vorbild. Daraus ist zu folgern, dass es im Judentum zu dieser Zeit keine verbindliche Textform biblischer Schriften gegeben hat. Der für uns heute maßgebliche Masoretische Text ist erst im Lauf einer bestimmten Entwicklung im zweiten Jahrhundert als Standardtext etabliert worden. Er ist also nicht unbedingt in allen Fällen der älteste oder zuverlässigste Text.

Hinzu kommt ein weiteres Faktum: Die Qumran-Gemeinde hat offenkundig auch Bücher als verbindliche Schrift gewertet, die nicht in den späteren Kanon aufgenommen wurden. (Dies gilt auch für die neutestamentliche Gemeinde, vgl. oben S. 2.) Im Gegenzug sind wohl andere Schriften, die vom späteren rabbinischen Judentum für kanonisch erklärt wurden, nicht mit dieser Autorität behandelt worden. Das führt zu der Frage, ob nicht die Verwendung des Begriffs „Kanon“ für diese Zeit ganz vermieden werden sollte. Es scheint so, als haben einzelne Gruppen innerhalb des damaligen Judentums ihre Sammlung von Rollen heiliger Schriften unabhängig voneinander definieren können. Abgesehen von der Tora gab es also eine allgemein verbindliche Bibel nicht. Hinzu kommt: Selbst wenn verschiedene Gruppen dasselbe Buch in Ehren hielten, konnte die Textform bei beiden Gruppen sehr unterschiedlich sein. Daraus folgert zusätzlich, dass es ein einheitliches Judentum, von dem in der Forschung so oft ausgegangen wird, nicht gegeben hat.

Auch die in Qumran gefundenen *nichtbiblischen Schriften* haben das Wissen wesentlich bereichert. Dabei ist einschränkend anzumerken, dass oft nicht klar zu erkennen ist, ob die betreffende Schrift von der Qumran-Gruppe selbst stammt und dort in irgendeiner Weise maßgeblich war, oder ob sie dort nur zum Studium in der „Bibliothek" aufbewahrt wurde. So geben die Texte, die als sicher von Essenern verfasst gelten, Aufschluss über das Leben dieser Gruppe (so die Schrift 1QS, die sog. Sektenregel, und CD, die sog. Damaskusschrift), ihre Endzeiterwartung (1/4QM, die Kriegsrolle) oder ihre Bibelexegese (1QpHab, s.o.).

Andere Schriften lassen Vorstellungen erkennen, die bekannte alttestamentliche Traditionen weiterentwickeln: So ist eine Ausdifferenzierung der auch im Danielbuch greifbaren Engellehre festzuhalten: Nach dem in verschiedenen Exemplaren erhaltenen Buch der Sabbatopfer-Liturgie (4Q400–407+11Q5–6) vollziehen die Engel im Himmel einen Gottesdienst, der als Vorbild des irdischen Gottesdienstes gilt. Die Tempelrolle (11QT) korrigiert das deuteronomische Gesetz an einigen Stellen und war möglicherweise als Zusatz zur Tora gedacht. Viele andere Texte deuten biblische Bücher oder nur einzelne Bibelstellen aus, so das aramäische Genesis-Apokryphon (1QApGen) oder das an Gen 6,1–4 angelehnte Gigantenbuch (2Q26 + 4Q203). Mit dem Wissen um diese Texte werden jetzt wesentliche Verständnislücken des Traditionsprozesses vom Alten zum Neuen Testament geschlossen. Das gilt besonders für die Weiterentwicklung messianischer und eschatologisch-apokalyptischer Vorstellungen.

Es ist festzuhalten, dass die Funde von Qumran wesentliche neue Einsichten für die alttestamentliche Wissenschaft bringen. Dies gilt besonders für die Spätzeit des Alten Testaments, für Fragen der Textüberlieferung und der Traditionsbildung in der zwischentestamentlichen Zeit. Wegen der Fülle der Details ist das Bild aber unübersichtlicher geworden, so dass die durch Qumran aufgeworfenen Fragen noch immer nicht angemessen diskutiert werden.

📖 Textausgaben: *F. García Martínez, E.J.C. Tigchelaar (Eds.),* The Dead Sea Scrolls. Study Edition, Vol. I, 1997; Vol II, 1998 (hebr./aram.-engl.).

*J. Maier*, Die Qumran-Essener: Die Texte vom Toten Meer, Band I–III, 1995-1996 (nur deutsche Übersetzung).

Überblicksdarstellungen: *H. Stegemann*, Die Essener, Qumran, Johannes der Täufer und Jesus, $^9$1999.
*J. VanderKam,* Einführung in die Qumranforschung, 1998.
*J. Frey u.a.* (Hg.), Qumran und die Archäologie, 2011.
*D. Stökl Ben Ezra*, Qumran. Die Texte vom Toten Meer und das antike Judentum, Jüdische Studien 3, UTB 4681, 2016.

## Der Name Gottes

Der Gott Israels wird in den alttestamentlichen Schriften sowohl mit seinem Eigennamen als auch mit verschiedenen Beinamen und Appellativen (Gattungsbezeichnungen) benannt. Dabei ist wie in allen Kulturen von Bedeutung, dass der Name zur Unterscheidung und Ordnung dient. Zum anderen besteht aber auch eine besondere Beziehung zwischen dem Namensträger und dem, der den Namen kennen (Ex 3,13f.+6,2f.) oder geben darf (Gen 2,19; 32,28f.).

Dass der Gott Israels einen Eigennamen hat, lässt sich nur aus der Frühphase der Religion verstehen, die in einem polytheistischen Umfeld stattfand: Die Gottheiten waren anhand ihrer Namen unterscheidbar und den einzelnen Völkern zuzuordnen. Wie Kemosch der Hauptgott der Moabiter (Num 21,29) und Milkom der der Ammoniter war (1.Kön 11,5), so war JHWH der Nationalgott Judas und Israels (Ri 5,5).

Mit zunehmendem Bewusstsein, dass es nur den einen Gott gibt, wird der Eigenname Gottes weniger wichtig. So ist folgerichtig, dass die erste griechische Übersetzung der Bibel den JHWH-Namen mit dem Appellativ „Herr“ (κύριος, *kyrios*) wiedergibt. Ein vergleichbares Phänomen findet sich in den Schriften aus Qumran, wo vor allem אֵל, *'el,* „Gott“ benutzt wurde; auch im Neuen Testament steht vor allem das griechische Wort für „Gott“ (θεός, *theos*).

Das Judentum hat also spätestens seit dieser Zeit den Namen Gottes nicht mehr ausgesprochen. Rabbinischen Nachrichten zufolge durfte er nur vom amtierenden Hohepriester am Versöhnungstag ausgerufen werden. Zu allen anderen Gelegenheiten wurde die lange belegte Anrede „(mein) Herr“ (אֲדֹנָי, *'$^a$donāj*) als Ersatzbezeichnung verwendet. Die Masoreten haben dann auch in den Bibelhandschriften die Vokale dieser Ersatzlesung mit den Konsonanten des JHWH-Namens kombiniert. So sollte angezeigt werden, dass nicht der Name, sondern die Ersatzlesung zu sprechen ist. Diese Zusammenschreibung der Konsonanten des Namens und der Vokale der Ersatzlesung *Adonaj* (hochgestellt) führte zu dem Kunstwort j$^a$h$^o$w$^a$h → Jehova, das man seit dem Mittelalter fälschlich als den eigentlichen Gottesnamen verstanden hat.

In inner- und außerbiblischen Zeugnissen ist der JHWH-Name vor allem in der bekannten vierkonsonantigen Schreibweise יהוה belegt. Von daher rührt die Bezeichnung „Tetragramm“ für JHWH, der *vierbuchsta-*

*bige* Name. Spätere griechische Wiedergaben des Namens lassen erschließen, dass er als *jahwäh* ausgesprochen wurde. Daneben existieren Kurz- und Nebenformen wie *jhw* (wohl *jaho/jahu* gesprochen) und *jh*, vgl. Personennamen wie Jesa*ja* („JHWH hat geholfen") oder *Jo*natan („JHWH hat gegeben").

Herkunft und Deutung des JHWH-Namens sind nicht endgültig geklärt. Ein einziger biblischer Text, **Ex 3,14**, versucht eine Deutung des Namens als „ich werde sein, der ich sein werde". Damit wird ein sprachlicher Bezug zum semitischen Verbum *hjh/hwh* „sein, werden" gesehen, dem noch heute die meisten Forscher folgen. Überlegt wurde allerdings auch eine Ableitung von dem arabisch belegten Verbum *hwj*, das „wehen" bedeuten kann und damit auf JHWH als Wettergott anspielen würde. Weitgehende Einigkeit besteht allerdings darin, dass die Israeliten die JHWH-Verehrung und damit auch die Kenntnis seines Namens aus Midian übernommen haben. Darauf weisen besonders die Berichte in Ex 2+3+18 hin, wonach Moses Schwiegervater Jitro (oder Reguël) Priester der Midianiter war, vgl. auch Hab 3,3: „Gott kommt von Teman her und der Heilige vom Gebirge Paran" (beides sind Regionen im Süden).

Das AT betont zudem die Tatsache, dass der Name Gottes erst Mose im Zusammenhang der Offenbarung am Sinai mitgeteilt wurde. Belegtexte dafür sind Ex 3,13ff. und Ex 6,2ff. **Ex 6,3** besagt ausdrücklich, dass Gott den Vätern nicht als JHWH, sondern als *El Schaddaj* erschienen sei (dies wird in der Regel mit „der Allmächtige" übersetzt). Da der Text Ex 6 der priesterlichen Schicht (P) zugehört, rechnet man für diese Quelle mit einer eigenen theologischen Aussageabsicht durch die Periodisierung des Gottesnamensgebrauchs: In der Urgeschichte hat P die allgemeine Gottesbezeichnung *Elohim* verwendet, was gut zu der universalen Dimension des Geschehens passt. In den (wenigen) P-Texten zu den Erzvätern Israels (vgl. Gen 17,1) steht *El Schaddaj*; seit der Offenbarung an Mose konnte dann JHWH verwendet werden.

Die ältere Forschung hat eine solche Schematisierung auch in einer anderen Pentateuchquelle gesehen. Danach gehört Ex 3,14 dem sogenannten Elohisten an. Dessen besonderes Kennzeichen wäre die Verwendung der Bezeichnung *Elohim* für Gott im Bereich der Vätergeschichten. Erst nach der Mitteilung in Ex 3 habe diese Quelle den eigentlichen Namen Gottes verwendet. Die letzte angenommene Pentateuchschicht, der sogenannte Jahwist, erhielt ihren Namen von der Beobachtung her, dass die ihm zugesprochenen Texte von Beginn an den JHWH-Namen ohne Scheu verwendet haben. Im Bereich der Schöpfungsgeschichte steht allerdings die ungewöhnliche Zusammenstellung *JHWH Elohim*, die möglicherweise wieder durch die universale Thematik motiviert ist. Mit dem Fraglichwerden der Pentateuchquellen sind allerdings auch diese Überlegungen zum Gottesnamengebrauch problematisiert worden.

Außer mit seinem eigentlichen Namen wurde Gott in den alttestamentlichen Schriften noch mit einer Vielzahl anderer Namen bezeichnet. So finden sich besonders die gemeinsemitischen Appellativa אֱלֹהִים, *'ᵃlohîm* und אֵל, *'el*, die beide einfach „Gott" bedeuten. Diese konnten mit weiteren Elementen zu eigenen Gottesnamen zusammengestellt werden, vgl. das schon erwähnte אֵל שַׁדַּי, *'el šaddaj* (Gen 17,1; 28,3), höchster Gott (אֵל עֶלְיוֹן, *'el 'äljôn*, Gen 14,22) Gott der Welt/Weltzeit (אֵל עוֹלָם, *'el 'olām*, Gen 21,33), Gott von Bethel (אֵל בֵּית־אֵל, *'el bêt-'el*, Gen 35,7) oder Gott des Vaters X.Y. (אֵל אָב, *'el 'āb*, Gen 49,25). Da sich in der Genesis noch weitere altertümliche Gottesbezeichnungen wie „Schrecken Isaaks" (Gen 31,53) oder „Starker Jakobs" (Gen 49,24) finden lassen, hat man sogar Reste einer vorjahwistischen Gottesverehrung erschließen wollen, doch ist dies sehr strittig. Deutlich ist jedenfalls, dass hier der Gott Israels in derselben Weise bezeichnet wurde wie die anderen kanaanäischen Götter der Nachbarvölker.

Aus dem Jerusalemer Tempelkult stammen Beinamen Gottes wie „König" (Ps 97,1), „Kerubenthroner" (2.Kön 19,15, vgl. Jes 6) und „Zebaoth" (Jes 6,5). Der letztgenannte Titel, der mit „Herr der Heerscharen" übersetzt wird, stammt wohl noch aus der Kulttradition des Ortes Silo (1.Sam 4,4). Ungeklärt ist, ob er JHWH als Herrn der himmlischen Heere (Engelmächte oder Gestirne) oder der Heere Israels bezeichnet. In späten Texten ist die Abstraktbedeutung „Mächtigkeit" vorherrschend, was die Septuaginta mit „Allherrscher" (*pantokratōr*) übersetzt hat.

Der Titel „(mein) Herr" (אֲדֹנָי, *'ᵃdonāj*), der später zum Ersatz des Gottesnamens diente, ist ebenfalls kultisch verankert, vgl. Ex 23,17. Er diente zur Anrede Gottes in Gebeten (vgl. Ps 8; Dan 9). In prophetischen Schriften steht er vor allem, wenn das besondere Verhältnis zwischen Gott und seinem prophetischen Diener betont werden sollte, vgl. Am 3,7f.; Jes 6,1–11; 50,4ff. Wohl deshalb konnte im ältesten Kultus der Urkirche auch Jesus Christus als „Herr" der Gemeinde bezeichnet werden, vgl. das aramäische *maranatha* „komm, unser Herr" in 1.Kor 16,22 oder das Bekenntnis „Herr ist Jesus Christus" in Phil 2,11 und 1.Kor 8,6.

🕮 Alle Artikel zu „Jahwe", „Gott", „Name Gottes" etc. in den einschlägigen Lexika, besonders www.wibilex.de.

*H. von Stietencron* (Hg.), Der Name Gottes, 1975.

*M. Rösel*, Adonaj – Warum Gott Herr genannt wird, FAT 29, 2000.

*B. Lang*, JAHWE der biblische Gott, 2002.

## Ausblick: Biblische Theologie

Die Bezeichnung „Altes Testament" stammt aus dem Neuen Testament, sie wurde von Paulus geprägt (**2.Kor 3,14**) und hat sich in den christlichen Kirchen durchgesetzt. Neben dem im Christusgeschehen begründeten neuen Bund gibt es Paulus zufolge den einen alten Bund, den Gott mit Israel am Sinai geschlossen hat. Damit wird der Anspruch der hebräischen Bibel, Zeuge dieses Gottesbundes zu sein, ernst genommen. Gleichzeitig erhält der Sinaibund aber die Bewertung, alt, veraltet und für Christen nicht mehr gültig zu sein. So entsteht die Frage, welche Bedeutung das Alte Testament innerhalb der gesamten Bibel hat. Dabei ist auch zu bedenken, welche eigene Aussage dieser erste Teil der Bibel hat. Der Horizont dieser Überlegung ist die Tatsache, dass das Judentum nur den Tanach (s.o. S. 1) als Bibel einschätzt.

Zunächst ist festzuhalten, dass den ersten Christen das Alte Testament selbstverständlich als heilige Schrift galt. Dies ist darin begründet, dass ihnen, die ja Juden waren, Jesus als Christus galt, also als der in der hebräischen Bibel geweissagte Messias. Im Gespräch mit anderen Juden mussten sie diese Überzeugung aus der Schrift begründen. Folglich zogen sie bestimmte Texte der Bibel zum Beweis heran. Die sicher bekannteste Stelle mit einem solchen *Weissagungsbeweis* findet sich in Mt 1,21–23, wo die Jungfrauengeburt Jesu nach **Jes 7,14** erwiesen werden soll. An anderen Stellen wird mit dem Modell der *Typologie* zwischen Altem und Neuem Testament gearbeitet: Nach **Röm 5,12–21** ist durch Christus als erstem Auferstandenen das Leben in die Welt gekommen, wie durch Adam seinerzeit der Tod kam. Adam ist also ein negatives Gegenstück (wörtlich: Vorbild, gr. *typos*) Christi. Ein drittes Modell ist das des *allegorischen* Verstehens: Die Texte des AT haben danach einen tieferen Sinn, der erst durch das Christusgeschehen erfüllt wird. So soll sich nach Mt 2,17f. das Weinen der Rahel um ihre Kinder aus **Jer 31,15** auf den Kindermord in Bethlehem beziehen, diesen vorhersagen.

Voraussetzung dieses Umgangs mit der Schrift ist der Gedanke, dass nicht nur die offen gebliebenen Verheißungen des Alten Testaments im Neuen ihre Erfüllung finden. Das AT weist vielmehr *als Ganzes* auf das NT hin, ist ohne es unvollständig. Dies führte in der Alten Kirche zu Parallelisierungen zwischen Altem und Neuem Testament, die heute nicht mehr unmittelbar einleuchten. Ein gutes Beispiel dafür ist die oben erwähnte Überzeugung, dass die von Ezechiel gesehenen Wesen Vorabbildungen der vier Evangelisten seien.

Seit dem Aufkommen der *historisch-kritischen Erforschung* der Bibel ist dieses unmittelbare Verständnis eines Zusammenhangs zwischen AT und NT nicht mehr problemlos möglich. Wenn man vor allem die Frage in den Mittelpunkt stellt, was der Text zu seiner mutmaßlichen Entstehungszeit sagen wollte, verschieben sich die Horizonte. Es muss nun davon ausgegangen werden, dass die hebräische Bibel eine eigene Aussageabsicht besitzt, die nicht einfach mit der der christlichen Bibel aus Altem und Neuem Testament identisch ist. Innerhalb der alttestamentlichen Wissenschaft hat sich nach dieser Erkenntnis die Forschungsrichtung der *Theologie des Alten Testaments* gebildet. Sie bemüht sich darum, die eigene theologische Aussage der hebräischen Bibel zu beschreiben.

Damit stellte sich aber die Frage, was als angemessene Beschreibung gelten kann. Noch schärfer formuliert, wurde gefragt, ob es überhaupt eine *einheitliche* Aussage des AT gebe. Verschiedene Entwürfe haben dieses Problem so beantwortet, dass es eine gedankliche *Mitte* des AT gebe, um die sich die einzelnen Schriften ordnen lassen. So wurde vorgeschlagen, als Mitte des AT den Bundesgedanken, die Bekanntgabe des JHWH-Namens, das erste Gebot oder die Erwählung Israels durch Gott zu sehen. Gegen solche Versuche hat sich besonders *Gerhard von Rad* gewandt, der keine einheitliche Theologie des AT akzeptieren wollte. Im Kanon gebe es vielmehr sehr unterschiedliche Traditionen mit je eigener Aussageabsicht („Kerygma"), die es darzustellen gelte. Die einzig legitime Form einer Theologie des AT sei daher das Nacherzählen der alttestamentlichen Stoffe (G. von Rad, Theologie des AT, Bd. 1, 1957).

Eine ähnliche Beschreibung der Aussagen der einzelnen biblischen Schriften oder Schichten unter Verzicht auf Herausstellung einer Leitidee unternehmen auch Versuche, eine *Religionsgeschichte* Israels zu formulieren. (So etwa der Entwurf von *R. Albertz*, Religionsgeschichte Israels, 2 Bde., 1992.) Dabei wird die Entwicklung der israelitischen Religion von ihren frühesten Anfängen an nachgezeichnet, dies unter ausdrücklicher Einbeziehung religions- und sozialgeschichtlicher Fragestellungen. Bei solchen Versuchen besteht der Anspruch eher darin, das vorhandene Material beschreibend vorzustellen als zu interpretieren. Schwierig ist bei diesem Ansatz auch, dass die alttestamentlichen Schriften ja in der Regel sehr viel später als die in ihnen beschriebenen Ereignisse abgefasst wurden. Man muss also die spätere Aussageabsicht berücksichtigen, wobei man die konkrete Datierung der Texte meist nur vermuten kann. Der Vorteil eines solchen historischen Zugangs kann allerdings darin gesehen werden, dass sich die Geschichte der Religion Israels so offen darstellen lässt, dass sie dem Faktum des doppelten Ausgangs der hebräischen Bibel in Judentum und Christentum gerecht wird.

Im Horizont eines christlichen Zugangs zum Alten Testament bleibt damit aber ungeklärt, welche Aspekte des vielfältigen Zeugnisses beider Teile der Bibel den inneren Zusammenhalt der Testamente ermöglichen. Selbst bei oberflächlicher Lektüre ist ja festzustellen, dass sich die Themen der beiden Bücher nicht immer entsprechen: Während beispielsweise im AT die Schöpfungsthematik einen großen Raum einnimmt, wird das Thema im NT einfach vorausgesetzt, nicht eigens bedacht. Die Erwartung der Auferstehung, die im NT für Jesus Christus als Tatsache und für alle Christen als Hoffnung formuliert wird, ist im AT hingegen nur ansatzweise feststellbar. Es entsteht hier das Zusatzproblem der Weiterentwicklung alttestamentlicher Traditionen in der sogenannten zwischentestamentlichen Literatur.

Hinzu kommt, dass die ersten Christen ihre Bibel nicht nur in hebräischer Sprache, sondern vor allem in Gestalt der Septuaginta lasen. Diese griechische Übersetzung weist nun an einer ganzen Reihe von Stellen vom hebräischen Original ab. So ist in **Jes 7,14** nur in der LXX von der „Jungfrau“ die Rede; der hebräische Text spricht von einer „jungen Frau“, womit gemeint ist, dass sie noch kein Kind geboren hat. Die Weissagungen des Sehers Bileam (**Num 22–24**) werden in der griechischen Bibel so übersetzt, dass sie vom Kommen des Messias reden, vgl. 24,17: „Ein Stern wird aufsteigen aus Jakob und ein Mann auf(er)stehen aus Israel“. Nur vor dem Hintergrund dieser neu akzentuierten Aussagen wird etwa die Geschichte von den Weisen aus dem Morgenland (Mt 2,1ff.) verständlich. Das Alte Testament der Christen ist also nicht einfach identisch mit der Bibel des Judentums.

Vor dem Hintergrund solcher Fragen sind in der letzten Zeit verstärkt Versuche unternommen worden, das Nebeneinander von alt- und neutestamentlicher Theologie durch eine übergreifende *Biblische Theologie* zu überwinden. Dabei wird beispielsweise nach einer inhaltlichen Mitte für beide Testamente gesucht, zum Beispiel das Bekenntnis zur Auferstehung Jesu und die Vorformen dieser theologischen Aussage. Andere Forscher sehen die Einheit der Biblischen Theologie darin, dass es *eine* Traditionsbildung vom AT zum NT hin und über das NT hinaus gebe. Ein dritter Entwurf fragt nach gemeinsamen Grundfragen menschlicher Existenz, die sich im AT und im NT angesprochen finden. Eine solche Frage wäre die nach der Schöpfungsordnung Gottes, die die Welt zu umfassender Gerechtigkeit führt. Ein weiterer, gänzlich anders gearteter Entwurf möchte nur die Endgestalt des biblischen Kanons Alten und Neuen Testaments als maßgeblich für eine biblische Theologie gelten lassen. Einer Rückfrage auf frühere Traditionen oder Schichten wird keine Bedeutung mehr zugemessen.

Neben diesen Ansätzen gibt es auch Zugangsweisen, die nicht von den Voraussetzungen der historisch-kritischen Exegese ausgehen. Von ihnen soll hier nur auf wenige hingewiesen werden: die feministische Perspektive, der befreiungstheologische Zugang und die tiefenpsychologische Bibelauslegung. Hier wird jeweils bewusst ein eigener Zugang gewählt, um über die Leitfragen der Methode zu einem ganzheitlichen Verständnis der Bibel kommen zu können. Besonders die ersten beiden Perspektiven sind in jüngster Zeit durch die Veröffentlichung der „Bibel in gerechter Sprache“ auch von einer breiten Öffentlichkeit intensiver diskutiert worden.

Die wissenschaftliche Diskussion über diese Fragen dauert noch an. Doch jede/r einzelne Bibelleser/in wird nicht umhin kommen, sich selbst bei der Lektüre die Frage zu stellen, vor welchem Hintergrund er/sie die jeweilige Schrift liest. Mit welchen Fragen nähert man sich dem Text? Sucht man religionsgeschichtliche Information oder persönliche Wegführung und Erbauung? Wie geht man selbst mit der Zweiteilung der Bibel um? Die in der wissenschaftlichen Literatur formulierten Modelle können nie Ersatz für das eigene Denken sein oder bruchlos für die eigene Existenz übernommen werden. Sie können nur dazu anleiten, den eigenen Zugang zur Bibel zu überdenken und – im Glauben – eigene Antworten zu versuchen. Wenn dies gelingt, ist die Theologie ihrer Aufgabe gerecht geworden.

🕮 *Jahrbuch Biblische Theologie*, Band 6: Altes Testament und christlicher Glaube, 1991; Band 10: Religionsgeschichte Israels oder Theologie des Alten Testaments? 1995.
*Chr. Dohmen, T. Söding* (Hg.), Eine Bibel – zwei Testamente. Positionen biblischer Theologie, 1995.
*H. Spieckermann, R. Feldmeier,* Der Gott der Lebendigen: Eine biblische Gotteslehre, 2011.
*K. Schmid,* Gibt es Theologie im Alten Testament? ThS 7, 2013.

## Übersetzen der Bibel als theologisches Problem

Das Christentum ist ohne Übersetzungen nicht vorstellbar. Es entstand in einem Umfeld, in dem das *Hebräische* als gehobene Sprache der Synagoge und des Tempels, das *Aramäische* als Umgangssprache, das *Griechische* als internationale Gelehrtensprache und das *Lateinische* als Verwaltungssprache der Römer verwendet wurden. Die heiligen Schriften Israels waren im 1. Jh. auf Hebräisch, Griechisch und zumindest teilweise auf Aramäisch zugänglich. Dabei reichen die Übersetzungen der hebräischen Schriften bis in das dritte vorchristlichen Jahrhundert zurück, als in Alexandria die ersten Bücher ins Griechische übertragen wurden; so entstand die sogenannte *Septuaginta.* Vorchristlich belegt sind auch aramäische *Targume* der Propheten und des Buches Hiob.

Schon in der Antike war deutlich, dass sich bei einer Übersetzung zwangsläufig Änderungen ergeben; eigens thematisiert wurde das im Vorwort zur griechischen Übersetzung des Buches Jesus Sirach (s.o. S. 113). Vorlage und Übersetzung können nicht die identische Aussage oder Wirkung auf die Leser haben. Dennoch entwickelte sich wenig später die Tradition, dass die Septuaginta als von Gott inspirierte Übersetzung zu sehen ist und daher gleichberechtigt neben dem hebräischen Text steht; so belegt bei Philo von Alexandrien. Auch im Neuen Testament wird in den meisten Fällen nach dem Text der Septuaginta zitiert, nicht nach dem der hebräischen Schriften.

An verschiedenen Stellen kommt so ein anderes Verständnis des Textes zum Tragen. Besonders bekannt ist das Zitat von **Jes 7,14** in **Mt 1,23**: „Siehe, eine Jungfrau wird schwanger werden“. Hier steht im hebräischen Text des Jesaja-Buches das Wort עַלְמָה ( *'almāh*), das eine „junge Frau“, nicht eine biologische Jungfrau meint. In der LXX wurde es mit παρθένος (*parthenos*), übersetzt, das eindeutiger eine Jungfrau benennt. Dies ist keine Fehlübersetzung, sondern offenbar ein bewusst gesetzter

Akzent um zu verdeutlichen, dass der Messias von übernatürlicher Herkunft ist. Dieses modifizierte Textverständnis der Übersetzung wird im NT vorausgesetzt; dafür gibt es eine Fülle weiterer Belege.

Als das Lateinische ab dem 2. Jh. zur Sprache der westlichen Kirche wurde, gab es zunächst keine Übersetzungen aus dem Hebräischen, sondern die *Vetus Latina* als Tochterübersetzung aus dem Griechischen. Im 4. Jh. erarbeitete dann der Kirchenvater Hieronymus die *Vulgata* (= allgemeine Übersetzung). Dazu griff er im Bereich des Alten Testaments auf hebräische Handschriften zurück und schuf so einen Bibeltext, der an vielen Stellen von den bisherigen Übersetzungen abwich.

Auch in der Vulgata wurde an verschiedenen Stellen die urspüngliche Aussage des Bibeltextes abgeändert, dies auch deshalb, weil nun ein Christ die hebräische Bibel des Judentums übersetzte. So fließt an der berühmten Stelle in **Hiob 19,25f.** die Auferstehungshoffnung ein, wenn der Text nun ins Futur übersetzt wird: „ich werde von neuem von der Erde auferstehen und mit meiner Haut umgeben werden". Diese Leserichtung hat Luther dann noch verstärkt, als er den Vorsatz mit Bezug auf Christus übersetzte: „ich weiß, dass mein Erlöser lebt".

Die Vulgata blieb bis ins 15. Jh. die wichtigste Bibel der römisch-katholischen Kirche. Zwar gab es seit dem 8. Jh. erste Übersetzungen ins Deutsche, doch vollständige deutschsprachige Bibeln gab es erst im 14. Jh., und auch sie waren nur Tochterübersetzungen nach der Vulgata. Erst mit der Bibelübersetzung Martin Luthers setzte sich der Ruf der Humanisten *„ad fontes!"* (zu den Quellen!) durch: Die Bibel sollte aus den eigentlichen Quellen ins Deutsche übersetzt werden, das Alte Testament aus dem Hebräischen und das Neue aus dem Griechischen.

Die *Luther-Bibel*, die 1534 erstmals vollständig vorlag, will keine philologisch exakte Übersetzung sein, sondern nimmt sich bewusst Freiheiten, um das Verständnis zu erleichtern. So fügt sie etwa Explikationen zu oder ergänzt die Namen der handelnden Personen in unübersichtlichen Erzählzusammenhängen. Dazu gehören auch wichtige theologische Akzentsetzungen. So kann der Gegensatz von „Frommen" und „Gottlosen" für eine ganze Reihe hebräischer oder griechischer Worte verwendet werden, statt von „Rettung" ist vom „Heil" die Rede, und selbst die Richter des AT werden als „Heiland" bezeichnet, da sie nach Luthers Verständnis Gottes Heilstat in Christus präfigurieren.

Diese wenigen Beispiele verdeutlichen, dass theologische Grundüberzeugungen die Übersetzungsarbeit beeinflussen können. Von daher ist verständlich, dass jüdische und christliche Bibelübersetzer zu unterschiedlichen Wiedergaben desselben Textes kommen. Schon die Wiedergabe des Gottesnamens JHWH stellt ein Problem dar: Wird er mit einem Teil der jüdischen Tradition durch „Herr" wiedergegeben? Wird dieses als „HERR" durch einen besonderen Druck gekennzeichnet? Oder wird eine Umschreibung gewählt, etwa „der Ewige"? Schließlich lässt sich auch ein feminines Nomen wie „die Heilige" wählen, um auf die

Problematik einer gendersensiblen Sprache zu reagieren. Eine ähnliche Frage entsteht bei der Wiedergabe von תּוֹרָה, *tôrāh*, für das die Übersetzung „Weisung“ angemessen wäre. Oft wird es aber mit „Gesetz“ wiedergegeben, damit der Zusammenhang zur Theologie des Paulus (vgl. **Röm 3,20**) deutlich wird.

Schließlich ist zu berücksichtigen, dass sich die Sprache verändern kann. So ist die letzte eigenhändige Version von Luthers Bibelübersetzung aus dem Jahr 1545 heute an vielen Stellen nicht mehr verständlich. Bei Worten wie „Dirne“ (= Mädchen) oder „lustig“ (= begehrenswert) gab es einen Bedeutungswandel, andere wie „Eidam“ (=Schwager) oder „glosen“ (= auslegen) sind gänzlich unverständlich geworden. Daher wurde die Luther-Bibel ab dem 19. Jh. verschiedenen Revisionen unterzogen. Man versuchte dabei nicht nur, die Sprache behutsam zu modernisieren, sondern auch neue wissenschaftliche Erkenntnisse in die Übersetzung einfließen zu lassen. Gegenwärtig in Benutzung ist die Ausgabe von 1984/1999; eine neue Revision der Luther-Bibel ist 2016 zum 500. Reformationsjubiläum erscheinen.

Neben der Luther-Bibel gibt es eine Fülle weiterer deutschsprachiger Bibelübersetzungen. Schon 1524 wurde auch in Zürich ein neu übersetztes NT für die Reformation in der Schweiz veröffentlicht, 1531 folgte die Ausgabe der vollständigen Bibel. Auch die *Zürcher Bibel* wird in regelmäßigen Abständen den Erfordernissen der jeweiligen Gegenwartssprache und neueren wissenschaftlichen Einsichten angepasst. Sie ist eine sehr textgetreue Übersetzung mit einem hohen Sprachniveau. Als Studienbibel ist die Ausgabe von 2007 geeignet, besonders in der dreibändigen Ausgabe, in welcher der Bibeltext fortlaufend von einem Kommentar begleitet wird. Die Übersetzung der Apokryphen fehlt noch.

Ebenfalls sehr nahe am Ausgangstext bleibt die Übersetzung der *Elberfelder Bibel*, die allerdings nicht das sprachliche Niveau der anderen genannten Bibeln erreicht. Ein Manko ist auch, dass die Apokryphen des AT fehlen. Ihre Wurzeln reichen zurück in die Mitte des 19. Jh., die aktuelle Ausgabe stammt aus dem Jahr 2006.

Die *Einheitsübersetzung* von 1979/80 ist zwar gemeinsam von katholischen und protestantischen Wissenschaftlern übersetzt worden, hat sich jedoch nur im katholischen Bereich durchsetzen können. Ihr Problem ist die uneinheitliche Übersetzungsweise, die zwischen den einzelnen biblischen Büchern mitunter stark variiert. Eine revidierte Ausgabe, die nur noch von katholischen Wissenschaftlern übersetzt wurde, ist 2016 erschienen. Sie ist stärker als bisher am hebräischen und griechischen Ausgangstext orientiert.

Einen besonderen Leseeindruck vermittelt die „Verdeutschung“ der Schrift von *M. Buber* und *F. Rosenzweig* (revidiert 1956f.). Sie will den hebräischen Sprachklang erlebbar machen. So wird etwa das berühmte *tohu wabohu* aus **Gen 1,2** – einer der seltenen Reime der hebräischen Bibel – mit dem deutschen Reim „Irrsal und Wirrsal“ übersetzt. Der

Gottesname wird je nach Redesituation durch ein Personalpronomen „Ich/Du/Er" wiedergegeben, um den Anredecharakter der Schrift auszudrücken.

Aufsehen hat die 2006 publizierte *Bibel in gerechter Sprache* erregt. Hier bemühten sich die Übersetzer/innen darum, Gerechtigkeit hinsichtlich frauenspezifischer und sozialer Fragen walten zu lassen und Erkenntnisse des christlich-jüdischen Dialogs zu berücksichtigen. Das führte z.B. dazu, dass der Gottesname JHWH nicht mit „Herr" übersetzt wurde, sondern wechselnd etwa mit „Adonaj", „die Eine", „der Name" u.a. Auch hier gilt, dass die Übersetzungen der einzelnen Bücher von recht unterschiedlicher Qualität sind.

Eine neuere Entwicklung seit den 1960er Jahren sind sogenannte „kommunikative Übersetzungen", denen es um größtmögliche Verständlichkeit in der aktuellen deutschen Zielsprache geht. Hier werden schwierige oder fremd gewordene Sachverhalte expliziert, unbekannte Begriffe umschrieben und ganze Sätze umformuliert. Bekanntestes Beispiel im Deutschen ist die *Gute Nachricht*. In der aktuellen Ausgabe von 1997 lautet z.B. der zweite Vers des Priestersegens in **Num 6,25**: „Der Herr blicke euch freundlich an und schenke euch seine Liebe!" Zum Vergleich die Luther-Übersetzung von 1984: „der HERR lasse sein Angesicht leuchten über dir und sei dir gnädig". Im Studium lassen sich kommunikative Übersetzungen meist nicht sinnvoll nutzen.

Im Erscheinen begriffen sind zwei weitere Übersetzungen: Die *Neue Genfer Übersetzung* versucht, einen Mittelweg zwischen wörtlicher und kommunikativer Übersetzung zu gehen und verwendet ein leicht verständliches, einfaches Deutsch. Bisher sind nur das NT und die Psalmen erschienen. Andere Wege geht die *BasisBibel*. Sie ist eng am Ausgangstext orientiert, formuliert aber in sehr knappen, elementaren Sätzen, um so zu großer Verständlichkeit zu kommen. In den elektronischen Versionen ist eine Fülle von Zusatzinformationen zur Erklärung des Textes zugänglich. Auch von der BasisBibel sind bisher nur NT und Psalmen, dazu ausgewählte Erzählungen des AT publiziert.

Welches ist nun die beste Bibelübersetzung? Die einfachste Antwort ist: Die, die man als zweite zur Hand nimmt! Keine Übersetzung ist in der Lage, alle Facetten des Originals abzubilden. Daher ist es empfehlenswert, wichtige Texte in verschiedenen Übersetzungen zu lesen und miteinander zu vergleichen. So erhält man einen Eindruck von der Sinnfülle des Ausgangstextes.

📖 *W. Groß* (Hg.), Bibelübersetzung heute, 2001.
*G. Tauberschmidt*, Streit um die richtige Bibelübersetzung, 2007.
*B. Salzmann, R. Schäfer*, Art. Bibelübersetzungen, christliche deutsche, WiBiLex 2009, www.wibilex.de.
*E. Werner* (Hg.), Bibelübersetzung als Wissenschaft, 2012.

# Übersicht zur Geschichte und Literaturgeschichte Israels*

| Zeit | Geschichte | Texte | Literatur |
|---|---|---|---|
| 16.–13. Jh | Aramäerwanderung, „Väterzeit“ | Genesis | Sagen, Mythen, Märchen aus Ägypten, Sumer, Ugarit |
| 13. Jh | Auszug aus Ägypten? | Ex 1–18 | Mirjamlied Ex 15,21? |
| um 1200 | „Landnahme“ Israels in Kanaan; Seevölker | Josua, Ri 1 | |
| 1200–1050 | „Richterzeit“ | Ri 2–21, 1.Sam 1–8 | Mündliche Einzelüberlieferungen? Rechtssammlungen? |
| um 1000 | Königtum Sauls (Nordreichstämme); Eroberung Jerusalems; David König über Juda und Israel; Salomos Königtum | 1.Sam 9–31 2.Sam 1–5 1.Kön 3–11 | Berichte vom Königtum Sauls, vom Aufstieg Davids, von der Thronnachfolge? |
| ca. 950 | Tempelbau in Jerusalem | 1.Kön 6–8 | s.o. |
| 926 | Tod Salomos, Ende der kombinierten Herrschaft über Israel und Juda („Reichsteilung“), Heiligtümer in Dan und Bethel | 1.Kön 12 | s.o. |
| 9. Jh. | Aramäerkriege; Gründung Samarias; Omriden; Revolution des Jehu | 1.Kön 14f. 1.Kön 16; 2.Kön 9f. | „kanaanäische Krise“ in Religion und Gesellschaft Elija-Elischa-Traditionen? |
| 8. Jh. | Blütezeit Israels | 2.Kön 14 | „soziale Krise“ Amos, Hosea (Norden) Jesaja, Micha (Süden) |
| 734–732 | Syrisch-Efraimitischer Krieg | Jes 7 2.Kön 16,5 | |
| 722/720 | Eroberung Samarias; Untergang des Nordreiches | 2.Kön 17 | Wanderungsbewegung in das Südreich (Hosea-Stoffe) |
| ca. 705 | Hiskijas Reform | 2.Kön 18 | Bundesbuch? Pentateuch-Erzählkreise? |
| 701 | Belagerung Jerusalems durch Sanherib | 2.Kön 18f. Jes 36f. | |

* Die Spalte „Texte“ listet biblische Texte auf, die von dem jeweiligen Ereignis berichten. Die Spalte „Literatur“ gibt Hinweise, welche Texte in der jeweiligen Zeit entstanden sein können. Die Angaben sind teilweise sehr umstritten.

| Zeit | Geschichte | Texte | Literatur |
|---|---|---|---|
| 696–642 | Manasse von Juda, neue Abhängigkeit von den Assyrern | 2.Kön 21 | „assyrische Krise“ Urdeuteronomium? |
| ab 630 | Niedergang Assurs; 612: Eroberung Ninives | Nahum | |
| 622 | Joschijas Kultreform | 2.Kön 22f. Dtn 12 | Durchsetzen des „JHWH allein“ |
| 597 | 1. Eroberung Jerusalems durch die Neubabylonier | 2.Kön 24 Dan 1 | Ezechielstoffe? Jeremiastoffe? |
| 587/6 | Zerstörung Jerusalems, Beginn des Exils | 2.Kön 25 Ez 24 | Priesterschrift, Ez, Jer, Redaktionsarbeiten am DtrG |
| 539 | Eroberung Babylons durch die Perser unter Kyrus | | Jes 40–55* |
| 538 | Kyrusedikt erlaubt Rückkehr der Deportierten | Esra 6,3–5 Jes 66,1 | |
| 520 | Beginn des Tempelneubaus | Esra 1–6 | Sacharja 1–8, Haggai, Jes 56–66* |
| 515 | Einweihung des 2. Tempels | | |
| 458 | Mission des Esra (oder 398?) | Neh 8+9 | Tora als „Grundgesetz“ Jehuds |
| 445–433 | Mission des Nehemia | Neh 1–7+ 11–13 | Redaktionen, Psalmensammlungen Elephantine-Texte |
| 333–322 | Alexander der Große, danach: Diadochenherrschaft | Dan 11 1.Makk 1 | Hellenistische Kultur Danielstoffe, Deuterosacharja Schlussredaktionen |
| 301–200 | Ptolemäerherrschaft über Palästina | Dan 11 | Beginn der Übersetzung der Septuaginta; Einzelne Zusätze |
| 198–141 /129 | Seleukidenherrschaft über Palästina | 1. Makk 10–16 | Apokryphen und Pseudepigraphen |
| 167–164 | Makkabäeraufstand: Entweihung des Tempels; Chanukka-Fest | 1. Makk | Abschluss des AT bei gleichzeitiger Existenz verschiedener Textformen |
| 64 | Beginn der Römerherrschaft in Syrien/Palästina | | |

# Glossar

Das Glossar listet Fremdworte und Begriffe auf, die häufig in alttestamentlicher Fachliteratur begegnen, doch in herkömmlichen Fremdwörterbüchern oft nicht plausibel genug erklärt werden. Hinzugefügt wurden die gebräuchlichsten Abkürzungen und Symbole, um auch hier eine schnelle Orientierung zu ermöglichen. Die in den Erklärungen *kursiv* gesetzten Worte übersetzen den zugrundeliegenden fremdsprachlichen Terminus.

Auf die Vielzahl von Abkürzungen, die in theologischer Literatur verwendet wird, kann hier nicht eingegangen werden. Dazu orientiere man sich in: Theologische Realenzyklopädie. Abkürzungsverzeichnis, zusammengestellt von S. Schwertner, 2., überarbeitete Auflage 1994.

Aion/Äon — gr. *Zeitalter*; in → eschatologischen Texten oft zur Kennzeichnung eines ganz neuen Weltalters verwendet.

Akrostichon — gr. *Spitze eines Verses/einer Zeile*; hintereinander gelesene Anfangsbuchstaben von Versen in einem Psalm etc. ergeben ein Wort oder eine Reihe, z.B. das Alphabet in Ps 112.

Allegorie — gr. *anders sagen*; sinnbildliche, gleichnishafte Darstellung eines (abstrakten) Sachverhalts.

Amphiktyonie — gr. *umherwohnende*; Zusammenschluss von 6 oder 12 Orten zur Pflege eines gemeinsamen Heiligtums. Vgl. das Thema-Kapitel „Richterzeit“.

antonym — gr. *gegensätzlich*; bezeichnet in der Semantik Worte, die einen entgegengesetzten Sinn haben, z.B. jung/alt.

Apodiktischer Rechtssatz — gr./lat. *beweiskräftig*; unumstößliche Rechtsbestimmung, vgl. Ex 20,13ff. und das Thema-Kapitel „Dekalog“.

Apokalypse — gr. *Enthüllung/Offenbarung*; Literaturgattung, die die Entwicklung bis zum Beginn des Reiches Gottes enthüllen möchte, im AT v.a. das Danielbuch.

Apokalyptik — Strömung in Israel wie z.B. auch bei den Persern, die in Aufnahme prophetischer Ideen das Ende der bisherigen Welt und das Nahen des Reiches Gottes erwartet und sich dazu intensiv mit der bisherigen Weltgeschichte beschäftigt.

Apokryphen — gr. *verborgen*; Bücher, die nicht im Masoretischen Kanon, sondern nur in der → Septuaginta erhalten sind, z.B. Jesus Sirach, Makkabäerbücher. S.o. S. 2 und S. 100.

apotropäisch — gr. *abwenden*; Ritus, der Unglück etc. abwenden soll, vgl. das Bestreichen der Türpfosten, Ex 12,22.

Appellativ — lat. *appellare, benennen, ansprechen*, Gattungsbezeichnung, z.B. „Gott“, „Baum“

Aquila — Jüdischer Bibelübersetzer, der im 2. Jh. n. Chr. eine extrem wörtliche Übersetzung der hebräischen Bibel in das Griechische vornahm, um die → Septuaginta zu ersetzen.

| | |
|---|---|
| aram. | aramäisch. |
| Ätiologie | gr. *aitia, Ursache*; Erzählung, die die Herkunft bestimmter Phänomene oder Bestimmungen erklärt, so z.B. das Zerfallen des Menschen zu Staub, Gen 3,19. |
| atl. | alttestamentlich. |
| BHK | Biblia Hebraica ed. Rudolf Kittel, bis zum Erscheinen der → BHS maßgebliche hebräische Bibelausgabe. |
| BHQ | Biblia Hebraica Quinta, im Erscheinen befindliche, verbesserte Neuausgabe der → BHS. |
| BHS | Biblia Hebraica Stuttgartensia, z.Zt. maßgebliche Ausgabe des → masoretischen Textes. |
| Bibel | gr. *biblia, Bücher*; Sammlung heiliger Schriften. Der Name lässt sich auf die phönizische Hafenstadt Byblos zurückführen, wo im Altertum Papyrus gehandelt wurde. |
| Chiasmus | gr. *kreuzweise* (nach dem griechischen Buchstaben X/Chi) Anordnung von Satzgliedern im → Parallelismus membrorum, vgl. Prov 12,16. |
| Codex | Zum Buch zusammengebundene Blätter, meist Pergament; löste die Buchrollen nach dem 2. Jh. ab. Dann allgemeine Bezeichnung von Bibelhandschriften, z.B. Codex Alexandrinus. |
| Dekalog | gr. *Zehnwort*, wissenschaftlicher Name für die zehn Gebote Ex 20 und Dtn 5. |
| deuterokanonisch | lat. *zweiter Kanon*; im katholischen Sprachraum übliche Bezeichnung für → apokryphe Schriften, die nicht im → masoretischen Kanon, sondern nur in der → Septuaginta erhalten sind, s. o. die Einleitung zu den Apokryphen. |
| deuteronomistisch | → dtr. |
| Diachronie | gr. *durch die Zeit;* Betrachtungsweise, welche die unterschiedlichen historischen Entwicklungsstufen der Texte untersucht; → Synchronie. |
| Diaspora | gr. *Zerstreuung*, der Begriff bezeichnet ursprünglich die Ansiedlung von Judäern außerhalb Israels, v.a. in Babylon, aber auch in Ägypten und Syrien. |
| Dittographie | gr. *Doppelschreibung* eines Wortes, Wortteils oder Satzteils. |
| Doxologie | gr. *Lobrede*, (formelhafter) Lobpreis Gottes, vgl. Am 5,8. |
| dtr. | deuteronomistisch; im Geiste des Deuteronomium geschrieben/überarbeitet. |
| DtrG(W) | Deuteronomistisches Geschichtswerk, vgl. die Einleitung zum Teil „vordere Propheten". |
| EG | Evangelisches Gesangbuch. |
| Elohist | Vermutete Quellenschrift innerhalb des Pentateuch, vgl. das Thema-Kapitel. Auch die Redaktion der Psalmen 42–83* wird als elohistisch bezeichnet. |
| Emendation | lat. *Verbesserung, Berichtigung* von Texten, etwa im Rahmen der → Textkritik |
| Enneateuch | gr. *Neunergefüge*; Bezeichnung für den Zusammenhang der Bücher Genesis–Könige (ohne Rut). |

**Epiphanie** gr. *Erscheinung (eines Gottes)*; Offenbarung, in der Exegese oft bedeutungsgleich mit → Theophanie verwendet. Im griechischen Sprachgebrauch bezeichnet es eher das heilvolle Eingreifen eines Gottes.

**Eschatologie** gr. *Rede vom Äußersten, vom Ende;* Bezeichnung für Aussagen, die sich auf das Ende der Geschichte beziehen, im AT auch auf eine Wende innerhalb der Geschichte, vgl. z.B. Jes 9,1ff. oder Sach 9–14.

**Etymologie** Erklärung der Herkunft eines Wortes oder Namens, vgl. die Namen der Kinder Jakobs Gen 29,31ff.

**Exegese** (E. von Texten) gr. *Erklärung*; wissenschaftliches Bemühen um die Erklärung des Sinns (biblischer) Texte.

**Figura etymologica** Sprachfigur der hebräischen Sprache, bei der die Aussage des Verbums durch Beifügung des Infinitivus Absolutus verstärkt wird, vgl. Ex 21,16 „sterben, ja sterben wird er".

**Formgeschichte** Exegetischer Methodenschritt, bei dem die Regeln der mündlichen und schriftlichen Überlieferung bestimmter Formen oder → Gattungen, ihre feststehende Sprachstruktur und der → Sitz im Leben bestimmt werden soll.

**Gattung** Geprägte sprachliche Äußerung (z.B. Danklied, Leichenklage), die immer eine ähnliche Struktur hat und in ähnlichen Situationen (→ Sitz im Leben) verwendet wird.

**Genealogie** gr. *Geschlechtsregister*, Abstammungsliste, vgl. Gen 5 oder Mt 1.

**Geniza(-fragmente)** Geniza = aram. *Schatzkammer*, Fragmente abgenutzter hebräischer Handschriften, die in einer Art Abstellraum der Synagoge von Alt-Kairo aufbewahrt worden waren und im 19. Jh. gefunden wurden. Teilweise sind die Fragmente älter als die bis dahin bekannten Handschriften.

**Glosse** Erläuterung, die ursprünglich von einem Leser am Rand oder zwischen die Zeilen des Textes eingefügt wurde, um schwierige Worte oder Passagen zu erläutern und später in den Text eingedrungen ist.

**gr.** griechisch

**Hapaxlegomenon** gr. *einmal gesagt*, singuläres Vorkommen des betreffenden Wortes im Kanon.

**Haplographie** Unabsichtliche *Einmalschreibung* eines mehrfach vorkommenden Wortes oder Wortteils.

**Hasmonäer** Priestergeschlecht, das den Makkabäeraufstand (167–164 v. Chr.) anführte und dann bis 37 v. Chr. in Israel regierte (vgl. das Thema-Kapitel „Nachexilische Geschichte").

**hb.** hebräisch.

**Hermeneutik** gr. *hermeneuo: dolmetschen;* Lehre (bzw. Problem) vom Verstehen festgelegter, aber möglicherweise vieldeutiger Texte, vgl. z.B. Mt 4,14: die Weissagungen des AT werden in Christus erfüllt.

**Hexapla** Von Origenes um 230 angefertigte → Synopse von *sechs* Zeugen des alttestamentlichen Textes: hb. Text, hb. Text

| | |
|---|---|
| | in gr. Umschrift, → Aquila, → Symmachus, → Septuaginta, → Theodotion. |
| Hexateuch | *Gefüge* von *sechs* (Büchern); Bezeichnung für die Zusammengehörigkeit der Bücher Genesis bis Josua. |
| Homoioarkton | gr. *ähnlicher Anfang*, optisch gleicher oder ähnlicher Anfang eines Wortes / einer Zeile / eines Textteils, so dass das Auge des Schreibers abirren konnte, was zur → Haplographie führte. |
| Homoioteleuton | gr. *ähnliches Ende*, Ausfall eines Wortes etc. durch optisch ähnliches Wortende. |
| Ikonographie | gr. *ein Bild beschreiben*, Wissenschaft zur Bestimmung und Analyse antiker Bildmotive und -themen. |
| Interpolation | lat. *interpello, dareinreden*, Einfügung von anderer Hand in einen Text, etwa zur Erklärung oder Kommentierung. |
| Interzession | lat. *Einspruch, Vermittlung*, vgl. Abrahams Fürbitte für Sodom in Gen 18,16ff. |
| Itala | Bei Augustin belegter Name für eine altlateinische Bibelübersetzung, möglicherweise mit der → Vetus Latina identisch. |
| Jahwist | Vermutete Quellenschrift innerhalb des Pentateuch, vgl. das Thema-Kapitel. |
| JHWH | Wiedergabe des Tetragramms (*vier Buchstaben*) יהוה, des im Judentum unausgesprochenen Gottesnamens. Gebräuchliche Ersatzlesungen sind *Adonaj* (Allherr) oder *HaSchem* (der Name). |
| Josephus | Jüdischer Historiker aus dem 1. Jh. n. Chr., durch dessen Werke über die Geschichte Israels und des Judäischen Krieges vor allem Informationen über das Israel/Palästina der Zeitenwende zu erlangen sind. |
| Kanon | gr. *Maßstab, Richtschnur*; Zusammenstellung von in einer bestimmten Gruppe verbindlichen Schriften. |
| kasuistischer Rechtssatz | lat. *kasus*, *Fall*; Schilderung eines modellhaften Rechtsfalls mit Strafbestimmung, vgl. Ex 22,9–14 und das Thema-Kapitel „Dekalog“. |
| Katechese | Zusammenfassung von meist ethischen Lehrsätzen. |
| Kere | → Qere |
| Kerygma | gr. *Heroldsruf, Bekanntmachung*; Verkündigung oder besondere Botschaft einer Person oder Schrift. |
| Ketib | aram. כְּתִיב, *das Geschriebene*; nicht zu ändernder Bestandteil des Konsonantentextes, für den aus verschiedenen Gründen eine andere Lesart vorgeschlagen wurde. → Qere |
| Kolon | gr. *Körperteil*. Kleinste Texteinheit in poetischen Texten. → Stichos |
| Kolophon | gr. *Ende, Abschluss*. Schlusswort unter einem Text, das Verfasser oder Schreiber, Ort und Datum nennt. |
| Kompilator | lat. *Plünderer*; Bezeichnung für denjenigen, der einen Text aus vorhandenen Stücken zusammengesetzt hat. |

| | |
|---|---|
| Konjektur | lat. *Vermutung*, wie eine Lesart besser zu lesen ist, ohne dass es dafür Bezeugungen in der Textüberlieferung gibt. |
| Konkordanz | lat. *Übereinstimmung*; Verzeichnis, das alle in einer Schrift vorkommenden Worte mit den jeweiligen Stellen auflistet. |
| korrupt | lat. *verdorben*; bezeichnet einen nicht mehr eindeutig lesoder verstehbaren Text. |
| Kosmogonie | gr.; Mythos, der die *Entstehung der Welt* beschreibt. |
| lat. | lateinisch. |
| Leviratsehe | lat. *levir: Schwager*; Schwagerehe. Stirbt ein Mann kinderlos, so muss nach Dtn 25,5 der Bruder dessen Frau heiraten, damit der erstgeborene Sohn dieser Verbindung als Kind und Erbe des Verstorbenen gilt. |
| Literarkritik | Exegetischer Methodenschritt, der anhand von festgestellten Rissen, Doppelungen und Widersprüchen die Wachstumsspuren von textlichen Überlieferungen kennzeichnen möchte. |
| LXX | → Septuaginta |
| Makarismos | Seligpreisung, vgl. Ps 1,1. |
| Mantik | Versuch, aufgrund von → Visionen, Auditionen oder bestimmten Vorzeichen Hinweise auf zukünftiges Geschehen zu erlangen, vgl. die Einführung zu den prophetischen Büchern. |
| Masora | Von den → Masoreten im 6.–11. Jh. erarbeiteter Anmerkungsapparat zum hebräischen Konsonantentext, beinhaltet die Vokalisierung des Textes, die Masora parva (Randapparat an den Seiten), Masora magna (Apparat am oberen und unteren Rand einer Seite) und die Schlussmasora am Ende eines Buches. |
| Masoreten | Mittelalterliche, jüdische Gelehrte, die die Überlieferung des hebräischen Bibeltextes standardisierten. |
| Masoretischer Text | (Siglum 𝔐) Von den → Masoreten geschaffener, vokalisierter und kommentierter, verbindlich gewordener Bibeltext. |
| Megillot | hb. *Buchrollen*; geprägter Name für die fünf Bücher Rut, Ester, Hoheslied, Prediger und Klagelieder, die an den großen Festen Israels verlesen werden, vgl. die Einleitungen zu den jeweiligen Büchern. |
| Merismus | poetische Stilfigur, die einzelne Teile stellvertretend für eine Ganzheit nennt, vgl. Ps 1,2: „Tag und Nacht" = immer |
| Metrum | gr./lat. *Maß*, Bezeichnung für den regelmäßigen Wechsel von betonten und unbetonten Silben in poetischen Texten. |
| Mikra | Im Judentum übliche Bezeichnung der hebräischen Bibel, vgl. o. S. 1. |
| Monolatrie | gr. *Alleinverehrung*; Verehrung *eines* Gottes trotz des Bewusstseins, dass mehrere Götter existieren. |
| Monotheismus | gr.; Bekenntnis, dass es nur einen *einzigen Gott* gibt. |

Motiv — Kleine thematische Einheit innerhalb eines Textes, die ihrerseits auf andere Texte verweisen kann, z.B. das Murren des Volkes in Ex 14,11f. u.ö.

MT — → Masoretischer Text

Ostrakon — gr. *Scherbe;* beschriebene Tonscherbe (für kurze Nachrichten oder Listen).

Papyrus — gr.; aus den Stengeln der Papyrusstaude gefertigtes Schreibmaterial, das seit dem 3. Jt. im Mittelmeerraum neben Tontafeln, Ostraka und (später) Leder gebräuchlich war.

Paränese — gr. *Rat;* Ermahnung zu einer Lebensführung nach den Regeln der Gemeinschaft.

Parallelismus membrorum — (lat.) Stilfigur der hebräischen Poesie: gleichartiger Aufbau der Glieder eines poetischen Verses, vgl. das Thema-Kapitel „Psalmengattungen".

Paraphrase — gr. *Umschreibung;* freie, interpretierende Wiedergabe eines Textes.

Päschär — hb. *Deutung;* ausdeutender Kommentar zu einem Bibeltext, wie er v.a. in Qumran gefunden worden ist.

Passivum divinum — lat.; Sprachfigur, die von *Gott* nur im *Passiv* spricht, wohl aus Scheu, Gott zu benennen.

Pentateuch — Gefüge der fünf Bücher Mose, vgl. das Thema-Kapitel.

Perikope — Textabschnitt mit einem inhaltlichen Zusammenhang, z.B. die Sinaiperikope Ex 19–Num 10.

Peschitta — (Siglum S) Übersetzung des AT in die syrische Sprache, die wohl ab dem 1. Jh. n. Chr. für jüdische, dann christliche Kreise angefertigt wurde.

Polytheismus — gr.; Verehrung einer *Vielzahl von Göttern.*

Priesterschrift — Vermutete Quellenschrift innerhalb des Pentateuch, vgl. das Thema-Kapitel.

Primärquelle — Text oder Gegenstand aus der untersuchten Zeit, etwa eine Inschrift aus dem eisenzeitlichen Israel; → Sekundärquelle. Vgl. das Thema-Kapitel „Werden des AT".

Pseudepigraphen — gr. *falsche Überschrift*, Bezeichnung für Schriften, die nicht in allen Kirchen zum Kanon gehören, s.o. S. 2. Der Name rührt daher, dass solche Bücher als Verfasser oft biblische Gestalten nennen, z.B. Henoch, Esra.

Qere — (aram.) קְרִי, *zu Lesendes*, von den → Masoreten vorgeschlagene Vokalisierung für ein im Text stehendes → Ketib.

Redaktion — Überarbeitung bzw. kommentierende Anordnung von überlieferten Stoffen mit dem Ziel, die Aussage des neuen Textganzen zu pointieren.

Redaktionsgeschichte — Methodenschritt, durch den das Wachstum einer → Perikope von der ersten Verschriftung einzelner Teile an rekonstruiert werden soll, vgl. → Literarkritik.

Rezension — Überarbeitete, korrigierte Version eines Textes, wird im Unterschied zu → Redaktion v.a. für bereits kanonisierte Texte verwendet, vgl. → Theodotion.

| | |
|---|---|
| s.v. | lat. *sub voce, unter/bei diesem Wort*; verweist auf Einträge in Wörterbüchern etc. |
| Sadduzäer | Um 150 v.Chr. gebildete Gruppierung innerhalb des Judentums, der v.a. Priester und die Oberschicht angehörten, vgl. oben zu 2.Sam 8. |
| Samaritanischer Pentateuch / Samaritanus | (Siglum ⅏) Eigene Textform des → Pentateuch, die von der jüdischen Gemeinde der Samaritaner tradiert wurde. Diese spaltete sich wahrscheinlich im 4.Jh.v.Chr. von dem am Jerusalemer Tempel orientierten Judentum ab und erkannte nur diese 5 Bücher als Heilige Schrift an. |
| Satrap | Statthalter einer persischen Provinz (Esr 5,3). |
| Sekundärquelle | Text oder Gegenstand, der auf eine → Primärquelle verweist, etwa der spätere biblische Bericht in 2.Kön 22f. über die Reform Joschijas. |
| Septuaginta | (Siglen: 𝔊, LXX) Übersetzung der hebräischen Bibel in das Griechische, begonnen um 250 v.Chr. in Alexandrien, abgeschlossen wohl erst nach der Zeitenwende. Der Name (lat. *siebzig*) und die Bezeichnung mit der römischen Ziffernfolge rühren von der Legende her, dass 70/72 Übersetzer das Buch in 72 Tagen übersetzt hätten. Vgl. das Thema-Kapitel „Übersetzen“. |
| Siglum | lat. *sigillum: Bildchen*, besonders gestaltete Abkürzung für Textzeugen etc., vgl. 𝔊; ⅏. |
| Sitz im Leben | (Vermutete) Situation, in der bestimmte Textgattungen regelhaft verwendet wurden (Beispiel: Ps 24 in einer kultischen Prozession). |
| Stichos | gr. *Zeile, Vers;* Bezeichnung für abgetrennte Zeilen in poetischen Texten. |
| Symmachus | Bezeichnung einer um 170 n.Chr. vorgenommenen griechischen Bibelübersetzung, die Wörtlichkeit und gutes Griechisch vereinbaren wollte. |
| Synchronie | gr. *mit der Zeit;* biblische Texte werden ohne historische Differenzierung behandelt, als würden sie aus einer Zeit stammen; → Diachronie. |
| Synopse | gr. *Zusammenschau;* Gegenüberstellung von Texten parallelen Inhalts. |
| Talion | lat. *Wiedervergeltung;* Bezeichnung für den Rechtssatz, dass bei Körperverletzungen dem Verursacher dieselbe Verletzung zugefügt werden soll („Auge um Auge“), vgl. Ex 21,23ff. |
| Talmud | Hauptwerk des rabbinischen Judentums, das Auslegungen der (hebräischen) Bibel sammelt und vergleichend nebeneinanderstellt. |
| Tanach/Tenach | Jüdische Bezeichnung für die hebräische Bibel, s. S. 1. |
| Targum | (Siglum ℭ) aram. *Übersetzung* der hebräischen Bibel in die aramäische Sprache. Die ältesten Targumfragmente sind aus Qumran belegt, andere Targume sind deutlich |

jünger. Oft weisen sie umfangreiche Erweiterungen zur Interpretation des Bibeltextes auf.

terminus ante quem (lat.) *Zeitpunkt, vor dem* etwas geschehen sein muss (z.B. Abfassung eines biblischen Buches).

terminus ad quem (lat.) *Zeitpunkt, bis zu dem* etwas geschehen sein muss.

terminus a quo (lat.) *Zeitpunkt, von dem an* etwas geschehen sein muss.

terminus post quem (lat.) *Zeitpunkt, nach dem* etwas geschehen sein muss.

Tetragramm → JHWH.

Tetrateuch *Gefüge* der ersten vier (*tetra*) Bücher Mose, die Bezeichnung soll auf die Sonderstellung des Deuteronomiums hinweisen.

Textgeschichte Rekonstruierte Beschreibung der Entwicklung des Bibeltextes von der ersten Niederschrift bis hin zur heute erhaltenen Vielfalt von Versionen.

Textkritik Exegetischer Methodenschritt, der zum Ziel hat, durch Vergleich der → Varianten der textlichen Überlieferung möglichst nahe an die ursprüngliche Gestalt eines Bibeltextes heranzukommen.

Textus receptus lat. *(allgemein) angenommener Text*; Textform der hebräischen Bibel, die früheren Bibelausgaben, etwa BHK$^{1+2}$ zugrundelag und noch heute im Judentum Verwendung findet.

Theodizee gr. *Gerechtigkeit Gottes;* Bezeichnung der Frage, wie Gott angesichts des Leidens in der Welt noch gerecht genannt werden kann, vgl. das Thema-Kapitel.

Theodotion (Siglum Θ) Bezeichnung für eine um 200 n.Chr. vorgenommene Überarbeitung griechischer Bibeltexte nach dem hebräischen Text.

Theogonie gr.; Mythos, der die *Herkunft der Götter* erklärt.

Theokratie gr. *Herrschaft eines Gottes;* bezeichnet eine Regierungsform, in der Priester, meist mit Hinweis auf ein Gesetz Gottes, staatliche Macht ausüben.

Theomachie gr. *Götterkampf;* bezeichnet Mythen, die vom Kampf der Götter z.B. zum Erhalt der Schöpfung erzählen.

Theophanie gr. *Erscheinung Gottes;* bezeichnet Darstellungen des Kommens Gottes, vgl. Ex 19,16–19.

Tradition Geprägter, schriftlich oder mündlich überlieferter Vorstellungszusammenhang, z.B. *Exodustradition*: Gott hat sein Volk mit starkem Arm aus Ägypten geführt.

Traditionsgeschichte Exegetischer Methodenschritt, bei dem überlegt wird, welche Einzeltraditionen und Motive in den jeweiligen Text Aufnahme fanden, weshalb das geschah und woher diese Traditionen stammen.

Transzendenz lat. *transcendere: überschreiten*; eine Vorstellung, die die Grenzen des sinnlich Erfahrbaren überschreitet.

Tun-Ergehen-Zusammenhang Vorstellung, nach der jede Tat eines Menschen, ob gut oder böse, die Auswirkungen für den Täter bereits in sich trägt, vgl. Prov 26,27: „Wer anderen eine Grube gräbt, fällt selbst hinein“.

| | |
|---|---|
| Typologie | gr. *typos, Vorbild;* Einrichtungen, Geschehnisse oder Gestalten des AT gelten als Vorbild für entsprechende Einrichtungen etc. im NT, vgl. Hbr 9 zum Kultus oder Röm 5,14: Adam als Vorbild (*typos*) des Kommenden. |
| Überlieferungsgeschichte | Exegetischer Methodenschritt, der die Entwicklung eines Textes in der mündlichen Überlieferungsphase vor seiner Verschriftung zu bestimmen sucht. |
| Ugarit | Handelsstadt in Nordsyrien, in der eine große Anzahl von keilschriftlichen Texten gefunden wurde, die erstmals Aufschluss über kanaanäische Mythologie des 2. Jt. v. Chr. gaben. |
| Urim und Tummim | Orakelstäbe oder -steine, vgl. Esra 2,63. |
| Variante | Abweichung innerhalb der Überlieferung des biblischen Textes, vgl. Gen 2,2: 𝔐 hat: (Gott beendete sein Werk am) 7. Tag, 𝔊 und ɯ haben: 6. Tag. |
| Vaticinia ex eventu | lat.; *Weissagungen*, die erst *nach Eintritt* des geweissagten *Geschehens* formuliert werden. Möglicherweise sollen sie der Schrift eine höhere Autorität verleihen, vgl. Dan 10+11. |
| Vetus Latina | Sammelname für verschiedene Bibelübersetzungen (ab ca. 150 n. Chr.) in das Lateinische, meist nach der LXX, nicht nach einem hebräischen Text angefertigt. |
| Vision | Hinter einer für alle sichtbaren Tatsache sieht ein Prophet etwas, das ihm einen Aspekt der Zukunft enthüllt, vgl. Jer 1,11: Mandelzweig oder Amos 8,1: ein Korb mit reifem Obst. |
| Vulgata | (Siglum 𝔙) (lat. *allgemein bekannte*) Übersetzung der hebräischen Bibel in das Lateinische, im 4. Jh. durch Hieronymus auf der Grundlage hebräischer und griechischer Texte angefertigt. 1546 von der katholischen Kirche zur einzig authentischen Bibel erklärt. Vgl. das Thema-Kapitel „Übersetzen". |
| * | Ein Stern * hinter einer Vers- oder Kapitelangabe zeigt an, dass nur ein Teil des angegebenen Textes gemeint ist. |
| 𝔊 | → Septuaginta |
| 𝔐 | → Masoretischer Text |
| 𝔖 | → Peschitta |
| 𝔗 | → Targum |
| 𝔙 | → Vulgata |
| ɯ | → Samaritanus |
| Θ | → Theodotion |

# Lernübersichten

Die auf den folgenden Seiten wiedergegebenen „Bibelkundezettel“ von Dirk Schwiderski haben sich beim Lernen zur Vorbereitung auf Bibelkundeprüfungen ebenso bewährt wie zum Erlangen eines schnellen Überblicks über einzelne Bücher des AT. Unter der Internet-Adresse *http://at-bibelkunde.de* können sie als PDF-Datei zum Ausdruck in der Größe DIN-A4 oder in Karteikartengröße heruntergeladen werden.

## Pentateuch

| | |
|---|---|
| Gen 1-11 | Urgeschichte |
| Gen 12-50 | **Vätererzählungen** |
| 12-26 | Abra(ha)m und Isaak |
| 25.27-36 | Jakob und Esau |
| 37-50 | Josef und seine Brüder |
| Ex 1-11 | **Mose** |
| 12-15 | Israels Exodus |
| 16-18 | Israel in der Wüste |
| 19-24.32-34 | Israel am Sinai |
| Ex 25-31<br>Ex 35-40<br>Lev 1-27<br>Num 1-10 | **Priestergesetze** |
| | Israel am Sinai |
| Num 10-20 | Israel in der Wüste |
| 20-36 | Landnahme<br>(Ostjordanland) |
| Dtn 1-34 | **Movereden** |
| 1-11 | Einleitungsreden |
| 12-26 | **Deuteronomisches Gesetz** |
| 27-30 | Schlußreden |
| 31-34 | Abschluß Pentateuch |

# Urgeschichte

| Kap. | Verse | Inhalt | Person |
|---|---|---|---|
| 1 | 1,1-2,4a | **1. Schöpfungsbericht** (Weltschöpfung) | |
| 2 | 2,4b-25 | **2. Schöpfungsbericht** (Menschenschöpfung) | Adam |
| 3 | | Eintreten der Sünde | |
| 4 | | Kain und Abel (+ Stammbaum) | (+ Söhne) |
| 5 | | Genealogie: Adam-Noach | Noach |
| 6-8 | 6,1-4 | Engelehen | |
| | | Sintflut | |
| 9 | 1-17 | Noachbund | |
| | 18-27 | Noachs Fluch | (+ Söhne) |
| 10 | | Völkertafel | |
| 11 | 1-9 | Turmbau | |
| | 10-26 | Genealogie: Sem-Abram | Abram |
| | 27-32 | Geschlecht Terachs (Überleitung) | (+ Familie) |
| 12 | 1-3 | Neuanfang mit Abram als **Segen für die Völker** | |

# Vätererzählungen

| Gen | | | |
|---|---|---|---|
| | (Gen 11: Einführung Abrams) | | |
| 12-25 | Berufung Abrams | **Abram** | |
| 12 | **Gefährdung der Ahnfrau** (Sarai/Abram/Pharao) | | |
| 13 | Trennung von Lot | | Lot |
| 14 | Krieg der Könige, Rettung Lots – Melchisedek | | |
| 15 | **Bund und Verheißung** | | |
| 16 | Hagar und Ismael | | Hagar |
| 17 | **Bund und Verheißung** Umbenennung | Abraham Sara | |
| 18 | JHWH bei Abraham + Fürbitte für Sodom | | |
| 19 | Sodoms Untergang | | |
| 20 | **Gefährdung der Ahnfrau** (Sara/Abraham/Abimelech) | | |
| 21 | Geburt Isaaks | | Hagar |
| | Vertreibung Hagars | | Isaak |
| 22 | Isaaks Opferung | | |
| 23 | Saras Tod – Kauf der Höhle Machpela | | |
| 24 | Brautwerbung (Rebekka) für Isaak | | Isaak |
| 25 | Abrahams Tod | | |
| 25-36 | Geburt Esaus | | **Esau** |
| | und Jakobs | **Jakob** | |
| 26 | **Gefährdung der Ahnfrau** (Rebekka/Isaak/Abimelech) | | Isaak |
| 27 | Jakobs Betrug (Erstgeburtssegen) Flucht vor Esau | | **Esau** |
| 28 | Jakobs Traum in Bet-El | | |
| 29-31 | Jakob bei Laban (Lea/Rahel) | | Laban |
| 32 | Kampf am Jabbok | | |
| 33 | Versöhnung mit Esau | | **Esau** |
| 34 | Blutbad zu Sichem | | |
| 35 | Jakob in Bet-El – Isaaks Tod | | Isaak |
| 36 | Esaus Geschlecht und die Edomiter | | **Esau** |
| 37-50 | **Josefs-Geschichte** | **Josef** | |
| 37 | Josefs **Träume** – Verkauf nach Ägypten | | |
| 38 | Juda und Tamar | | Juda |
| 39 | Josef bei Potifar | | |
| 40-41 | **Träume** der Hofbeamten/des Pharao – Josefs Erhöhung | | |
| 42-43 | 2 Reisen der Brüder nach Ägypten | | |
| 44 | der Becher – die Rede Judas | | Brüder |
| 45 | Josef gibt sich seinen Brüdern zu erkennen | | |
| 46-47 | Jakobs Reise nach Ägypten – Josef als Verwalter | | Jakob |
| 48 | Jakobs Segen: Efraim und Manasse | | |
| 49 | Jakobsegen (Söhne) | | |
| 50 | Jakobs Tod/Bestattung – Josefs Tod (Bestattung Jos 24) | | |

# Exodus – Numeri

| | |
|---|---|
| Ex 1-11 | **Mose-Überlieferung** |
| 1 | Bedrückung der "Söhne Israels" in Ägypten – Hebammen-Sage |
| 2 | Geburt – Namengebung<br>Totschlag des Ägypters – Flucht nach Midian – Heirat Zipporas |
| 3f. | **Berufung + Verheißung** |
| 4 | "Blutbräutigam" – Rückkehr nach Ägypten |
| 5 | Verhandlungen mit dem Pharao (+ Aaron) |
| 6 | **Berufung + Verheißung** |
| 7 | Verhandlungen mit dem Pharao (+ Aaron) |
| 7-11 | Die 9 vorläufigen Plagen<br>1. Wasser zu Blut 2. Frösche 3. Mücken 4. Stechfliegen<br>5. Viehpest 6. Geschwüre 7. Hagel 8. Heuschrecken 9. Finsternis<br>Androhung der 10. Plage |
| 12-15 | **Israels Exodus** |
| 12<br>13 | **Passa** – 10. Plage: Tötung der Erstgeburt Ägyptens – Auszug<br>Fest der ungesäuerten Brote – Wolken- und Feuersäule |
| 14 | **Rettung am Schilfmeer** |
| 15 | Mosepsalm – Mirjamlied |
| 15-18 | **Israel in der Wüste**<br>("Führung und Bewahrung" – Murrgeschichten) |
| 16 | Wachteln und Manna |
| 17 | Wasser aus dem Felsen – Sieg über die Amalekiter |
| 18 | Jitros Besuch: Einführung einer Gerichtsordnung |
| Ex 19-Num 10 | **Israel am Sinai** |
| 19 | Theophanie JHWHs am Gottesberg |
| 20 | **Dekalog** |
| 20-23 | **Bundesbuch**<br>Schutz von Sklaven, Leib und Leben u.a.;<br>ältester **Festkalender** |
| 24 | **Bundesschluß** – Empfang der Gesetzestafeln |
| Ex 25-Num 10<br>25-31 | **Priestergesetze**<br>Anweisungen für die Stiftshütte |
| 32-34 | **Bundesbruch** (goldenes Kalb)<br>**Bundeserneuerung** (neue Tafeln) |
| 35-40<br>Lev 1-7<br>8-10<br>11-15<br>16 | Bau der Stiftshütte<br>Opfergesetze<br>Priesterweihe<br>Reinigungsgesetze<br>**Der große Versöhnungstag** (*yôm kippur*) |
| **17-26** | **Heiligkeitsgesetz** |
| 27<br>Num 1-10 | Gelübde und Zehnter<br>diverse Kultvorschriften |
| 10 | Aufbruch vom Sinai |
| Num 10-20 | **Israel in der Wüste** |

## Numeri – Deuteronomium

| | |
|---|---|
| Num 10-20 | Israel in der Wüste |
| 10-11 | Aufbruch vom Sinai – Einsetzung von 70 Ältesten |
| 12 | Auflehnung (Aaron, Mirjam) – Mirjams Aussatz/Heilung |
| 13-14 | **Erkundung des Landes (Kaleb) – Murren – Strafe (40 Jahre Wüste)** |
| 16-17 | Auflehnung (Rotte Korach, Datan, Abiram) |
| 15.18-19 | (Nachträge zu Priestergesetzen) |
| 20 | Mirjams Tod – Wasser aus dem Felsen – Zweifel Moses am Haderwasser |
| 20-36 | Landnahme des Ostjordanlandes |
| 20-21 | Aarons Tod – Die eherne Schlange |
| 22-24 | **Bileamgeschichten** (Segen statt Fluch für Israel) |
| 26-31.33-36 | (Nachträge: Lagerplätze, Priestergesetz) |
| 27 | Einsetzung Josuas als Mose-Nachfolger |
| **Dtn 1-30** | **Moserede(n)** |
| 1-4 | 1. Einleitungsrede<br>**Rückblick** auf 40 Jahre Wanderung (Horeb – Kadesch – Arnon – Bet-Pegor)<br>**Mahnung**: Halten der Gebote (4,2: Kanonformel) |
| 5-11 | 2. Einleitungsrede |
| 5 | **Ausblick** vor der Landnahme – **Dekalog** |
| 6 | "Höre Israel ..." – Kleines geschichtliches Credo |
| 7-10 | **Warnung:** Gemeinschaft mit Heiden – Selbstruhm |
| 11 | **Mahnung:** Segen des Gehorsams – Fluch des Ungehorsams |
| **12-26** | **Deuteronomisches Gesetz** |
| 12 | **Zentralisationsgesetz**<br>12-16: Kulteinheit und -reinheit<br>16-18: Standesgesetze |
| 17 | **Königsgesetz**<br>19-21: Rechtspflege<br>21-25: Sozialethisches |
| 26 | Kleines geschichtliches Credo – **Bundesverpflichtung** |
| 27-28 | 1. Schlußrede<br>Aufstellen von Gesetzessteinen<br>**Segen** (vom Garizim) – **Fluch** (vom Ebal)<br>12 Fluchsprüche – Ankündigung von Segen und Fluch |
| 29-30 | 2. Schlußrede<br>Bund Gottes mit Israel (**Moabbund**)<br>Umkehrruf – Wahl zwischen **Leben und Tod** |
| 31-34 | **Abschluß des Pentateuch** |
| 31 | Bestellung des Josua – Gesetzesverlesung alle 7 Jahre |
| 32 | **Moselied** (Geschichtspsalm: Gottes Führung – Israels Untreue) |
| 33 | **Mosesegen** (Stammessprüche) |
| 34 | **Tod** des Mose |

## Rahmenstücke des deuteronomistischen Geschichtswerkes

| | |
|---|---|
| <u>Dtn 1-34</u> | **Moserede(n) im Ostjordanland** |
| 1-3 | Rückblick auf 40 Jahre Wüstenwanderung |
| 31 | Bestellung des Josua (Abschiedsrede des Mose) |
| <u>Jos 1-12</u> | **Landnahme des Westjordanlandes** |
| 1 | Beauftragung Josuas |
| <u>13-21</u> | Landverteilung der Stämme |
| <u>22-24</u> | Letztes Wirken Josuas |
| 23 | Abschiedsrede des Josua |
| <u>Ri 1-21</u> | **Richterzeit** |
| 2,6-3,6 | Ausblick auf die Richterzeit |
| 3-16 | Richter-Erzählungen |
| 17-21 | diverse Anhänge |
| <u>1.Sam 1-15</u> | **Entstehung des Königtums** (Samuel, Saul) |
| 8 | Rede Samuels zum Königsrecht |
| 12 | Abschiedsrede Samuels |
| <u>1.Sam 16 - 2.Sam 5</u> | **Erzählung von Davids Aufstieg** |
| 7 | Natan-Weissagung (Dynastieverheißung) |
| <u>2.Sam 9 - 1.Kön 2</u> | **Thronnachfolgeerzählung Davids** |
| <u>1.Kön 1-11</u> | **Salomos Königtum** |
| 8 | Tempelweihgebet Salomos |
| <u>1.Kön 12 - 2.Kön 17</u> | **Geschichte Israels und Judas** |
| 17 | Reflexion zum Untergang des Nordreiches Israel |
| <u>18-25</u> | **Geschichte Judas** |
| 25 | Untergang Jerusalems - Babylonisches Exil |

# Josua

| | | |
|---|---|---|
| Ex<br>Num<br>Dtn | <u>Einführung der Person Josuas</u><br>Ex 17: Josua kämpft gegen die Amalekiter<br>Num 27: Einsetzung als Mose-Nachfolger<br>Dtn 31: Bestellung des Josua (dtr Rahmen)<br><br><u>Landnahme des Ostjordanlandes</u> (Num 20-36) | Osten |
| <u>Jos 1-12</u> | <u>Landnahme des Westjordanlandes</u> | |
| 1 | JHWHs Beauftragung Josuas | |
| 2 | Kundschafter in Jericho (Hure Rahab) | Mittelpalästina |
| 3-5 | Zug durch den Jordan (12 Steine in Gilgal, Beschneidung, Passah) | (Benjamin) |
| 6 | **Eroberung Jerichos** | |
| 7-8 | Eroberung Ais (Achans Diebstahl) | |
| 9 | Vertrag mit den Gibeonitern | |
| 10-12 | **judäischer Süden** (bei Gibeon) | Süden |
| | **galiläischer Norden** (Hazor) | Norden |
| | (dtr) Rückblick + Liste der besiegten Könige | |
| <u>13-22</u> | <u>Landverteilung der Stämme</u> | |
| 13-19 | **Stammesgebiete** (Grenzen – Ortslisten) | |
| 20-21 | Asyl- und Levitenstädte | |
| | (dtr) Zusammenfassung: "Und JHWH verschaffte ihnen Ruhe ringsumher ..." | |
| 22 | Rückkehr der ostjordanischen Stämme (Ruben, Gad, Halb-Manasse) | |
| <u>23-24</u> | <u>Letztes Wirken Josuas</u> | |
| 23 | (dtr) **Abschiedsrede Josuas** (Gesetzestreue, Vermischungsverbot) | |
| 24 | **Landtag zu Sichem**<br>2. Josuarede: "Ich aber und mein Haus wollen JHWH dienen!"<br>Bekenntnis der Stämme zu JHWH<br>Tod Josuas<br><br>(Begräbnis der Gebeine <u>Josefs</u> in Sichem) | |

# Richter

| Kap. | Inhalt | |
|---|---|---|
| 1 | Verschiedene Landnahme-Traditionen<br>(negatives Besitzverzeichnis) | |
| 2 | (dtr) **Ausblick auf die Richterzeit**<br>(Abfall – Feindbedrückung – Hilfeschrei – Berufung von Richtern – Ruhe) | |
| <u>3-16</u> | <u>Richter-Erzählungen</u> | |
| 3 | Othniel – Ehud – Schamgar | **Kaleb** gegen Mesopotamien<br>**Benjamin** gegen Eglon (Moab)<br>**?** gegen Philister |
| 4-5 | <u>Debora und Barak</u><br>Schlacht am Tabor – Ermordung Siseras<br>**Deboralied** | **Efraim** und **Naftali**<br>gegen Kanaanäer |
| 6-8 | <u>Gideon</u><br>Berufung – Vernichtung des Baal-Altars<br>Sieg über Midian – **Ablehnung der Königswürde** | **Manasse** gegen Midianiter |
| 9 | Abimelechs Königtum – **Jotamfabel** (Königskritik) | |
| 10 | Kleine Richter<br>(Tola, Jaïr) | |
| 10-12 | <u>Jiftach</u><br>Ernennung – Kampf – Gelübde + **Opferung der Tochter**<br>Kampf mit Efraim (Schibbolet) | **Gilead** gegen Ammoniter |
| 12 | Kleine Richter<br>(Jiftach?, Ibzan, Elon, Abdon) | |
| 13-16 | <u>Simson</u><br>Geburt (zunächst unfruchtbare Mutter – Engel)<br>Hochzeit mit Philisterin (**Rätsel**) – Philisterkämpfe<br>**Simson und Delila** | **Dan** gegen Philister |
| 17-18 | Wanderung der Daniter | |
| 19-21 | <u>Frevel der Benjaminiter</u><br>Mißbrauch der Gastfreundschaft – Bestrafung Benjamins (Stämmeverband)<br>**Frauen** für Benjamin | |

# 1.Samuel – 2.Samuel 8

| | | | |
|---|---|---|---|
| 1.Sam 1-3 | Samuels Jugend (Schilo) | | **Samuel** |
| 1 | Geburt (zunächst unfruchtbare Mutter) – Weihung | | |
| 2 | Lobgesang der Hanna – Bosheit der Söhne Elis | | |
| 3 | **Berufung** | | |
| 4-6 | Ladeerzählung<br>Verlust der Lade – Elis Tod – bei den Philistern<br>Rückkehr | | Lade |
| 7 | Samuel als "großer" Richter – Philistersieg | | |
| 8-15 | Entstehung des Königtums | | |
| 8 | **Israel will einen König** – Königsrecht | (neg.) | |
| 9-10 | Saul und die Eselinnen – **Salbung** durch Samuel | (pos.) | **Saul** |
| 10 | **Wahl durch Los** | (neg.) | |
| 11 | Ammonitersieg > **Königserhebung** | (pos.) | |
| 12 | (dtr) Abschiedsrede Samuels | (neg.) | |
| 13-15 | Sauls Königtum<br>Philistersieg (voreiliges Opfer) – **1. Verwerfung**<br>Amalekitersieg (unvollständiger Bann) – **2. Verwerfung** | | |
| 16 - 2.Sam 5 | Erzählung von Davids Aufstieg | | **David** |
| 16-20 | David am Hof Sauls<br>Salbung – Goliat<br>**Freundschaft** Jonatans – Michal – **Feindschaft** Sauls<br>**Flucht** zu Samuel – **Abschied** von Jonatan | | |
| 21-31 | David als Söldnerführer<br>**Verfolgung** Davids – (mehrfache) **Verschonung** Sauls | | |
| (25) | Tod Samuels<br>David bei den Philistern – Saul bei der "Hexe" von En-Dor<br>Entlassung aus philistäischem Heer – Amalekitersieg | | |
| 31 | **Niederlage + Tod Sauls** im Philisterkrieg | | |
| 2.Sam 1-5 | David wird König<br>**Klage** über Saul + Jonatan | | |
| 2 | Salbung zum **König Judas** (Hebron)<br>Isch-Boschet (Isch-Baal) | | |
| 5 | Salbung zum **König Israels** (Eroberung **Jerusalems**)<br>Philistersiege | | |
| 6 | Ladeerzählung<br>Überführung nach Jerusalem | | Lade |
| 7 | (dtr) **Natansverheißung** | | |
| 8 | Davids Kriege + Beamte | | |

# 2.Samuel 9 – 1.Könige

| | |
|---|---|
| <u>2.Sam 9 bis 1.Kön 2</u> | <u>Erzählung von der Thronnachfolge Davids</u> |
| 9-10 | Mefi-Boschet (Enkel Sauls) an Davids Hof – Krieg gg Ammoniter/Aramäer |
| 11-12 | Davids **Ehebruch** mit Batseba (Geburt Salomos) |
| 13-19 | Abschaloms Aufstand – Tod (Sohn Davids) |
| 20 | Schebas Aufstand – Tod (Benjaminiter) ("Wir haben keinen Anteil an David!", vgl. 1.Kön 12) |
| 21-24 | Davids Danklied (Ps 18) – letzte Worte – Davids Helden u.a. |
| <u>1.Kön 1-11</u> | <u>Salomos Königtum</u> |
| 1.Kön 1-2 | Inthronisation<br>Davids Tod – Salomos (politische) Morde |
| 3-4 | Salomos **Weisheit** ('salomonisches' Urteil) + Macht |
| 5-7 | Tempelbau |
| **8** | (dtr) Tempelweihgebet |
| 9-11 | Salomos Reichtum (heidnische Frauen > Götzendienst) + Feinde<br>Salomos Tod |

| | Israel | Juda |
|---|---|---|
| <u>1.Kön 12 bis 2.Kön 17</u> | <u>Könige von Israel und Juda</u> (926-722) | |
| 12 | Reichsteilung | |
| | <u>Israel</u><br>(wechselnde Dynastien) | <u>Juda</u><br>(Davididen) |
| 12-14 | Jerobeam I.<br>**"Sünde Jerobeams"**<br>= goldene Stierbilder in Bet-El + Dan<br>= Bau von Höhenheiligtümern | Rehabeam |
| Rahmen der Königs-darstellungen | "Im x. Jahr des Königs NN1 von Juda wurde NN2 König über Israel. Er regierte x Jahre über Israel." | "Im x. Jahr des Königs NN1 von Israel wurde NN2 König über Juda. Er regierte x Jahre über Juda." |
| | "Und er tat was gut/böse war in den Augen JHWHs." | |
| | "Und die übrige Geschichte NN2's und alles, was er getan hat, ist das nicht geschrieben im **Buch der Geschichte der Könige von Israel**?" | "Und die übrige Geschichte NN2's und alles, was er getan hat, ist das nicht geschrieben im **Buch der Geschichte der Könige von Juda**?" |
| 16 | Thronwirren<br>**Omri** gründet die Dynastie der **Omriden** | |
| <u>16-22</u> | (König **Ahab**) **Elija-Geschichten** | |
| 17 | am Bach Kerit – Witwe zu Zarpat/Sarepta (**Totenauferweckung!**) | |
| 18 | Gottesurteil auf dem Karmel (Feuerprobe, Tötung Baalspriester) | |
| 19 | Begegnung mit JHWH am Horeb – Berufung Elischas | |
| 21 | Nabots Weinberg (Isebel) | |

# 2.Könige

| 2.Kön 1-9 | Juda (Davididen) | Elija-Elischa-Geschichten | Israel (Omriden) |
|---|---|---|---|
| 2 | | Elijas **Himmelfahrt** – Nachfolger Elischa | |
| 3 | | Kampf gegen König Mescha von Moab | |
| 4 | | Sohn der Schunemiterin (**Totenauferweckung!**) | |
| 5-8 | | Naaman – schwimmendes Eisen<br>**Aramäerkriege:** Belagerung Samarias | |
| 9 | | **Aufstand Jehus** gegen die Omriden<br>Salbung durch Elischa | **Jehu**<br>(neue Dynastie) |
| 10-17 | | Könige von Israel und Juda | |
| 13 | | Elischas Tod | |
| | | 8. Jh.: wachsender Druck durch das **neuassyrische Reich** | |
| 15<br>17 | | 738 v.Chr.: Vasallität<br>733: 1. Deportation (Tiglat-Pileser III.)<br>**722:** 2. Deportation (Salmanassar V.) | |
| | | **Ende des Nordreiches Israel** | |
| 17 | | (dtr) Beurteilung des Nordreich-Untergangs<br>"Und das geschah, weil die Söhne Israel gesündigt hatten gegen JHWH, ihren Gott ..." | |
| 18-25 | | Könige von Juda (721-587/6) | |
| 18-20 | | Hiskija – **Jesajalegenden (vgl. Jes 36-39)**<br>(Belagerung und Rettung Jerusalems) | |
| 22-23 | | Gesetzesfund (Deuteronomium?)<br>und **Kultreform des Joschija** | |
| 24-25 | | 7./6.: wachsender Druck durch das **neubabylonische Reich** (Nebukadnezzar II.) | |
| | | 597: 1. Deportation (+ Tempelschatz)<br>587/6: 2. Deportation (+ Zerstörung Jerusalems und des Tempels) | |
| | | **Ende des Südreiches Juda**<br>**babylonisches Exil** (der Oberschicht) | |

# Chronikbücher

| | |
|---|---|
| 1.Chr 1-9 | Genealogien von Adam bis Saul |
| 10 | Sauls Ende (1.Sam 31) |
| 11-29 | **Königtum Davids** |
| 16 | Davids Dankpsalm (vgl. Ps 105) |
| 2.Chr 1-9 | **Königtum Salomos** |
| 10-36 | Reichsteilung<br>Könige **Judas** (ohne Nordreich!) |
| 36 | bis zum **Kyrus-Edikt** |

# Esra-Nehemia

| | |
|---|---|
| | Esra |
| 1-6 | Rückkehr aus dem Exil – Tempelbau |
| 1-2 | **Kyrus-Edikt** – Heimkehrerlisten |
| | **ARAMÄISCHE TEXTE [4,6 – 6,18 + 7,12-26]** |
| 3-4 | Behinderung des Tempelbaus<br>**1.** (amtlicher) **Briefwechsel**<br>ã Bauverbot |
| 5-6 | Wiederaufnahme des Tempelbaus<br>**2.** (amtlicher) **Briefwechsel**<br>(**Kyrus-Edikt** wird in persischen Archiven wiedergefunden)<br>ã Bauerlaubnis – Vollendung – Passafeier |
| 7-10 | Esra und das Gesetz |
| 7 | **Brief** Artaxerxes an Esra:<br>Auftrag zur Aufrichtung des **jüdischen Gesetzes** |
| | Reise nach Jerusalem<br>Bußgebet Esras – Auflösung der **Mischehen** mit Ausländern |
| | Nehemia |
| | (autobiographische **Nehemia-Denkschrift**: 1-3.7.12-13) |
| 1-7 | Nehemias Trauer über den Zustand Jerusalems – Reiseerlaubnis<br>**Mauerbau** in Jerusalem |
| 8 | **Gesetzesverlesung** (durch Esra)<br>Laubhüttenfest |
| 9-13 | Bußgebet des Volkes – neue Verpflichtung<br>**Mauerweihe** |
| | Mißstände (Fremde – Tempel – Sabbat – Mischehen) |

# Hiob

| | |
|---|---|
| 1-2 | <u>Rahmengeschichte (Prolog)</u><br>(Prosa)<br><br>Hiobs Frömmigkeit und Reichtum<br>1. Himmelsszene (Vorsprache Satans) – Prüfung (Vieh, Kinder)<br>2. Himmelsszene (Vorsprache Satans) – Prüfung (Krankheit)<br><br>Besuch der Freunde |
| <u>3-42,6</u> | <u>Hiobdichtung</u><br>(Poesie) |
| 3 | Monolog Hiobs<br>(Klage: "Wäre ich nie geboren ...") |
| <u>4-27</u> | <u>Dialoge Hiobs mit seinen Freunden</u> |
| 4-14 | **1. Redegang**<br>(Elifas – Hiob / Bildad – Hiob / Zofar – Hiob) |
| 15-21 | **2. Redegang**<br>(Elifas – Hiob / Bildad – Hiob / Zofar – Hiob) |
| 22-27 | **3. Redegang**<br>(Elifas – Hiob / Bildad – *Hiob* / <u>*Text fragmentarisch*</u>) |
| 28 | Lied über die göttliche Weisheit |
| <u>29-31</u> | <u>Herausforderungsreden Hiobs</u><br><br>Hiobs vergangenes Glück – sein jetziges Elend<br>Unschuldsbekenntnis<br><br>**"Der Allmächtige antworte mir: Wo ist die Klageschrift?"** (31,35) |
| 32-37 | Elihu-Reden |
| <u>38-42,6</u> | <u>Gottesreden</u><br>(Theophanie im Sturmwind als **Antwort auf 29–31**)<br><br>(listenähnliche) Aufzählung der **Schöpfungswerke**<br><br><u>Gott:</u> "Wo warst du, als ich die Erde gründete ...?"<br><u>Hiob:</u> "Siehe, zu gering bin ich! Was kann ich dir erwidern?" (40,4f.) |
| 42,7-17 | <u>Rahmengeschichte (Epilog)</u><br>(Prosa)<br><br>Hiobs Rechtfertigung vor seinen Freunden<br>Wiederherstellung und Ende |

# Psalter

| | | |
|---|---|---|
| 1-41 | 1. Buch | |
| 1-2 | Proömium | |
| 3-41 | **Davidspsalmen** | **David** |
| | **Doxologie**: "Gepriesen sei JHWH, der Gott Israels ... Amen, ja Amen!" (41,14) | |
| 42-72 | 2. Buch | |
| 42-49 | Korachpsalmen | |
| 50 | Asafpsalm | |
| 51-72 | **Davidspsalmen** | **David** |
| | **Doxologie**: "Gepriesen sei JHWH Elohim, der Gott Israels ... Amen, ja Amen!" (72,18f) | |
| 73-89 | 3. Buch | |
| 73-83 | Asafpsalmen | |
| 84-85.87-88 | Korachpsalmen | (86) |
| | **Doxologie**: "Gepriesen sei JHWH in Ewigkeit! Amen, ja Amen!" (89,53) | |
| 90-106 | 4. Buch | |
| 93-99 | **JHWH-König-Psalmen** | |
| | **Doxologie**: "Gepriesen sei JHWH, der Gott Israels ... Amen, Halleluja!" (106,48) | |
| 107-150 | 5. Buch | |
| 108-110 | **Davidspsalmen** | **David** |
| 111-118 | **Großes Hallel** (Lobpsalmen) | |
| 120-134 | **Wallfahrtspsalmen** | |
| 138-145 | **Davidspsalmen** | **David** |
| | **Doxologie**: "Das Lob JHWHs soll mein Mund aussprechen und alles Fleisch soll seinen heiligen Namen preisen in Ewigkeit und auf immer!" (145,21) | |
| 146-150 | **Kleines Hallel** (Lobpsalmen, abschließende Doxologien) | |

# Proverbia

| | |
|---|---|
| 1-9 | Sprüche Salomos [ca. 4.Jh.]<br>Überschrift: "Die Furcht JHWHs ist der Anfang der Erkenntnis" (1,7) |
| 1-7 | 10 Lehrreden<br>**Weisheitslehrer**: "Mein Sohn, ..."<br>Warnung vor Frevlern (1) – Nutzen der Weisheit (2-4)<br>Warnung vor Ehebruch (5-7) |
| 1.8-9 | 3 Lehrgedichte<br>**Frau Weisheit**:<br>Bußruf (1) – Weisheit als **Erstling der Schöpfung** (8)<br>Frau Weisheit und Frau Torheit (9) |
| 10-22 | Sprüche Salomos<br>(375 Einzelsprüche) |
| 10-15 | **Tun-Ergehen-Zusammenhang**<br>bei<br>Weisen (gerecht, fleißig) – Toren (frevelhaft, faul) |
| 16-22 | kein klar ersichtliches Thema<br>(städtischer Lebensbereich – evtl. für königliche Beamte) |
| 22-24 | Worte von Weisen<br>zu 22,17-23,11 vgl. die ägyptische Lehre des Amenemope<br>(ca. 1000 v.Chr.) |
| 25-29 | Sprüche Salomos<br>(von den Männern Hiskijas gesammelt) |
| 30<br>31 | Worte Agurs (**Zahlensprüche**)<br>Wort an Lemuël – **Lob der tüchtigen Hausfrau** |

# Megillot

|  |  |
|---|---|
| Wochenfest<br>(Pfingsten)<br>(vgl. 1,22) | **Rut**<br>1 Richterzeit – Hungersnot > **Elimelech + Noomi** wandern nach **Moab** aus<br>die Söhne (Machlon + Kiljon) heiraten Moabiterinnen (Orpa + **Rut**)<br>**Tod** der drei **Männer** > Rut begleitet Noomi zurück nach **Juda**<br>2 Rut liest Ähren bei Boas (Verwandter des Elimelech und **Löser**)<br>3 Noomi rät Rut, sich Boas als Frau anzutragen<br>doch: es gibt noch einen näherstehenden Verwandten<br>4 dieser verzichtet jedoch bei einer Rechtsverhandlung im Tor<br>**Boas Leviratsehe mit Rut** (lat. *levir*: Schwager)<br>Stammbaum: Sohn Ruts (Obed) = **Großvater Davids** |
| Passahfest | **Das Hohelied Salomos**<br>(8 Kapitel)<br>nachexilische Sammlung von profanen **Liebes-** und **Hochzeitsliedern**<br>Deutung: Braut/Bräutigam = Israel/JHWH<br>"Ehebund" JHWHs mit Israel in der Passanacht |
| Laubhüttenfest | **Kohelet (Prediger Salomo)**<br>eine sinnvolle Gliederung ist kaum möglich<br>1-6: überwiegend größere Gedichte (3: "alles hat seine Zeit")<br>7-12: überwiegend Einzelsprüche/kleinere Spruchgruppen<br>zentrales Thema: Krise der Weisheit<br>**"alles ist eitel** (*hæbæl*) **und Haschen nach Wind**" (1,14 passim)<br>12,9-14: 2 Nachträge |
| Gedenktag der Tempelzerstörung (9. Ab) | **Die Klagelieder Jeremias**<br>Klage über **zerstörtes Jerusalem + Tempel** |
| 1-2 | "politische" Leichenlieder<br>"Wie liegt die Stadt so wüst, die voll Volks war ..." |
| 3 | **Klagelied eines Einzelnen**<br>"Die Güte des Herrn ist's, daß wir nicht gar aus sind,<br>seine Barmherzigkeit hat noch kein Ende,<br>sondern sie ist alle Morgen neu,<br>und deine Treue ist groß." (3,22-23) |
| 4 | "politisches" Leichenlied |
| 5 | **Klagelied des Volkes** |
| Purimfest | **Ester**<br>(Das Buch Ester sollte in kurzen Zügen erzählt werden können)<br>1-2 <u>Exposition:</u> **Gastmahl** Ahasveros (Xerxes I.) in Susa – **Ester wird Königin**<br>3-9 <u>Hauptteil:</u> (versuchter Massenmord an den Juden und Rache)<br>Aufstieg Hamans – Mordbefehl auf 13. Adar durch **Los** (*pûr*)<br>Mordechai bittet Ester um Intervention – der **König** begünstigt Mordechai<br>Ester deckt Hamans Anschlag auf > **Tötung Hamans** und der 75000 Feinde<br>> Einsetzung des Purimfestes<br>10 kurzer chronikartiger <u>Schluß</u> |

# Jesaja

| | |
|---|---|
| 1-12 | A. Gerichtsworte gegen das eigene Volk |
| 1<br>2-4 | **Zusammenfassung** der Botschaft Jesajas<br>Gerichtsworte gegen die Führer Israels |
| 5 | Israels Rechtsbruch<br>**Weinberglied** ("Mein Freund hatte einen Weinberg ...") |
| 6-9<br>6<br>7 | Jesaja-Denkschrift<br>Berufung (Auftrag zur Verstockung)<br>Begegnung mit König Ahas ("Glaubt ihr nicht, so bleibt ihr nicht")<br>Jesaja-Sohn: **"Ein-Rest-kehrt-um"**<br>**Immanuel**-Zeichen ("Siehe, eine junge Frau ist schwanger ...") |
| 8 | Jesaja-Sohn: **"Eilebeute-Raschraub"** (Assyrer-Bedrohung) |
| 9,1-6 | **messianische Verheißung** ("Uns ist ein Kind geboren … Friedefürst") |
| 9-11 | Worte gegen Nordisrael und Assyrien<br>**messian. Verheißung** ("Sproß aus der Wurzel Isais") |
| 12 | eschatologischer Dankpsalm |
| 13-23 | B. Gericht über die Völker<br>Fremdvölkersprüche gegen<br>Babel – Assur/Philister – Moab – Syrien/Samaria – Äthiopien/Ägypten<br>Babel/Edom – Jerusalem – Tyrus |
| 24-39 | C. Heil für Israel |
| 24-27 | Jesaja-Apokalypse<br>Weltgericht – **Totenauferstehung** |
| 28-31 | Assyrischer Zyklus<br>abwechselnd **Gerichtsworte** und **Heilsworte** über Jerusalem<br>("Wehe über ..." < Totenklage) |
| 32-35 | eschatologische Heilsworte |
| 36-39 | Jesaja-Legenden<br>(= 2.Kön 18-20 sowie 2.Chr 32-33)<br>Belagerung und Errettung Jerusalems<br>Hiskijas Krankheit – Genesung – **Dankpsalm (Sondergut)**<br>babylonische Gesandtschaft |

## Deuterojesaja (40-55)

| | |
|---|---|
| | Sammlung von ca. **50 Einzelworten** ohne strenge Gliederung |
| 40,1-8 | *Prolog*: ("Tröstet, tröstet mein Volk ...") |
| 40–48 | JHWH und die Völker (**Kyrus**, Babel, Götzenpolemik) |
| 49–55 | JHWHs Heil für Zion und sein Volk |
| 55,6-11 | *Epilog*: ("Suchet JHWH, solange er sich finden läßt ...") |
| | **"Gottesknechts-Lieder"**: 42,1-4; 49,1-6; 50,4-9; 52,13–53,12 |

## Tritojesaja (56-66)

| | |
|---|---|
| **60-62** | *Kern*: (Anknüpfung an DtJes) **Heil für Zion** |
| 59/63-64 | *Innerer Rahmen*: **Volksklage** |
| 56-58/65-66 | *Mittlerer Rahmen*: Gerichtsworte – **neuer Himmel und neue Erde** |
| 56/66 | *Äußerer Rahmen*: Ausweitung der Gemeinde (alle Völker) |

# Jeremia

| | |
|---|---|
| 1-25 | Gerichtsworte gegen das eigene Volk |
| 1 | Berufung |
| 2-6 | Worte des jungen Jeremia (unter Joschija 627-622)<br>Israel als untreue Braut – Möglichkeit der Umkehr<br>Feind von Norden |
| 7 | Tempelrede (vgl. 26) |
| 7-20 | Worte aus der Zeit Jojakims (608-598)<br>Totenklage – rechtes Rühmen – Götzenpolemik u.a.<br><br>**Zeichenhandlungen:**<br>13 Verdorbener Gürtel [Hochmut]<br>16 Ehe-/Kinderlosigkeit Jeremias [Vorzeichen des Gerichts]<br>18 Töpfergleichnis [mißraten > neuer Topf]<br>19f. Zerschlagener Krug<br><br>**Konfessionen:**<br>**11**,18-**12**,6; **15**,10-21; **17**,14-18; **18**,18-23; **20**,7-18 |
| 21-25 | Worte an die Führenden (Zidkija 597-587/6)<br>Königskritik – Die bösen Hirten – 70 Jahre Exil u.a.<br><br>**Visionen:**<br>24 Zwei Feigenkörbe<br>25 Taumelbecher für alle Völker |
| 26-29.36-45 | Erzählungen über Jeremia |
| 26 | Tempelrede (vgl.7) und Gerichtsverhandlung – Tod Urijas |
| 27-28 | **Zeichenhandlung:** Jochtragen (Auseinandersetzung mit Hananja) |
| 29 | Brief an die Exulanten |
| 30-33 | Heilsworte |
| 30-31 | Trostbüchlein für Efraim (**Der neue Bund**) |
| 32 | **Zeichenhandlung:** Ackerkauf in Anatot (587/6) |
| 35 | Treue der Rechabiter |
| 36 | Baruch-Rolle (Vernichtung + Neuerstellung) |
| 37-38 | Jeremia + Zidkija (Verhaftung – heimliche Anfrage – Zisterne) |
| 39-45 | Jeremias Geschick nach der Eroberung Jerusalems<br>Befreiung – Verschleppung nach Ägypten<br>Trostwort an Baruch |
| 46-51 | **Fremdvölker-Sprüche**<br>gegen Ägypten (46) – Philister (47) – Moab (48)<br>Ammon, Edom, Damaskus, Araber, Elam (49) – Babel (50f.)<br>**Gerichtsworte** |
| 52 | Geschichtlicher Nachtrag<br>Zerstörung Jerusalems – Exil – Begnadigung Jojachins (vgl. 2.Kön 24f) |

## Ezechiel

| | |
|---|---|
| **1-24** | **Gerichtsworte über Jerusalem/Juda** (meist vor 587/6) |
| 1-3 | **Berufung zum Gerichtspropheten**<br>(Thronwagenvision – Essen der Buchrolle – **Wächteramt**) |
| 4-5 | Zeichenhandlungen zum Untergang Jerusalems |
| 6-7 | Gerichtsworte |
| 8-11 | Vision von Jerusalems **Greuel und Gericht**<br>Verheißung an Exulanten: **neues Herz und neuer Geist** |
| | JHWHs Herrlichkeit (*k¢bôd*) verläßt den Tempel nach Osten |
| 13 | Gegen falsche Propheten und Prophetinnen |
| 18 | individuelle statt kollektiver Verantwortung<br>(jeder wird nach seinen eigenen Taten gerichtet) |
| | **Geschichtsüberblicke:**<br>16 Jerusalem als Hure<br>20 Ungehorsam Israels in der Wüstenzeit<br>23 Ohola (Samaria) + Oholiba (Jerusalem) |
| **25-32** | **Gerichtsworte über die Völker**<br>Nähere Nachbarn (Ammon – Moab – Edom – Philister)<br>Tyrus und Sidon<br>Ägypten |
| **33-39** | **Heilsworte** |
| 33 | Ezechiels Wächteramt |
| 34 | Die schlechten und der gute Hirte |
| 36-37 | Heil für die Berge Israels – **neues Herz und neuer Geist**<br>Vision: **Wiederbelebung der Totengebeine** |
| 38-39 | Gog aus Magog (vgl. Apk 20) |
| **40-48** | **Vision vom neuen Tempel** |
| 40-42 | Vision: Der künftige Tempel |
| 43 | JHWHs Herrlichkeit (*k¢bôd*) kehrt in den Tempel zurück |
| 44-48 | Neue Ordnung von Tempel und Land |

# Daniel

| 1-6 | Danielerzählungen | König |
|---|---|---|
| 1 | Daniel + 3 Freunde am babyl. Hof<br>Motiv: Glaubenstreue durch Fernhalten vom königlichen Mahl/Tisch | Nebukadnezzar |
| | **ARAMÄISCHER TEXT [2,4b – 7,28]** | |
| 2 | **Nebukadnezzars Traum:**<br>Kolossalstatue auf tönernen Füßen | |
| 3 | 3 Männer im Feuerofen<br>Motiv: Glaubenstreue durch Verweigerung der **Proskynese** | |
| 4 | **Nebukadnezzars Traum:**<br>Der abgehauene Weltenbaum | |
| 5 | Belschazzars Gastmahl<br>(*mene mene teqel ûparsîn*) (5,25-28) | Belschazzar |
| 6 | Daniel in der Löwengrube<br>Motiv: Glaubenstreue durch Einhalten jüd. **Gebetsordnung** | Darius der "Meder" |
| 7-12 | Gesichte Daniels<br>(Ich-Bericht) | |
| 7 | Vision: 4 Tiere + Menschensohn | Belschazzar |
| 8 | Vison: Kampf zwischen Widder und Ziegenbock | |
| 9 | Sündenbekenntnis und Klage<br>Deutung des Jeremiawortes von den 70 Jahren (= 70 Jahrwochen) [vgl. Jer 25] | Darius |
| 10-12 | Schlußvision<br>Mann im Leinengewand – Kämpfe der Engelfürsten<br>"künftige Geschichte" (Perserzeit bis Antiochus IV.) | Kyrus |
| 12 | Endzeit<br>**Auferstehung**<br>(zum ewigen Leben – zur ewigen Schmach)<br>Versiegelung des Buches | Königsherrschaft Gottes |

# Hosea

| | |
|---|---|
| 1-3 | **Hoseas Ehe(n) als Zeichenhandlung**<br>"Nimm dir eine hurerische Frau und <zeuge> hurerische Kinder!<br>Denn das Land treibt ständig Hurerei von JHWH fort." (1,2) |
| 1 | **Fremdbericht**<br>Gomer (Frau Hoseas)<br>**"Nicht-mein-Volk"** *(Lo•-˜Ammî)* + Jesreel (Söhne)<br>**"Kein-Erbarmen"** (*Lo•-Ru¦¢m¢h*) (Tochter) |
| 2 | **JHWHs "Ehe" mit Israel**<br>**Gericht:**<br>"sie ist nicht meine Frau und ich bin nicht ihr Mann" (4)<br>"über ihre Kinder werde ich mich nicht erbarmen" (6)<br>"ich suche an ihnen heim die Festtage der Baalim" (15)<br>**Heil:**<br>"Ich will mich über *Kein-Erbarmen* erbarmen.<br>Und ich will zu *Nicht-mein-Volk* sagen: Du bist mein Volk!<br>Und er wird sagen: Mein Gott!" (25) |
| 3 | **Ich-Bericht** |
| 4-14 | **kleine Sammlungen von Einzelworten**<br>**Geschichtsrückblicke** (9-11)<br>Leitbegriffe:<br>"Rechtsstreit" JHWHs mit Israel<br>"Umkehr"<br>**Gerichtsperspektive** ("Wüstenzeit als Nullpunkt")<br>Kultkritik: "Huren" mit dem Kanaanäismus<br>Herrschaftskritik: "Schaukelpolitik" der politischen Führer<br>Fehlen von "Wahrheit", "Treue" und "Gotteserkenntnis"<br>wechselt mit **Heilsperspektive**<br>neuer Anfang ("Landnahme") durch die göttliche Gnade |

# Joël

| | |
|---|---|
| 1-2 | **Heuschreckenplage** (+Dürre) > Aufruf zur **Volksklage (2,12-17)**<br>JHWHs Mitleid und Erhörung |
| 3 | **Geistausgießung** auf alles Fleisch (vgl. Apg 2)<br>der "furchtbare JHWH-Tag" |
| 4 | Gerichtsworte an die Völker (Pflugscharen zu Schwertern)<br>Heilsworte an Israel |

# Amos

| | |
|---|---|
| 1-2 | **Gerichtsworte gegen die Völker** |
| | gegen Aramäer – Philister – Ammoniter – Moabiter<br>Israel (Sozialkritik)<br>Edomiter – Tyrus – Juda |
| | **Kehrvers** (1,3 u.ö.):<br>*"So spricht der Herr: Wegen drei Verbrechen von NN und wegen vier werde ich es nicht rückgängig machen, weil sie ..."* |
| 3-6 | **Gerichtsworte gegen Israel** |
| | 3-5: *"Hört dieses Wort ..."*<br>5-6: *"Wehe denen ..."* |
| 3 | Erwählung > Ahndung der Schuld<br>Unwiderstehlichkeit der prophetischen **Berufung**<br>(*"Wenn der Löwe brüllt ..."*) |
| 3-4 | Gericht über Samaria – **Doxologie** (4,13) |
| 5-6 | Leichenklage – *"Suchet mich, so werdet ihr leben"* (5,4)<br>**Doxologie** (5,8) – Kultkritik gegen Sorglose und Sichere |
| 7-9 | **Visionszyklus** |
| | Heuschrecken – Feuer – Zinnmauer |
| 7,10-17 | Fremdbericht: Amos und Amazja in Bet-El<br>*"Ich bin kein Prophet und kein Prophetensohn ..."* |
| | Obstkorb – Zerstörung des Altars |
| | **Doxologie** (9,5f.) |
| 9,7-15 | Heilsanhang<br>Wiederaufrichtung der zerfallenen Hütte Davids<br>Heimkehr aus dem Exil ins fruchtbare Land |

# Obadja

| | |
|---|---|
| 1: | Gericht über Edom (Drohwort) – Heil für Israel |

# Jona

Das Buch sollte anhand der folgenden Skizze in kurzen Zügen erzählt werden können

| | | |
|---|---|---|
| 1 | Jonas **1. Berufung** – **Flucht** vor Gott | (Schiff, Tarschisch, Sturm, Gebete, Los, Meer) |
| 2 | Der **Fisch** – 3 Tage und 3 Nächte<br>**Jona-Psalm** (Danklied des Einzelnen) | |
| 3 | **2. Berufung** – Predigt (40 Tage bis Untergang)<br>Ninives Buße – Abwendung des Gerichts | |
| 4 | Jonas Unmut – Gottes Antwort | (Staude – Wurm – Ostwind – Staude = Ninive) |

# Micha

| | |
|---|---|
| 1–2<br><br><br>2,12f | **Gerichtsworte** gegen Juda<br>Anklagen: Ausbeutung – Rechtsbeugung (Felderraub)<br><br>**Heilsankündigung** für Jakob<br>"Sammeln, sammeln will ich dich, ganz Jakob" |
| 3–5<br><br><br><br>4-5 | **Gerichtsworte** über die Herrschenden<br>Anklagen: falsche Propheten (kultische Heilsprophetie) – Korruption<br>"Der **Zion wird als Acker gepflügt**, Jerusalem wird zum Trümmerhaufen und der Tempelberg zur Waldeshöhe" (3,12)<br><br>**Heilsankündigungen**<br>Völkerwallfahrt zum Zion<br>Der Messias und die Erlösung Israels<br><br>"Und du, Bethlehem Efrata, das du klein unter den Tausendschaften von Juda bist, aus dir wird mir der hervorgehen, der Herrscher über Israel sein soll" (5,1) |
| 6–7<br>7,8-20 | **Gerichtsworte** an Juda<br>**Heilsankündigungen**<br>Liturgie/Psalm: Hoffnung auf Vergebung<br>"Wo ist ein Gott wie du, der die Schuld vergibt!" (7,18) |

# Nahum

| | |
|---|---|
| 1<br><br><br><br><br><br>2-3 | Ausspruch über Ninive<br>(Überschrift)<br><br>**Hymnus auf JHWHs Macht**<br>(unvollständiges Akrostichon: Alef - Lamed)<br>Gerichtsworte gegen (ungenannten) Feind oder König<br>Heilsworte für Juda<br><br>Ankündigung von Ninives Untergang<br>(Drohworte – Spottlieder u.a.) |

# Habakuk

| | |
|---|---|
| 1-2 | Dialog: Prophet – Gott<br><br>Warum schweigt Gott zum **sozialen Unrecht** in Juda?<br>> Ankündigung: Chaldäergericht<br>Warum schweigt Gott zum **Frevel des Bedrückervolkes**?<br>> Gottes Einschreiten kommt gewiß<br><br>"Der Gerechte aber wird durch seine Treue leben." (2,4) |
| 2 | **5 Weherufe** gegen die Bedrücker |
| 3 | **Psalm** (visionäre Theophanieschilderung) |

# Zefanja

| | |
|---|---|
| 1-2 | Gerichtsworte gegen das eigene Volk (Juda/Jerusalem) – "Tag JHWHs" als Gerichtstag |
| 2 | Gerichtsworte gegen fünf Fremdvölker |
| 3 | Anklage gegen die Jerusalemer Oberschicht – Heilsweissagungen |

# Haggai

| | |
|---|---|
| 1 | Mahnung zum **Tempelbau** (520 v.Chr.)<br>(JHWHs Haus liegt wüst > ausbleibender Segen) |
| 2 | zukünftige **Herrlichkeit des Tempels** – Priestertora über **rein und unrein**<br>messianische Verheißung an Serubbabel |

# Sacharja

| | |
|---|---|
| 1-8 | Protosacharja<br>(520-518 v.Chr.) |
| 1-6 | **8 Nachtgesichte**:<br>Reiter/Pferde – 4 Hörner/4 Schmiede – Mann mit Meßschnur<br>Leuchter/Ölbäume – Fluchrolle – Frau in Tonne<br>4 Wagen in 4 Himmelsrichtungen |
| 3 | + Zwischenvisionen:<br>**Satan als Ankläger** des Hohenpriesters Josua |
| 7-8 | Fastenpredigt – messianisches Heil – **Völkerwallfahrt zum Zion** |
| 9-11 | Deuterosacharja<br>Gericht über Nachbarvölker<br>Wiederherstellung Israels<br>wichtiges Motiv: **30 Silberlinge** (vgl. Mt 26f.) |
| 12-14 | Tritosacharja<br>Völkersturm – Rettung und Erneuerung Jerusalems<br>**Völkerwallfahrt**<br>wichtige Motive: **Geistausgießung – Klage um den Durchbohrten** (12,10) |

# Maleachi

| | |
|---|---|
| 1-3 | 6 Disputationsworte<br>(Ehescheidungen/Mischehen – Zehntabgabe u.a.)<br>Aufbau:<br>Gemeindefragen > These als JHWH-Antwort > Gegenfrage<br>> Antwort als entfaltetes Prophetenwort |
| 3,22-24 | Anhang an das Zwölfprophetenbuch<br>wichtiges Motiv: Sendung des **Propheten Elija** |